神奈川大学人文学研究叢書40

帝国とナショナリズムの言説空間

国際比較と相互連携

永野善子編著

御茶の水書房

序にかえて

世界各国がかつてない勢いでグローバル化の波のなかに取り込まれてゆく過程で、日本でも「帝国」や「ナショナリズム」について新たな枠組において議論されるようになってすでに久しい。本論文集は、近年、歴史研究の分野で注目されている「グローバル・ヒストリー」の手法を意識しつつ、植民地近代性とポストコロニアル批評の議論の展開を念頭に入れながら、帝国論とナショナリズム論の国際比較および各地域間の相互連携について学際的研究を行うことをめざした共同研究の成果である。

帝国論とナショナリズム論についてはすでに膨大な研究蓄積がある。しかし、今日のグローバル化時代にあって、とりわけ関心が寄せられている研究課題は、帝国論については、ヘゲモニー国家による「公定帝国」と「非公定帝国」の二重支配構造、ナショナリズム論については「公定ナショナリズム」と「非公式ナショナリズム」の交錯状況の検討である。近年の日本における「グローバル・ヒストリー」の手法にもとづく帝国史研究の優れた成果として、秋田茂『イギリス帝国の歴史——アジアから考える』（中公新書、二〇一二年）を挙げることができる。本書は、インド史から出発した研究をもとに、イギリスをヘゲモニー国家として位置づけ、世界システムの基盤を作り上げた帝国の意義を、「公式帝国」（植民地）、「非公式帝国」（非植民地）の概念を駆使しつつ、史実にもとづきながらダイナミックな議論を展開した労作である。しかし、現代の帝国論としては、アメリカを議論する必要があり、この点では、藤原帰一『デモクラシーの帝国――アメリカ・戦争・現代世界』（岩波新書、二〇〇二年）が、二〇世紀の帝国としてのアメリカとは何かについての卓越した理論的分析を行っている。他方、「公定ナショナリズム」と「非公式ナショナリズム」の歴史的交錯状況については、まずもってベネディクト・アンダーソンの名著『定本 想像の共同体――ナショナリズムの起源と流行』（白石隆・白石さや訳、書籍工房早山、二〇〇七年）を挙げることができよう。その他、複雑なナショナリズム論を簡潔に整理した著書として、塩川伸明『民族とネイション――ナショナリズムという難問』（岩波新書、二〇〇八年）がある。

本書は、上記の先行研究などに拠りながら、複数の専門領域（国際関係論・歴史学、人類学・経済学・地域研究）を専門とする研究者がアジア・アフリカ・ラテンアメリカの歴史経験に照らして、帝国論とナショナリズム論に対して、近代国家形成、民族独立運動、脱植民地化過程、ナショナル・ヒストリー（国民史）の創出、複数のエスニシティ間の対立、民主化と経済発展など、複数の個別の諸問題から接近した試みである。先に紹介した秋田茂の著書が示すように、グローバル・ヒストリーの主軸の議論は、すでに帝国としての役割を終えたイギリスが地球的規模で影響力を行使してきた地域と時代を中心として議論されてきた。しかし、アジアをはじめとする非西欧地域の歴史と現状をみると、二〇世紀に台頭したヘゲモニー国家・アメリカの世界的影響力とその行方に注目せざるをえない。他方、アジア・太平洋戦争をへて、今日アメリカの核の傘のもとにある日本であるが、戦前はアジアのなかのひとつの帝国として近隣諸国を植民地化した歴史をもつことを忘却することもできない。

本共同研究では、歴史的事実の積み重ねだけでなく、さまざまな地域で歴史がどのように語られてきたのか、つまり歴史についての語り（言説）に注目し、それ自体が現実の歴史にどのように影響してきたのかにも注目してきた。

このようなかたちで共同研究を進める過程で明らかになった点は、各地域における帝国の影響やナショナリズムの現出形態を決定づける最も重要な要因は、宗主国が支配した植民地にすでに形成されていた「国家」、あるいは「准国家」もしくは「非国家」（部族社会）のありようであったことである。このように、本書では、東アジア・太平洋地域（日本・香港・サイパン）、東南アジア（タイ・フィリピン）、アフリカ（ケニア）、ラテンアメリカ（ボリビア）のさまざまな地域の個別の歴史経験を俯瞰することによって、従来の帝国論やナショナリズム論に欠落している視点を幾ばくか補うことをめざしたものである。

第1～3章の三篇の論文は、東アジア・太平洋地域におけるアジア・太平洋戦争時代と同戦争直後の時期を扱い、文学・人類学・歴史学から帝国・ナショナリズム・エスニシティの問題に接近している。

第1章「文学（者）による文化工作・建設戦――上田廣「黄塵」の意義」（松本和也）は、日中戦争期における戦争文学の代表的なテクストのひとつである上田廣「黄塵」（一九三八）を取り上げている。その問題意識は、日本近代文学研究の領域においてこれまでアジア・太平洋戦争時代の文学活動に関して多様なナショナリズムの役回り／機能について十分な検討が行われてこなかったことにある。「黄塵」によって上田廣は、「戦争が生んだ文学者」として火野葦平につぐ地位を獲得した。本論文では、上田廣という文学者が「黄塵」というテクストによって、日中戦争期に文化工作・建設戦という役回り／機能をどのように実践していったのか、その具体的な様相を明らかにしている。

第2章「サイパン戦秘史にみる人種差別とナショナリズム」（泉水英計）は、アジア・太平洋戦争の激戦地のひとつ、マリアナ諸島のサイパン島における戦争をめぐる言説のなかに潜む人種差別とナショナリズムについての鋭意な分析である。サイパンにおける戦争を単に日米戦争という枠組みで捉えることは、本来の島住民であるチョモロやカロリニアンの存在を顧みないという点において帝国主義的であるが、泉水によればさらに、日米双方が国民軍に包摂したかつての「異民族」の存在を顧みない点においても帝国主義的である。事例として検討されるメキシコ系アメリカ人も沖縄県人も、近代国家が帝国へと成長する初期段階で包摂され、制度的平等は獲得したがインフォーマルな差別を受ける立場にあった。

第3章「香港における入境管理体制の形成過程（一九四七～五一）——中国・香港間の境界の生成と「広東人」」（村井寛志）は、冷戦と中華人民共和国建国による変動が、東アジアや東南アジアの各地域においてどのような境界形成の動きにつながり、さらにそれが華人社会もしくは華人のアイデンティティに対してどのような分岐をもたらしたのかを香港を舞台として明らかにした研究として興味深い。本章では、まず香港における入境管理の前提としてイギリス政府内部での法制化の議論を扱い、入境管理条例制定からその実施の実態や中国側の入境管理の背景について議論している。そして、最後に、広東語を基準とする入境規制に対する華人住民の認識について検討している。

続く第4～5章の二篇の論文は、東南アジア諸国のひとつタイの今日における政治的状況を踏まえて、ナショナリズムの歴史的根源や今日の政治・社会運動に接近している。

第4章「タイにおける王党派思想とナショナリズム」（山本博史）は、タイ・ナショナリズムにおける王制をめぐる言説空間の歴史的創出過程を検討した論文である。本章では、タイにおけるナショナリズムの創出を、一九世紀後半における西欧植民地主義との遭遇の結果であると位置づける。王制は絶対王政に転換する過程でタイ原理として理論化され、言説空間を拡大していった。その後一九三二年の人民党による立憲革命によってその政治的命脈は尽きたかに見えたが、戦後の冷戦構造のなかで軍との連帯を確立して再生した。しかし、過去一〇年に及ぶタクシン派と反タクシン派の国内対立が示すように、同国のナショナリズムの中央に位置してきた王制も転機を迎えている、という。

第5章「分断される国家と声でつながるコミュニティ——タイにおける政治的対立と地方コミュニティラジオ局」

(高城玲)は、過去一〇年あまりのタイ社会における政治的対立と分断や混乱が地方の社会状況に対してどのような新たな変化をもたらしてきたのかを、現地調査に基づいて実証した労作である。本章では、近年のタイにおける全国レベルの政治的対立や分断の背景と現状を概観し、これまで全国レベルで語られてきた政治的分断や統制が、地方においてはいかなる状況となっているのかを明らかにするために、北部チェンマイ県におけるタクシン派の赤シャツ系コミュニティラジオ局の活動に注目する。そして声を核とするラジオ局にさまざまな階層や職業、宗教的背景をもった多様な人々が集まることによって新たな関係性が紡がれてきたことを明らかにしている。

第6~7章は、引き続き東南アジアのフィリピンについての論考である。前者ではナショナル・ヒストリー(国民史)の中核に位置する独立革命史の現状を扱い、後者では、帝国アメリカ支配下のミンダナオ島開発をめぐる問題について考察したものである。

第6章「フィリピン革命史研究再訪——近年のフィリピンにおける研究潮流を背景として」(永野善子)では、フィリピンの歴史学界で長らく中心的テーマとして位置づけられてきたフィリピン革命史研究を取り上げている。フィリピンでは第二次世界大戦を経てアメリカから独立したあと、フィリピン革命(一八九六~一九〇二)を「未完の革命」として位置づけるかたちで大筋の議論が定着してきた。他方、ここ数年のフィリピン革命史の新しい研究成果をみると、過去一〇年あまりのフィリピン社会の変化を反映して、従来の「未完の革命」論に代わる新たなパラダイムの模索が始まっているように思われる。本章では、近年公刊されたミラグロス・ゲレーロのフィリピン革命史を取り上げ、革命史研究の最近の潮流に接近することを試みている。

第7章「米国帝国下のフィリピン・ミンダナオ島開発とフィリピン人エリート——一九二〇年代のゴム農園計画を中心に」(鈴木伸隆)は、帝国アメリカと植民地フィリピンの相互連携を、フィリピン南部辺境地のミンダナオ島について考察した論文である。本章では、一九二〇年代後半におけるアメリカ系資本のゴムタイヤ製造会社ファイヤーストーンによるミンダナオ島のゴム農園計画をめぐる政治的交渉過程を追跡する。その結果、自己権益の拡大をめざすフィリピン人エリートが国益を守るナショナリストとしての姿勢を維持しつつも、国内の反対を封じ込めて、辺境地における政治的主導権を確保しようという思惑をもっていたことを明らかにし、帝国＝植民地間の政治関係をめぐる錯綜した歴史状況を映し出している。

第8章と第9章は、アフリカとラテンアメリカに舞台を移し、帝国やナショナリズムの問題に関して、東アジアや東南アジアとは異なる様相を呈していた歴史的事実を取り上げている。

第8章「キプシギス人の「ナショナリズム発見」――ケニア新憲法と自生的ステート＝ナショナリズムの創造」（小馬徹）は、ケニアにおける二〇一〇年の新憲法制定を「キプシギス人によるナショナリズムの発見」の契機として位置づけ、幾多の困難を経ながら、キプシギス人がケニア社会の一員としての自覚に目覚める過程を追跡している。ケニアでは、ほかの多くのアフリカ地域と同様に、植民地化以前には自給的な人間集団（「エスニシティ」）しか存在しなかった。こうしたなかで、植民地化のもとで「部族」（「民族」）が形成されたため、人々の忠誠心は国家よりむしろ部族に向けられ「トライバリズム」が生まれた。しかし、一九六三年のケニアの独立後、長い道のりを経て、二〇一〇年に新憲法が公布され、地方分権が実現すると、キプシギス人の間にも、ステート＝ナショナリズムを優先する政治姿勢が明確に現れることになった、という。

他方、第9章「ボリビア「複数ネーション国家」の展望――アフロ系ボリビア人の事例から」（梅崎かほり）は、二〇〇九年に制定された新憲法のもとで、正式名称が「ボリビア多民族国」となったボリビアにおける民主化とナショナリズムの新しい様相に、マイノリティであるアフロ系住民の事例から接近したものである。ボリビアでは、モラレス政権のもとで、新自由主義との決別を表明するとともに、先住民主体ともいえる政策が打ち出されてきた。本章では、そうした政策が展開するなかで、「白人」でも先住民でもない人々であるアフロ系住民に焦点をあてて、今日のボリビア社会において彼らが政治的主体性の獲得に向けてどのような活動を展開してきたのかを追跡している。

なお、本書は、二〇〇一三〜一七年の神奈川大学人文学研究所の共同研究グループ「帝国とナショナリズムの言説空間」および二〇一四〜一六年の神奈川大学共同研究奨励助成金「帝国とナショナリズムの言説空間――国際比較と相互連携の総合的研究」の研究成果である。本書刊行にあたり、神奈川大学人文学研究所叢書刊行助成金を受けた。さらに第1章（松本論文）については日本学術振興会科研費15K02243、第2章（泉水論文）については日本学術振興会科研費17H02667、第5章（高城論文）については日本学術振興会科研費17H01648、第7章（鈴木論文）については日本学術振興会科研費JP25370931の助成を受けている。

本共同研究を遂行するなかで、二〇一六年一一月に国立フィリピン大学アジア研究センターとの共催で、同センターにおいて二日間の共同シンポジウム"Empire and Nationalism: Comparative Perspectives on Asia"「帝国とナショナリズム――アジアにおける比較研究」（http://www.kanagawa-u.ac.jp/lecture/details_14375.html を参照）を開催した。本シンポジウムの準備と開催にあたっては、同アジア研究センターで長らく教鞭をとられてきた米野みちよ氏（現・東京大学東洋文化研究所准教授）のご尽力をいただいた。記して感謝の意を表したい。

二〇一七年一一月

共同研究代表
永野善子

帝国とナショナリズムの言説空間　目次

目次

帝国とナショナリズムの言説空間

――国際比較と相互連携

第1章　文学（者）による文化工作・建設戦
——上田廣「黄塵」の意義

松本和也

はじめに

日本のアジア・太平洋戦争期に関して、ナショナリズムについて考えるという営為は、一見自明である。自明であるがゆえに、むしろ個別具体的な局面における多様なナショナリズムの役回り／機能については十分な検討が、少なくとも日本近代文学研究の領域においてはなされてこなかったきらいがある。この時期の文学活動は、乱暴にも〝国策に支配された不毛なもの〟とみなされがちで、悪しき戦争に対して文学者が協力／抵抗いずれの立場をとったかが、総合的な評価に直結していく状況が、ごく最近までつづいていた（権　二〇〇〇、松本　二〇一五）。

その意味で、ポストコロニアルという思想（のインパクト）は重要で、一九九〇年代以降の日本近代文学研究においては、硬直化した戦後からのイデオロギー的裁断の貧しさを自覚しつつ、文学者を含めた文化人について、同時代の諸条件下での言動やテクストの再検証、その前提となる事実の調査、資料の整備などが、徐々にではあるが進められてきた。それはもとより、日本が帝国として版図を拡大しつづけたことの帰結・痕跡でもある。

本稿では、アジア・太平洋戦争期、こと日中戦争期における戦争文学の代表的なテクストの一つ、上田廣「黄塵」（一九三八）をとりあげる。上田廣（一九〇五～一九六六、本名・濱田昇）とは、「学歴はないが、独学力行、鉄道に職を奉ずる傍、文学的努力を続け、最初は「文学建設」の同人、後「文藝首都」の同人となり、同誌に「熊」といふ短篇、その他を発表、支那事変が起るや、昨年九月応召、十月征途に上り、北支の地を転戦今日に及ぶ」（上田廣「後記　略歴」『黄塵』改造社、一九三八、二六三頁）と紹介される文学者である。「黄塵」についても、事典記述から概要を引いておく。

本篇は、部隊や任務のことよりも、「私」と二人の中国青年との交渉に重きをおく。第一篇は石家荘、娘子関を舞台とする。本隊は先に進み、両処とも私は残留の任務に就く。この間に二十一歳の柳子超が同行する。娘子関では敵襲を受ける。第二篇の舞台は陽泉、ここでも私は残留組にまわされる。陳子文少年がいっしょに働くが、柳と陳との仲はうまくゆかない。敵の逆襲があり、私は右腕に弾丸を受ける。この時、柳が姿を消す。第三篇、太原に駐まる本隊に合流する。五十円を貯えるために陳も同行する。やがて部隊は同蒲線に進発し、陳と別れる。その直前、柳が郷里の娘子関に帰ったとの通報がある。なお、石家荘以来、私にたよる若い娼婦の晋翠林がからむ（矢野　一九九二、七六頁）。

こうした「黄塵」を書いた上田廣は〝戦争が生んだ文学者〟として、火野葦平（一九〇七～一九六〇、本名・玉井勝則）につぐ地位を獲得していく。本稿で上田廣「黄塵」に注目するのは、戦時期という中長期的な視座からみた時、同作が新たな帝国の領土を確保・維持しつつ、中国人との共生の方途を示すことで、日本兵の様子を伝えて戦意高揚に貢献するのみならず、日中戦争を肯定するイデオロギーを提供したからに他ならない。また、戦場での日本人と中国人の交流を書いたことで、「黄塵」は文化工作・建設戦の実践的なガイドとしての役割も果たし、間接的に日本のナショナリズムに寄与したテクストでもある。

本稿のねらいは、上田廣という文学者、「黄塵」というテクストが、同時代において文化工作・建設戦という役回り／機能をどのように実演していったのか、その具体的な様相を、発表当時における同作の受容／意味作用の調査・分析を通じて明らかにすることにある。

一　先行研究の批判的検討

先行研究については、「黄塵」を中心とした作品論はなく、作家論や作品横断的な研究、戦争文学論、各種解説のなかで論及される程度で、その重要性に比して研究が遅れている。戦時下に書かれた金親清「解説」（『新日本文学全集　第二十四巻　上田廣・日比野士朗集』改造社、一九四三）からは、「黄塵」発表当時の雰囲気が伝わってくる。

> かくして戦塵に包まれた彼の最初の労作「黄塵」が故国へおくられた秋、それが事変の行く手を見守つてゐた我が国民の絶大な期待に応へ得たことによつて、一躍、彼の名は国民的作家の列伍に加へられた。（蓋し、この間における所謂ヂャーナリズムの偉大な役割を見過すことは出来ない。）かかる一連の事実によつて爾来彼は、支那事変

の戦火が生んだ兵士出身作家の一人であると一般に目されるに至つた。洵に彼の作家的情熱とその忍苦的な持続性は、支那事変とともに彼本来の力と姿を英雄的に顕示した。従つて、作家としての彼の登場とその意義を、支那事変によつて振起された我が民族の世界史的使命から切り離して論ずることの無意味さは、おのづから明らかである（一五八頁）。

戦時期特有の論理・レトリックに満ちたこうした評言こそ、当時の上田廣に課されていた役回り（位置づけ）／機能を問わず語りに示してもいる。ここでは、「黄塵」の具体的な内容・表現よりも、実際に戦場にいる書き手によって書かれたことと、それが「支那事変・我が民族」への貢献・成果であることが最大限に評価されている。戦後になると、火野葦平「麦と兵隊」と並べて「黄塵」を論じる中野重治が、「どちらとも、一篇全体をつらぬいて、人間らしい心と非人間的な戦争の現実とを、何とかして調和させたいという作者の心持ちによつてつらぬかれている」（中野　一九五二、三一九頁）と指摘した上で、次のように論じている。

上田にしても火野にしても、一方で人間的なものを本当に求めてもいながら、しかし同時に、この人間的なものを「この戦争」に求めるという以上、「この戦争」そのものを否定するものとは、決定的に別かれ《ママ》ねばならぬという気持ちにも明らかに伴われねばならなかつた。［略］しかしかれらは、そこで必ずしも露骨に居直ることはしなかつた。ふりかえりふりかえりふりかえり、何かすまなそうな顔色で別れて行くという調子がこのころの作者たちに見られる（同前、三二〇頁）。

先の評言とは、前提となる戦争の捉え方が反転しており、それゆえ戦争文学の書き手を、「人間的なもの」（の希求）という鍵語＝観点から救おうとした言表となっている。

戦後の研究史では、都築久義が戦時下の上田廣の軌跡を祖述して先鞭をつけた後、主要作品を中心に作家・作品論が発表されてきた（都築　一九八五、坂本　一九九〇、田中　一九九八）。ただし、いずれも事実の確認、情報の提示、作品解釈、作家評価を中心としたものであった。そうした中、建設戦という観点から上田廣を再評価したのは池田浩士である。「上田廣が、石家荘から太原への正太線沿線での体験を描いた一篇の手記を雑誌『文芸首都』に送ったとき、それは、第二の陣中作家の誕生となった」（池田　一九九七、一五五頁）として「黄塵」をとりあげる池田は、書き手に注目して次のように論じる。

> 日本軍に協力し、あるいは日本軍を相手に自分を売ることで生きる道を見出している中国民衆を、上田廣は、かれらの内面の屈折のままに描こうとした。日本軍は正義であり、その正義に従うのは当然である、という単線的な視線で中国民衆を描くことは、少なくともしなかった。日本軍が正義であること——これにたいする疑念は、もちろん問題外である。少なくとも、公表される作品のなかにそうした疑念を記すことなど、できるはずもない。だが、その正義ゆえに中国民衆が余儀なくされる苦しみ、内面の苦しみから、上田廣は目をそらすことをしなかった。問題は、しかし、そのさきにある。上田廣は、中国民衆の内面の苦しみから目をそむけなかったばかりでなく、その苦しみを解決しようと心をくだいたのである（同前、一六四頁）。

こうして池田は、中野重治の評価の延長線上に、「上田廣にとって、支那事変とは単なる破壊ではなく建設でもあった」(同前、一七一頁)という見方をくわえ、時代の桎梏の中で上田廣がみせた、元プロレタリア文学作家ゆえの良心を積極的に評価しようとしていく。もとより、戦争文学の評価は一義的に決めがたいもので、「黄塵」に対しても「日本軍の良き人間性と日本軍の侵略の正当性を主張した文学と言わざるを得ない」(西垣　一九八九、一六頁)という評価の一方で、「文学としては、国策や宣撫に陥らなかったことで、この作品が救われた」(矢野　一九九二、七七頁)という評価も存在する。(1)

総じて、上田廣「黄塵」に関わる先行研究に決定的に欠けていたのは、発表当時の「黄塵」がもちえた役回り/機能への関心である。そこで本稿では、同時代の視座から「黄塵」の受容/意味作用を分析し、そこに折り畳まれた歴史性/ナショナリズムを検討したい。

二　上田廣の登場――火野葦平「麦と兵隊」と「鮑慶郷」受容

日中戦争開戦以降の文学場に上田廣が登場するのは、「鮑慶郷《パオシンシャン》」(『中央公論』一九三八・八)をもって嚆矢とするが、まずは都築久義の整理に即して戦場体験を確認しておこう。

上田広が赤紙の召集を受け、応召して戦地へ向かったのは、昭和十二年九月のはじめ、「支那事変」が勃発して二カ月ちかくたったときである。すでに大正十三年に二カ年の兵役経験を持つ彼の身分は、陸軍工兵伍長であった。鉄道部隊に所属して、破壊された鉄道や橋梁の修理と保全、さらに新線の敷設などのほか、軍事物資の輸送や沿線の警備や住民の宣撫工作を主な任務としていた。当初の任地は河北省の石家荘。日本軍は九月二十四日に省都・保定を、十月十日には石家荘を占領し、つづいて西方に進み、十一月九日に山西省の省都・太原を、南方に進出した第二軍が十二月二十六日に山東省の省都・済南を手中におさめてここにほぼ華北を制圧した。上田広が着任したのは、こうした戦況にあった華北——石家荘と太原を結ぶ正太鉄道の沿線である。二年余、彼はこの地域を転戦し、昭和十四年十一月中旬、召集を解除されて帰還した（都築　一九八五、一一四～一一五頁）。

さて、上田廣「鮑慶郷」は無署名「編輯後記」（『中央公論』一九三八・八）で、「戦争が終つて十年も経てば、よき戦争文学が生れるだらうと人々は言つてゐるやうだが、前線の戦塵の中から、而も一兵士としてその部署を守る陣中激務の寸暇をさき、明日の死を肯定し且つ超絶して尚戦ふ上田氏の超人的作家魂は、凝つてこの力篇『鮑慶郷』を生んだ。蓋し近時振はざるわが文壇によき刺戟と反響を与へるであらう」（五八四頁）と紹介された。こうした期待を背負った「鮑慶郷」は、火野葦平「麦と兵隊」（『改造』一九三八・八）と同月の総合雑誌発表となり、大きな話題となった[2]。そのことを典型的に示す匿名批評が、次に引く天地人「豆評論　戦場文学の登場」（『信濃毎日新聞』一九三八・七・三〇）である。

▼中央公論に上田廣の「鮑慶郷」改造に火野葦平の「麦と兵隊」が登場した［○］新聞広告にはこれが仰々しく印刷され、雑誌の表紙にも刷り出されてゐる。ヂヤーナリストはそれぞれ鬼の首でもとつたやうな顔をして、この二作を持ち上げてゐる。

▼待望の戦争文学の本物が始めて出たのだ。従軍記者や作家なんかゞ書いたのではない、文字通り兵火に呻吟した兵隊の書いた文学である。大袈裟に言へば国民待望の小説が出たと言つてもいゝかも知れない。

右の匿名批評では、さらに両作に対する評価軸にも言及があり、「これをかつぎ出したヂャーナリストも読者も、この兵隊文学が兵隊の手で而も戦地で、実際経験した戦争の模様を書き上げて居ると言ふところに絶対的の価値を見出してゐる」、「言はば実話（こしらへものではない）の価値であつて、文学として芸術作品としてと言ふやうな性質では全然ない」（四面）と評して、事実性／芸術性（の価値）を腑分けして戦争文学を評価している。

以下、新聞評からみていこう。戦争文学への期待から書き起こす間宮茂輔は、「文芸時評（1）戦争文学の出現」（『中外商業新報』一九三八・七・三〇）で次のように述べている。

戦争文学の出現を待望する声は、戦場に於ける生活と、戦闘そのもの、具体的な姿を識りたいといふ切実な要求に基いてゐる。この要求は真の愛国心から発せられるものであると同時に、国民の知性が自ら欲求するものであり、謂ゆる現地報告や日々の新聞記事ではたうてい満たし得ない性質のものであつた。「麦と兵隊」及び「鮑慶郷」は、その意味でわれわれの要求を或る程度は充たしてくれる文学として出現した最初のものだと言へるのである。

その上で、「鮑慶郷」については、「麦と兵隊」と対比して「実におちついた静かな描写」だと捉え、「これは小説であり、作の上では機関銃や大砲の音はきこえないが、しかし戦場にあつて此の若き作家が、おちついてかういふテーマを生まうとして文学修業を怠らない態度に好感を覚える」と、内容を迂回しつつ、ジャンルと書き手の態度に注目していく。最後に、「事変発生一年にしてわれ〳〵は身を戦場にをいた作家たちの作品を得た」ことに改めて言及し、「この二作家が共に異つた意味で徒らに主観的とはならず、しかもそれ〴〵の立場に於て未曾有の体験を作家としても忠実に生き抜かうとしつつあることに敬意を表する」（五面）と、その戦争体験を重んじていく。この間宮評の論点は、「陣中で書かれたものであるが、これは純然たる小説である」（豊島與志雄「文芸時評（1）戦地からの文学」、『東京朝日新聞』一九三八・八・一、七面）、「戦場にあつて、なほ創作の筆を執つた余裕に敬意を表する」（中島健蔵「文芸時評（2）戦地からの創作」、『信濃毎日新聞』一九三八・八・二、四面）、「戦地によくこれだけのものが書けたと敬意を表してよい」（無署名「創作寸評「鮑慶郷」上田廣」、『信濃毎日新聞』一九三八・八・一八、四面）といった同時代評においても反復されていく。「「麦と兵隊」と違つて、ひとつの纏まつた小説」だと「鮑慶郷」を捉える「文芸時評（3）人を打つ力」（『都新聞』一九三八・八・二）の岡田三郎は、「小説としては、よく纏まつたもの」だと一定の評価をしながら、「練達の奥床しさも感ぜられるが、やつぱり戦場からは、もつと直接に血と肉とにつながる言葉をききたい」（一面）として、敬意を抱きつつも不満を漏らす。この不満は、書き手やテクストの問題であると同時に、陣中創作を待望する文学場の期待ゆえに表明されたものでもある。

「戦線から寄せられた長篇、たゞしこれは記録でなく、支那を舞台にとつた純然たる創作――一種の少女小説」と「鮑慶郷」の性格を規定する「文芸時評（二）生死間の文学」（『東京日日新聞』一九三八・八・三）の伊吹武彦も、「私は上田氏が陣中に寸暇を見出して文学に精進された熱意に敬意を表するとともに、今後の努力を、はげしい努力を切に祈つてやまない」（五面）と、岡田評同様に両義的な評価を示す。両者とも、「鮑慶郷」が中国人を主な登場人物としたことを難じつつも、戦場で兵士が書いた点は評価しており、芸術性／事実性という観点が併存している。従って、前者の遠慮を外せば、「正直にいつて、はなはだ期待外れ」、「どうもお膳立てがすこぶる通俗小説風で、甘い」と端的に「鮑慶郷」を批判したドンQ「豆評論　期待外れの陣中創作」（『信濃毎日新聞』一九三八・八・九）が言明したように、「▲私たちは戦線にある兵士たちの手で、戦地の息づまるやうな空気を伝へてもらひたい」、「私たちをドカンと頭からどやしつけ《ママ》。有無を言はさずにその真剣な気分にひきずりこんでもらひたい」（四面）という要望が前景化することになる。

つづいて、雑誌評に移る。「戦場日記「麦と兵隊」陣中創作「鮑慶郷」の二大作があつて、人気はそこに集中された形」（一〇四頁）だと、当該月の創作欄を見渡す名取勘助「小説月評」（『新潮』一九三八・九）では、「陣中にあつて、これほど整然とまとまつた小説を書き、なほ余裕の綽綽たるを想はせるこの作家の風懐は、たのもしき限り」としながらも、「しかし「鮑慶郷」はそれほどいい小説ではない」と評価は抑えられ、「どうもすこし、小説すぎてゐるやうだ」（一〇五頁）と、その難点が指摘される。「兵士として実際に戦線に活躍してゐる人達によつて書かれたものだから」という理由で「麦と兵隊」と「鮑慶郷」を「今月の問題作」（五二頁）と位置づける市川為雄「文芸時評」（『早稲田文学』一九三八・九）においても、名取評と同様の論点・評価軸から、「「麦と兵隊」と「鮑慶郷」の二つを比べると前者は小説といふより生生しい戦線の記録だし、後者は純然たる小説の形式をとつてゐるのでどちらが優れてゐるかは直に決められないが、上田氏の「鮑慶郷」に比べて火野氏の「麦と兵隊」の方が、生々しい現実を直接対象にしてゐるだけに迫力も強かつた」（五三頁）と評される。他の評もほぼ同様の受容を示しており、O・F・C「学芸時評」（『知性』一九三八・九）では「これは生々しい現地報告ではなく、どちらかといふとロマンス性に富んで居り、描かれてゐる支那娘のタイプには多少興味があるが、感銘は薄かつた」（五二頁）、佐藤俊子「「麦と兵隊」と「鮑慶郷」」（『文藝』一九三八・九）では「戦地で書かれた芸術作品としては、私の期待したほどの新らしいものではなかつた」（二一八頁）、三戸斌「創作月評」（『文藝』一九三八・九）では「陣中創作だといふことが好奇心をそそるが、たいした作品ではない」（二四九頁）と、戦場で書かれたという前提で読まれ、否定的に評された。ここでも言表の遠慮を外せば、「陣中を借りなくとも書斎で充分書けるものだ」（M「公論私論」、『早稲田文学』一九三八・九、二三頁）という、身も蓋もない言明となる。

それでも、「鮑慶郷」が一定の注目と評価を集めたテクストであることは確かである。「「麦と兵隊」にくらべると、ロマンチツクな物語」だと「鮑慶郷」を捉える「陣中文学と文芸政策――（文芸時評）――」（『文学界』一九三八・九）の森山啓は、「こゝでは支那兵隊の姿や、恋人同志の姿を描く写実の妙味はない、それが一つの弱さであるが、その代り、作者の優しい心情と、話をはこぶ手腕とで、おもしろく読ませる」と、その美点を指摘する。さらに、「日本軍の跫音は、この物語の背景より聞えるに過ぎないが、こゝでも「皇軍の良心」を伝へんとする意図は酬ひられてゐる」（一九一頁）と、後景に書かれた日中戦争・日本軍の現地での様相を内地に伝達する役割を、書き手の体験と併せて高く評価している。

総じて、上田廣「鮑慶郷」は、常にといっていいほど火野「麦と兵隊」と比較され、つまりは「麦と兵隊」と同じ評価軸から批評された。そのことは、古谷綱武「十二月の作品から」（『文学界』昭一四・一）において、同時代評を集約するように次の通り整理された。

もしも火野氏の作品が、一篇の虚構な構成をもつた、いはゆる小説であつたならば、あの異常人気は、今日の状態とは、いささか変化をきたしてゐたかもしれない。そのことは、「麦と兵隊」と同時に発表された上田氏の「鮑慶郷」に対する不満のなかに、あれはいはゆる小説だといふ声が、低流《ママ》としてあつたことからも感知できる。私は、事実を知りたいといふ要求は誠実な要求だと思ふ。戦場の文筆家たちに、事実の報道をおくつてもらひたいのである（二三〇頁）。

こうした文学場の「要求」（期待）と評価軸の帰結として、「鮑慶郷」は記録・報告ではなく小説であること、主な登場人物が日本人ではなく中国人であること、メロドラマ風の物語であること、いずれも否定的に捉えられた。そうした中、書き手の戦場体験は尊重され、それに関わって陣中での創作活動と紙背からのぞく人柄は好意的に評価されていった。

三　「黄塵」の発表――評価の好転とヒューマニズム

「黄塵」は『大陸』掲載（一九三八・一〇）を契機に文学場で話題となるが、初出は「黄塵（一）～（五）」（『文藝首都』一九三八・一～三、五、九）である。[3] これらを集積し、加筆修正をへて転載されたのが、『大陸』版である。その際、「後記」の他、向井潤吉の挿絵、現地写真一六枚も添えられた。無署名「編輯室だより」で「黄塵」は、「〇血と硝煙の臭ふ陣中から遂に待望の大戦争小説は生れた。上田廣氏の「黄塵」は、従来見られた単なるルポルタージユではなく、戦争と言ふ偉大な歴史の現実をとほして人間と民族との交流をさぐり、ヒューマニズムの炬火を高くかゝげたもの」（四一六頁）と紹介されていた。

もっとも、「黄塵」にしても「日本軍の鉄道部隊に雇われた二人の中国青年――柳子超と陳子文が主人公で、このうち一人は最後まで日本軍と行動をともにするが、もう一人は去ってしまうといったストーリーで、日本軍の活躍ぶりや日本兵の様子はあまり描いてはいない」（都築　一九八五、一一八頁）テクストではあったが、小説ではなく報告文学《ルポルタージュ》である点は「鮑慶郷」との大きな違いである。そうした差異は、『文藝首都』掲載時から同時代評によっても認められていた。

「鮑慶郷」評の中で「この作家の戦場通信である「黄塵」といふものを「文藝首都」の今年の一月二月三月号にわたつて読んだことがある」と言及する「文芸時評（３）人を打つ力」（前掲）の岡田三郎は、同作を「戦場の記録」だと断じつつ、次のように評していた。

「文藝首都」はこの記録を創作欄に入れてなかつたが、創作欄にいれたらもつと注意をひいたらうと思ふ。火野葦平氏とはまた違つた、おちつきのある人柄が出てゐて、「麦と兵隊」にも劣らぬいい記録文学をなしてゐる。劈頭夜間の白兵戦なぞ、凄い描写もある。まだ雑誌に発表されない原稿の分も読んでみたが、ヒユマニスチックなものが一貫してゐるのが特に心をひく。そのうち何かに発表されることと思ふ（一面）。

また、以前から上田廣を知る林房雄は「十月号問題作　上田廣作『黄塵』」（『読売新聞』一九三八・九・二一夕）において、「上田廣伍長は優秀な鉄道従業員で長い間、左翼の文学を修業してゐた」、「左翼の見地から国鉄労働者の生活を描いた長篇小説を書いたこともある」とその経歴を紹介しながら、次のようにして「黄塵」の印象を語っていた。

そのうちに「黄塵」が「文藝首都」といふ雑誌に載りはじめた。私が最も驚いたのは、左翼時代にはどちらかといへば下手な作家であつた上田君が見ちがへるほど上手になつてゐることだ。無駄とこだはりがなくなつてゐる。左翼思想といふものは多くの無駄とこだはりを人間にくつゝけるものだ。大陸の砲火と黄塵が之らの不用なものを洗ひ流した。ものをまともに見る眼を開いた（二面）。

ここでは上田廣の転向が好意的に捉えられた上で、戦争を契機とした文学的上達が瞠目されている。同様の評価は、プロレタリア文学を書いていたかつての上田廣を知る文学者によっても言表されている。武田麟太郎は「現代作家論（二）火野、上田の戦争文学」（『北海タイムス』一九三九・一・二六夕）で、「上田廣氏は永い間のプロレタリア作家で、鉄道とその従業員を描くを得意としてゐたが、立派な兵士としての収穫が『黄塵』とすれば、彼もまた戦争の烈しく壮大な風景に開眼された作家と云へよう」（三面）と、また、徳永直も「文芸時評（二）文章の弱化」（『中外商業新報』一九三九・三・三〇）で「上田氏の過去の作品は、個人的事情から幾つか見て来た私であるが、それらと「黄塵」以来の諸作品には格段の相違がある」（五面）と、やはり「黄塵」による劇的な変化を感じとっている。

さて、年次総括では「「鮑慶郷」（中央公論八月）はひどいものだつたが「黄塵」（大陸十月）は名誉恢復の作だつた」というA・H・O「匿名時評　文芸　本年度文壇棚ざらへ」（『日本評論』一九三八・一二）で、「雑誌が「大陸」だつたので、一部にしか真価が認められなかつたのは気の毒だ」（二三四頁）と振り返られもしたが、『大陸』に「黄塵」が発表された際には少なからぬ言及の的となり、文学場の大勢においては好評を博していった。

「四百枚の長篇だが、一気に読ませた」と読後感を語る「長篇小説評（3）愛情と誠実」（『都新聞』一九三八・九・二二）の森山啓は、「火野氏の「麦と兵隊」が戦闘部隊の労苦を記録してゐるとすれば、「黄塵」は、後方の防衛と平和工作における兵隊の良心を主題にしてゐる」と、優劣を含まない「麦と兵隊」との対照によって「黄塵」の特徴を指摘した上で、「日本軍は良民を敵としないと云ふことを作者は熱情を以てみづからの良心で立証しようとした」と評して書き手の「良心」を最大限に評価し、次のように論じていく。

もと正太鉄道の従業員で事変とともに苦力となり、皇軍を信じてその下で勤務するやうになつた柳と陳の心理の複雑な深さは忌憚なく描いてゐるのだ。然もかれらが新しい秩序の中で健かに生きることを願ふ作者の態度と、ほとんど生来の愛情ぶかさは、余裕と親しみ深さをもつてゐる。これを読んで現代の一番重要なテーマの一つ、今後の文化工作の前提条件ともいふべき、無辜な支那民衆に対する理解や良心の問題が、新人によつてよく扱はれたことを感ずるのである（一面）。

つまり、中国人のみを中心人物とした「鮑慶郷」とは異なり、日本兵と中国人の関係が書かれた「黄塵」は、現在の戦場よりも戦後の文化工作・建設戦をテーマとしたテクストとして、〝中国人を導く日本人〟の表象と併せて高く評価されていくのだ。川端康成も「文芸時評（1）文学の第一歩」（『東京朝日新聞』一九三八・九・三〇）で、「火野葦平氏の「麦と兵隊」や上田廣氏の「黄塵」（大陸）など、出征兵士の陣中作品にも明らかな通り、水火のなかでも、文学の心は失はうとして失へないのである」（七面）と断じて、二作品を並置して称揚する。つづく「文芸時評（5）日本人のよさ」（『東京朝日新聞』一九三八・一〇・四）で川端は、四〇〇枚という「黄塵」の分量にふれ「単に原稿紙の分量ばかりでなく、作者が語りたいもの、分量、書くにつれて盛り上つて来る制作の心の分量、従つて作品の持つ厚い生命の分量でも、十分私を動かせた」とその力作ぶりを評価し、さらに「麦と兵隊」と「黄塵」について「これらの戦争文学を読んで、第一に感じるところのものは、日本人のよさ、そしてまた文学者のよさといふこと」だという。ここで川端は、「麦と兵隊」・「黄塵」（とその書き手）を、銃後の国民読者に、ナショナルな欲望を喚起し得るテクストとして高く評価する。さらに、「「麦と兵隊」よりは大分小説らしい仕組みで、日本軍の行動のなかに迷ひ込んで来た、支那の一青年と一少年との不思議な心理と性格とを書いてゐる点が注目に価する」、「支那人について、これ程考へさせられる文字は少い」（七面）とも付言し、森山評同様、中国（人）に関する貴重な文学／情報として重宝されていくのだ。

「麦と兵隊」との比較は、上田廣の免れ得ないところだが、ドンＱ「豆評論　「黄塵」を推賞する」（『信濃毎日新聞』一九三八・一〇・二二）では、「火野葦平の「麦と兵隊」が四百版でた、五百版でた、芝居になる、映画になる、といつてもてはやされてゐるのに、上田廣が「大陸」へ寄せた四百枚の長篇「黄塵」が一向問題にならないのは、僕のはなはだ不満とするところ」だといった義憤が漏らされる局面もあった。「「黄塵」は、なるほど「麦と兵隊」のやうに華々しくはない」ことを認めつつも、「大へん地味だが、しかしある意味では「麦と兵隊」が扱つてゐる問題よりも、はるかに重大な問題と取組んでゐる」、「その問題を充分に明瞭に描きだしてゐてくれる」として「作者上田廣に敬意を表することを惜まない」というドンＱが注目するのは、「戦後経営の問題」（文化工作・建設戦）である。さらに、「「鮑慶郷」といふ小説が不評であつたために、この作者はひどく損をしてゐるのは事実であるが、しかし「黄塵」はそれとはまるで別人の作のごとき感がある」、「敢て僕はこの「黄塵」を推賞する」（四面）と付言し、当時の上田廣評価の状況も描きだしている。

新聞評をみると、「『麦と兵隊』にしても『黄塵』にしても、一兵士として実戦に携はつてゐる作家達が、戦争の合間にこれ等の文章を綴つて寄越したといふ事が先づ驚嘆に値する」（二七八頁）と、火野「麦と兵隊」と並置して「黄塵」を顕揚する「「麦と兵隊」と「黄塵」」（『改造』一九三八・一一）の広津和郎が、次のように内容と書き手を評していく。


作者が鉄道兵として現地勤務の間に、自分の下に雇ひ入れた二人の支那の青年の心の動きを、この戦争を背景として、精細に観察し描写したものであるが、作者の優しい人柄が全篇ににじみ出てゐて、しみじみした作品である。皇軍の占領地に於いて、支那の青年がどういふ気持で生きてゐるかといふ事の二つのタイプ――全然反対の二つのタイプを描き分けた意図も好いし、その二人の支那青年に対して優しい人情味でいたはつてゐる『私』といふ主人公も好い（二八〇頁）。

このように、戦場における日本兵と中国人の関係については、〝中国人が具体的に何を考えているか／日本兵が中国人をいかに寛大に遇したか〟が書かれたテクストとして「黄塵」は（芸術性とは異なる観点から）価値づけられていく。また、書き手と重ねて読まれる作中の主人公「私」も評価された。「黄塵」を「いま北支の戦線にある一兵士上田廣の、四百枚の力作で、これは今次の事変が陣中からもたらした文学的表現として、火野葦平「麦と兵隊」につぐ立派な収穫」（九六頁）と位置づける北岡史郎「文壇時評　十月の創作」（『若草』一九三八・一一）でも、「前作〔「鮑慶郷」〕のやうに支那民衆の生活の単なる客観描写でなくて、一兵士たる「私」なる作者との深い人間愛の交渉を通して支那民衆の姿をつかんでゐるといふ、愛情の豊かさが全作に内から溢れてゐる」（九六頁）点が評価される。さらに、「柳子超と陳子文との二人の支那民衆を陣中で愛して使つてやつてゐる「私」なる日本兵士の姿は、兵士たる責任と人間的な愛情とにおいて実に見事な戦争とヒューマニズムとの統一の姿であり、自覚」（九六頁）だと、〝中国人を導く日本人〟の表象と併せて書き手「私」＝日本人のヒューマニズムが、日中戦争を肯定する論理として前景化されていく。

この高くして豊かなヒューマニズムは、この戦ひにおいて日本の大目的とするところが、「東洋の平和」と「民族の共存」といふ永遠的な平和と安定の具現にある、といふ戦争のモラルが見事に生きてゐる一つの典型として、そこにこの作品の文学的感動の大きな源泉がある。

「黄塵」でも「麦と兵隊」でも、その文学的のよさは、戦ひの厳粛さのなかに高く存するこのヒューマニスチックな大モラルである（九六〜九七頁）。

こうした捉え方は、北岡史郎「文壇時評　十一月の創作」（『若草』一九三八・一二）でも反復され、火野「麦と兵隊」・「土と兵隊」と「黄塵」を並置して、「戦ひの惨禍のさなかにあつて、絶望のかはりに生の大意義を自覚し、犠牲心と愛とのヒューマニズムが全篇を貫き、そのヒューマニズムが、反戦にゆくよりも戦争の大目的をとげしめて新しき理想をうち建てんとするたたかひそのものの動力ともなつてゐる」（六七頁）さまが読みとられていく。もちろん、堀田昇一・横尾好・間辰夫「鼎談文芸時評」（『槐』一九三九・二）での堀田のように、「僕なんか火野より上田廣の「黄塵」の方が上だと思ふよ」という判断の下に、「『叢』の中から書かうとしてゐる態度に好感がもてるし、眼のありどころ、つけどころが、ずつと本質的で、高いヒユマニテイで貫ぬかれてゐる」（八二頁）と、火野に比して、ヒューマニズムという観点から「黄塵」をより高く評価する言表もみられた。また、「歴史によつて人間性がほぐされてゆくその場所にこそ、文学のひろい世界が横つてゐる」という無署名「五行言」（『文藝』一九三八・一二）でも、「「黄塵」における柳子超、陳子文と作者の交渉、とくに作者が日本の「鉄路局員」であることを知つてからの陳の朋友的態度などはこのことを立証してゐる」（一〇一頁）と、同様の観点が評価されていた。

総じて、注目は集めたものの不評だった「鮑慶郷」に比して、「黄塵」によって上田廣評価は短期間に好転した。芸術性よりも事実性を重んじた作風に転じ、戦場の日本兵の様相を伝える内容になったこと、中国人だけでなく彼らを指導する日本人が書かれたこと、戦場で中国人が何を考えているか複数のサンプルが示されたこと、作中の「私」

とも重なる書き手のヒューマニズム(4)が、日本人の美質にも重ねられていったこと、以上が「黄塵」の同時代受容の主要な論点（評価ポイント）であった。その過程では、以上を転じて、文化工作・建設戦といった、実際的に有用な内容を多く含んでいたことが読みとられてもいった。ただし、「黄塵」が火野「麦と兵隊」とは異なる、しかし戦時期の戦争文学として別の観点から重要なテクストだという評価を固めていくのは、単行本刊行以降のことである。

四　「黄塵」評価の推移——文学（者）による文化工作・建設戦

日中開戦後間もない時期に、萩原朔太郎は「北支事変について」（『改造』一九三七・九）を、「支那の民衆が、日本に対して強い敵愾心を持つてるといふ事実が、今度の事変によつて明白に発見された。そしてこの発見が、僕等にとつていちばん薄気味わるく恐ろしいのだ」（五三頁）と書き起こしている。ここで身も蓋もなく露呈されたように、日中開戦を契機として表面化した中国に対する恐怖の根源は、無知に基づく謎にあるとみてよい。また、そのこともあって、対支文化工作についても、従前に比して積極的に議論されていく。太田宇之助「文化工作」（『文藝春秋』一九三七・一二（事変・第五増刊））では「日本として最も急を要する問題は北支に於ける学校教育特に小学教育に於ける抗日思想の撲滅工作をどうして実施するかといふこと」（二二三頁）だとその要諦が示されていたし、圓谷弘「支那社会の特質と戦後工作」（『文藝春秋』一九三七・一二）もまた「戦後の対支工作」に関して「要は支那赤化の徹底的撲滅と抗日支那の解消にある」（一〇六頁）とみていた。それはもとより、松本忠雄が「支那工作論」（『文藝春秋』一九三八・三）で「文化工作としては、日支両国が相提携して、東洋文化の興隆を図る事が必要」（六五頁）だというように、日中戦争とも関わるより大きな達成を目指してのことである。これをやわらかく言表すれば、次の山本實彦「対支文化工作につき」（『大陸』一九三八・一二）のようになる。

われ〳〵は対戦行動の進展とともにこの偉大さを発揮するために対支文化工作に十二分の関心を傾けなくては、幾百万将兵の折角の血の犠牲を無にすることとなるでありませう。そしてそれは単にわが一国の文化の問題ばかりでなく、東洋民族全体の面目に関る問題でもあります（九二頁）。

さらに、「〇長期応戦から長期建設へ！」（無署名「編輯後記」、『文藝春秋』一九三八・九、四九六頁）を謳った雑誌上では、「対支文化工作の基点」（『文藝春秋』一九三八・九）の坂本徳松が「長期建設に於ける最も創造的な部面を受持つのが、文化工作の使命」（二九八頁）だと断じてもいた。こうした議論と「黄塵」受容を重ねて考えるために、三木清「行動の哲学　文化の変貌（3）」（『都新聞』一九三八・五・二九）も参照しておこう。「時局の課してゐる文化的課題」に関して、「日本の文化人」に課せられた「重要な問題」を「日支親善、日支提携といふこの事変の終極の目的に対して真に貢献し得るやうな文化を作ること」だとする三木は、「民族的利己心や民族的傲慢心を止揚して真の意味の東洋的見地における文化を作るといふ高貴な仕事が我々に課せられてゐることを忘れてはならぬ」とその射程を示しながら持論を強調し、文学（者）の具体的な仕事を次のように提示する。

支那人の生活を描いて支那人に愛せられるやうな作品を作ることも日本の文学者の仕事の一つであらう。どのやうな仕事をするにしても、それを支那人に読まれて恥しくなるやうなものはしないやうに心掛けねばならぬ。支那人にも喜ばれ、支那人をも納得させることのできるやうなものが書かれなければならない。そしてそのやうな仕事は実にまた世界的意味を持つことにもなるのである（一面）。

してみれば、この時期の文学（者）には、謎である中国を理解するための文化工作、さらには、中国人にも理解される作品が、時局的な期待の地平として求められていたといえる。ただし、一方では〝日支協力〟の欺瞞性が総合雑誌誌上で批判されながら、同時に、たとえば長谷川如是閑「日支文化関係の更新に就て」（『国際文化』一九三九・一〇）における、「支那の新文明が日支両国人の完全な協力の下に発展せしめられねばならぬのであつて、その場合、指導的地位にあるものは日本人でなければならない」（一頁）といった言表もあり、対支文化工作については、言説レベルでも議論が戦わされていたのである。

さて、単行本『黄塵』（改造社、一九三八）が刊行されて、「後記」の「作者から夫人への手紙」（初出は『大陸』版）が多くの読者の目にふれていく。これは文字通り、「昇」から「さわ子殿」に宛てた、十二月十日夜という日付けをもったごく私的な戦場便りである。

毎夜ねる前少しづつ、戦線報告的な文章を書いてゐます。銃とつて国に尽すこと、国のためにペンを握ることが完全に一致した心境にゐます。それが私の生きる道なのです。私たちは戦線に於て、何度か戦友の行動に涙を流し、敵国民衆の生活を見て泣き、故国からの手紙によりてその民族的団結のかたさにうたれてゐます。私はつひに理論家ではなかつたわけです。涙を以つて大和民族と共に生き、涙を以て民族の発展に力をいたしたいと思つてゐます（二六四頁）。

「黄塵」理解・受容に大きな関わりをもつ右の一節で、兵士であることと文章を書くことが等価とされ、それを統合する高次の目的が、国‐民族（のため）とされている。また、「つひに理論家ではなかつた」という一節は、かつての左派理論を捨てるという転向声明に他ならない（これは、転向した上田廣による「黄塵」が、防共を主眼とする対支文化工作に活用されていくということである）。双方とも、「黄塵」の書き手＝「私」＝上田廣による自己認識であり、自己呈示でもある。それが、妻への私信という事実性を強調した枠組みの中、書物の末尾に配置される。冒頭には、『大陸』本文以来、エピグラフよろしく「沃土には今新らしい芽が首をもたげてゐる／これを大きく／健かに育くまんとするのが皇軍の良心である／この日記ならぬ一兵の記録も亦／それを物語らうとする以外の目的を持つてゐない」（二頁）という文言が配置されている。すでに前節で検証した「黄塵」評にはこうした方向づけに沿った受容もみられたが、単行本刊行関連パラテクストがそれをより明確にしていくだろう。

次に『黄塵』の広告文をみてみよう。「「麦と兵隊」こんどは「黄塵」」、「砲弾の蔭に咲いた／上田上等兵の傑作小説」という見出しをもつ改造社広告「上田廣著　黄塵」（『東京朝日新聞』一九三八・一一・一一）において、『黄塵』は次のように紹介されていた。

> 弾雨をくぐりつつ書き上げられた一上等兵の陣中小説。〔略〕血の体験、生死の送迎に悠然として書き上げられた此書は北方山嶽地帯の聖戦の特殊相と、二人の哀れな支那青年、一女性を如実に語つて、人間愛と、若き支那の建設道程への幾多の問題を取上け《ママ》て愷切また哀切、惻々泣かしむるものがある。これこそ戦記小説の圧巻であり、北方聖戦を主題とする代表的作品でもある（一面）。

もとより、版元によるものだが、これが年末の改造社広告「上田廣著　黄塵」（『東京朝日新聞』一九三八・一二・一九）になると、見出しも「弾雨下に展く民族愛のロマンス／刻下文化工作への好箇の指針書」となり、紹介文も次のような別バージョンが掲出される。

興亡四千年の伝統に畳みこまれた支那民衆の心こそは、底無しの古沼の様に量り難く複雑だ。［略］作者は文壇の新鋭。その東亜提携の理想に燃える熱情は銃もつ手を差しのべて彼等の心の底へ入りこみ、北方山嶽地帯を背景に凄絶な十字砲火と哀艶のロマンスとがアジアの黎明を呼んで相交響する此の一大雄篇を描き上げた。果然、長期建設体制下必読の読物小説として絶讃の旋風に包まれてゐる（五面）。

さらに、翌年の改造社広告「上田廣著　黄塵」（『東京朝日新聞』一九三九・三・九）では、「実戦の只中で中国民衆の真の姿を東亜提携の大主題下に熱写した聖戦小説‼」（三面）といった文言が躍ることになる。注目すべきは、「人間愛と、若き支那の建設道程」〜「東亜提携の理想／長期建設体制」〜「東亜提携」といった単語によって、『黄塵』はヒューマニズムを読みとられるにとどまらず、物語内容として書かれた中国（人）の理解を通して、大文字の政治と直接関わるイデオロギーと結びつけられていく役回り／機能を担っていく。

単行本刊行後の文学場においても、寺岡峰夫が「報告文学その他」（『早稲田文学』一九三八・一二）で、「上田廣「黄塵」は小説的な構想をもつて、支那人の人間性と民族性を執拗に追及したもので、矢張り日本兵士の体験を通してしか得られぬ貴重な贈り物」（一一頁）だと評したほか、木々高太郎も「文芸時評（4）第二の大きな問題」（『中外商業新報』一九三八・一二・七）で、「上田廣は、自ら意識してゐるかゐないかは別として、支那人と日本人との相違を、執拗にあの小説〔「黄塵」〕のうちで追求してゐる」（五面）と指摘していた。もとより、「「黄塵」に描かれた北支の平和工作に対する作者の扱方の程度には到底僕は満足できない」（三三頁）という十返一「本年文壇回顧」（『文藝汎論』一九三八・一二）のように否定的な言及もみられたが、それさえ「黄塵」がそのように読まれたことの証左である。年をまたいでも、「心理の叙述に重点があるので、戦闘の状況が割合に平面的な描写にをはつてゐるのは止むを得ない」という「戦争文学」（『解釈と鑑賞』一九三九・四）の植村俊夫が、「「黄塵」によつて作者が語らんとするところのものは、支那の国民性に目覚めよといふことであつた」（九七頁）と述べ、中国（人）理解に焦点を絞っている。こうした上田廣『黄塵』受容（の方向性）は、熊谷辰治郎編『推薦図書目録　第十九輯』（大日本連合青年団、一九三九）にとりあげられた理由として、次のように明示されていく。

〔上田は〕戦線に出てからは矢つぎ早に力作を発表されたが「黄塵」が最も良い作品であり十数万部を売つたと云はれる。本書は火野氏のものと違つて戦闘そのものは僅かしか描かれてゐない。しかし別な意味で本書の価値がある。それは氏が鉄道部隊に使役されてゐる二人の支那青年を描いたことである。二人とも皇軍の庇護の下に生活する希望を抱いて来り投じたのであるが、その一人が只管皇軍に縋つて忠実に働くのに対し、他の一人は祖国を売つたといふ自責の念に絶えず駆られてゐて、その為に必ずしも常に従順ではない。之は実に支那の青年層の現実を如実に示したもので、戦後工作の上に大いなる示唆を与へるものであらう（三五頁）。

ここには、補足の必要がないほど直接的に、『黄塵』の同時代的有用性（「戦後工作」）が示されている。同時に、文学場での『黄塵』受容も同様の方向に進んでいく。『黄塵』をていねいに読み解いた原二郎「「黄塵」瞥見記」（『文藝首都』一九三九・一）に即して検証してみよう。「先ず私は、この作品で柳子超、陳子文によつて、現在働く支那青年の匂ひの嗅げたことを何よりも喜ぶものである」という言明は、テクストを通じて、日中戦争下という現代における中国人の具体相を知り得たということを意味する。しかも、その理解は、次のようにして日中戦争下における中国人の反応を腑分けする「指針書」ともなっている。

柳子超的生き方をしてゐる人物が現在日本に強硬に挑んで来てゐる人々で、陳子文的生き方をしてゐる人々が現在良民といはれてゐる部類の人ではないだらうか、といふことがよく描きわけられてゐる。作者は勿論いづれが本当の敗戦国としての生き方か割り切つてはゐない。といふのは支那青年として両方が本当の生き方であるから……作者も作品の中で想像してゐる通り、陳子文の生き方も、柳子超の生き方も結局は一つ目的の為めだらうから、そのプロセスの善悪を決定することは困難なことであつたらう。

こうして中国（人）類型を理解する実践的なガイドとして『黄塵』を読んだ上で、原は「だからこそ、支那人、日本人、アメリカ人、イギリス人といふ人種的なものを超越した、人間と人間との直かの、麗はしい情感が出てゐて胸を打つ」と、ヒューマニズムを介して戦争という現実を超越した抽象レベルにおいて「これらは總て上田氏の人柄と視野の広さとの現はれ」（一〇五頁）だと、その書き手を賞賛し、テクストにもその価値・有用性を備給していく。これほどあからさまではないにせよ、「火野葦平氏と上田廣氏とが戦場で書いた作品」の「対照を非常に面白い」（五六〇～五六一頁）と感じた「戦争文学論」（『現代文学論』中央公論社、一九三九）の窪川鶴次郎の見解も同様である。窪川は、「上田氏は支那側の事件や兵隊のことばかり書いてゐるのに、火野氏は当の敵である支那側には全く触れてゐないと言つてい丶。（十三年一月初め現在）」と指摘した上で、『黄塵』について、「終始一貫してこの作品は、日本軍に使はれてゐる柳子趙《ママ》、陳子文といふ二人の若者が、どんな感情や心理を心の奥にひそませてゐるか、彼らの背後にどんな繋がりを持つてゐるか、それを追求することに作者の神経が集中されてゐる」（五六一～五六二頁）と論評している。また、中国人の心理に注目して『黄塵』を読んだ原二郎は「「黄塵」瞥見記」（前掲）で、「出征しない銃後戦線つまり生活戦線の民衆は、か丶る渦の中で、人類の友人としての支那良民が、その苦しみの中から、いかに出発し、いかに思惟の世界に沈潜して行くかを、可能な範囲に於て、描いて見せてくれた作者に万腔の感謝を捧げると同時に、作者も亦、人生探訪の文学者として戦地にあることを感謝しなければなるまい」として、書き手の体験を重んじ、ヒューマニズムを感じとりながら、中国（人）理解を深めることに成功した『黄塵』の功績を評価へと直結させていく。

総じて、かつてとは逆に「麦と兵隊」との比較が、上田廣『黄塵』の役回り／機能（的有用性）を浮き彫りにしていくのが、単行本刊行後の受容の特徴といえる。比較をしない場合でも、上田廣『黄塵』が、日中戦争下の現在における中国（人）を具体的に書いたこと、そのことによって、中国人を指導する日本（人）の位置は世界史的に位置づけられ（東亜の盟主）、ただしイデオロギーは前景化せずに、書き手のヒューマニズムが評価ポイントとなっていく。このように読み換えられた『黄塵』は、国内外の文化工作・建設戦の重要な手がかりと位置づけられ、芸術性とは別の観点からも積極的な評価を受けていったのだ。

おわりに

一九三九年までに発表された主要な戦争文学を見渡す「戦争とヒューマニズム」（『早稲田文学』一九三九・三）の田

邊耕一郎は、「「麦と兵隊」や「土と兵隊」や、「黄塵」や「帰順」、そして「呉淞クリーク」、これらの兵士作家の文学がわれわれの心をうつてくる」理由を「戦争とヒユーマニズムとの、反戦思想をも好戦思想をも超えた、均斉のある高い人間的統一の姿」（一六頁）に求めている。また、「黄塵」については「二人の支那人を陣中にあつていたはり使つてやつてゐる兵士の、その毅然たる兵士的自覚と人間的愛情との美しい統一の姿」に「ごく自然なものとして、均斉のある、全人間的な姿として感じられる」と評され、さらに「反戦思想の翳はみじんもない」（一七頁）ことまでが顕揚されている。

それは、日中戦争期の戦争文学を、戦争を肯定するイデオロギーによって解釈していく和田國雄編著『名作鑑賞陣中文学』（前進社、一九三九）においてもみられるが、実は文学場での「黄塵」受容／言説ともほとんどかわりがない。「黄塵」への論及を引いておく。

誠実な愛情を以て結ばれる人間の結合は堅くして、深い。それは民族を異にし、習慣を異にし思考を異にするものの間でも同様のことが言はれ得る。いや互ひに砲火を交へる敵国人間にあつてさへ、誠実な愛情は相手の心魂を融和せしめてしまふものだ。「黄塵」一篇は、これを伝へて余すところがない。「一本の手に握られた五六本の日章旗」を、この可憐な純情な異国の少年の手に悦んで握らせることこそ、この「黄塵」一篇が象徴し要請する重要な課題ではなからうか（二三八頁）。

こうした言説の相似性が示すのは、執筆事情からしてすぐれた事実性をもち、書き手＝上田廣のヒューマニズムによって戦争文学（芸術性）としても評価を受けた「黄塵」とは、その実、すぐれた文化工作・建設戦のためのテクストでもあるという一事である。上田廣の、戦場で中国人と交流をもったという事実と紙背のヒューマニズムは、廣津和郎・保高徳蔵「上田廣帰還座談会」(『文藝』一九四〇・一)においても、確かに裏打ちされていく。

記者　支那人と交き《ママ》合つてみて、戦争とか政治とか、さういふものから離れた個人的な日本人の好意が通じますか。

上田　それは通じますです。それが支那人の一番特長としていいところでないかと思ふのです。つまり人間を信ずるのですね。何か信用し始めると、あの人ならいい、といふ風に信ずる。だから軍服といふよりも、あの人なら、といふので信じ込むのですね。[略] 支那人といふのは何かさういふところがあるやうですね(二一六頁)。

もはや、上田廣の裏のない素朴さを疑うことなどできないし、大文字のイデオロギーをはりつけたようにもみえない。従って、上田廣は『黄塵』によって「戦線に彼の存在したことを強く印象付けた」(一〇三頁)と指摘する「上田廣の鉄道建設ものと日比野士朗の「呉淞クリーク」」(『現代日本の戦争文学』六興商会出版部、一九四三)の板垣直子が、時間的距離をおいて同作を評す際にも、「従業員の中に見出した一人の支那青年との最後までの交渉がかなり鮮やかにでゝゐる」(一〇四頁)点が注目される。さらに、板垣は、一連のテクストを書きついだ上田廣の「文学的使命」を、「後方のいはゆる建設部隊の辛労と艱難とを伝へ」ることで、「後方活動をしてゐる兵士達の負ふ任務も、第一線の人々と全く同等に重大であることを示してゐる」点、「前線の戦闘を華やかに描く作家は多いが、鉄道の後方活動などを着実に扱つてその意義の重要さを知らせる」(一〇四頁)点、にまとめている。つまり、テクストに書かれた一兵士として地道に軍務に従う姿が、その過程での中国人との関わりも含めて、結果的にすぐれて国策に忠実な日本兵の姿として、受容され、そのようなものとしての意味作用をもっていく。こうした様態こそが、『黄塵』というテクストが、間接的なナショナリズムへと奉仕していくメカニズムの内実である。

こうしたテクスト／評価の延長線上で、上田廣は文字通り『建設戦記（正・続）』（改造社、一九三九、一九四〇）と題したテクストを発表し、鉄道部隊の兵士として戦場を生き／書いていく。「黄塵」を「未だ大東亜の黎明を告げる「歴史的使命」とも呼ぶべき程の苛烈確然たる行為的主体的意識を一貫して形成してはゐない」とその瑕疵を指摘した金親清は、そうした未熟さが超克された『建設戦記』を顕揚している。その上で金は、「今日にいたる上田の全体を知るには、「黄塵」を一度は是非とも併せ読む必要がある」（金　一九四三、一六一頁）と、その重要性を強調している。つまり、日中戦争期において上田廣が果たした役回り／機能としては、他の戦争文学同様に戦場体験とヒューマニズムが高く評価されたことは前提として、鉄道部隊の後方戦を通じて、文化工作・建設戦につながる中国（人）を書きついだことこそが特筆されるはずで、「黄塵」はその原点としての意義をもつ。もとより、そのような「黄塵」理解－評価もまた、初出～一括掲載～単行本を契機として文学場を中心に産出されつづけた言説によって形成－承認されたものである。

注

（１）矢野（一九九二）には、「戦場で、左翼理論を棄てた上田広は、大和民族発展の理論を構築しようともしていない。戦争に関しては、並の兵隊の感情をもっているだけである。『黄塵』が世に迎えられた原因の大きな部分はここにあったと思われる。」（七七頁）という考察がある。

（2）火野葦平「麦と兵隊」については、松本（二〇一五）参照。
（3）本稿の検討に本質的に関わる本文異同は、管見の限りはみられなかった。
（4）この点に関して、若松（二〇一七）も併せて参照。
※原則として、初出の「黄塵」は一重括弧、単行本は二重括弧表記として区別した。

参考文献

池田浩士（一九九七）「建設としての戦争　上田廣と鉄道部隊」『「海外進出文学」論・序説』インパクト出版会。

上田廣（一九三八）「後記　略歴」『黄塵』改造社。

金親清（一九四三）「解説」『新日本文学全集　第二十四巻　上田廣・日比野士朗集』改造社。

権錫永（二〇〇〇）「アジア太平洋戦争期における意味をめぐる闘争（1）序説」『北海道大学文学研究科紀要』第一〇二号、一二月。

五味渕典嗣（二〇一四）「曖昧な戦場——日中戦争期戦記テクストと他者の表象——」『昭和文学研究』第六九集、九月。

坂本哲郎（一九九〇）「昭和戦争文学の一視点——上田広の陣中小説について」『文学研究（聖徳学園短大）』第五号、一月。

柴崎厚士（一九九九）『近代日本と国際文化交流——国際文化振興会の創設と展開』有信堂高文社。

田中単之（一九九八）「上田広試論——『建設戦記』前後」『社会文学』第一二号、六月。

都築久義（一九八五）「上田広」『戦時下の文学』和泉書院。

中野重治（一九五二）「解説」『現代日本小説大系　第五十九巻』河出書房。

西垣勤（一九八九）「日中十五年戦争下の文学への一視点」『日本文学』第三八巻第一〇号、一〇月。

松本和也（二〇一五）「〝戦場にいる文学者〟からのメッセージ――火野葦平「麦と兵隊」」『昭和一〇年代の文学場を考える　新人・太宰治・戦争文学』立教大学出版会。

若松伸哉（二〇一七）「スペイン内戦と日中戦争にあらわれたヒューマニズム」『愛知県立大学国際文化研究科論集』第一八号、三月。

矢野貫一（一九九二）「101黄塵」矢野貫一編『近代戦争文学事典　第一輯』和泉書院。

第2章　サイパン戦秘史にみる人種差別とナショナリズム

泉水英計

はじめに

マリアナ諸島の戦いは第二次世界大戦末期を画する激戦であり、とくにサイパン戦については多くの体験記が残されている。戦闘員の勇ましさを賛美するような好戦的な回想であれ、被害者の苦痛を噛みしめ戦争の愚かさを悔いる反戦的な回想であれ、それらが語るのはほぼ一様に日米のナショナリズムの衝突である。しかし、このナショナリズムの言説は、つぎの二つの意味でむしろ帝国の言説と呼ぶ方がふさわしい。第一に、両国の衝突は、実質的な植民地をめぐる覇権争いであった。戦争の結果、日本が委任統治していた南洋群島が米国の信託統治領ミクロネシアへと変じたのであり、マリアナ諸島は日米のいずれにとっても固有の領土ではない。それにもかかわらず、マリアナ諸島の戦いを日本人とアメリカ人の戦争としてのみ想起することは、本来の住民であるチャモロやカロリニアンの主体的存在を顧みないという点で帝国主義的である。このような帝国主義批判は、チャモロの視点からマリアナ諸島の戦いとその記憶を検討したキース・カマチョが近著で説得的に展開している（カマチョ 二〇一六）。

しかし、第二に、これとは別の「植民地」が日米のナショナリズムのそれぞれには隠されている。異民族を包摂し膨張する帝国という在り方は近代国家の形成期にすでにあったといわれる。すなわち宗主国と植民地のような関係は宗主国の内部にも存在し、中核都市の繁栄は周縁の低開発地域の犠牲によって支えられた。この関係が成立する過程では、郷党的紐帯や方言、生活慣行から切り離された人々に、国家への忠誠や標準語、都市エリートの解釈する国民文化が侵入した。このような国民国家への再編は、グローバルとされた近代性の名の下にすすめられ、地方的伝統は否定されてしばしば暴力的に剥奪された。この不平等な社会＝経済関係とその正当化の論理という点で、国民国家の形成は植民地化と近似するという（Weber 1976: 485-496）。この近似性の認識からは、日本人とアメリカ人の戦争という言説が、日米双方にかつて存在した「異民族」の包摂を等閑に付していないだろうかという疑念が導かれる。「日本人」や「アメリカ人」になったかつての「異民族」は、国民軍の一員として戦場で実際にどのような行動を取ったのか。本章では、この問いを念頭に、サイパン戦秘史に特異な足跡を残した二人の人物に注目してみたい。メキシコ系アメリカ人のガイ・ガバルドン（Guy Gabaldon）と沖縄出身の新垣三郎である。ガバルドンはサイパン侵攻の最前線で戦った海兵隊員であり、新垣は軍民入り乱れた戦場で実質的な学徒兵であった。ともに一九二六年生まれの二人は、多感な時期に戦時ナショナリズムの感化を受けたが、それぞれの母国でマイノリティであったことが、ナショナリズムへの傾倒を一層強めたと考えられる。

一　人道的海兵隊員の神話

1　映画『戦場よ永遠に』

サイパン戦の損害が甚大になったのは、日本軍守備隊が撤退や降伏を勘案せず徹底抗戦したからである。長引く戦闘に多数の民間人が巻き込まれ、米兵の虐待を怖れて自害した者たちもいた。日本軍将兵の戦死者は約四万人であったが、民間人も一万人が死亡した[1]。これらの数字は、もしガバルドンがいなかったならば更に多かったはずである。海兵隊上等兵としてサイパンに上陸した彼は、同島および隣接するテニアン島での作戦行動中に合計一五〇〇人の日本人を投降させたといわれているからだ。

反撃されるリスクを顧みず敵の命を救った英雄的行為は、一九六〇年に『戦場よ永遠に（Hell to Eternity）』（アトランティック・ピクチャーズ製作）というタイトルで映画化された。主演男優はジェフリー・ハンターである。ハンター演じるガバルドンは、唯一の親族である母を少年時代に病気で亡くし、日系人家庭に引き取られて育てられる。サイパンの戦場では、岸壁から投身自殺する日本人婦人に、日系アメリカ人養母の面影を重ね、ひたむきに投降を呼びかけている。娯楽映画であるから、演出効果をねらった事実の改変がおこなわれたのは当然だろう。実際には、ガバルドンには実の兄弟姉妹が六人いたし、彼らの実母は一九四〇年代後半まで健在で、復員したガバルドンを生家で迎えていた。

事実との違いとしてさらに目を惹かれるのは、実際のガバルドンと彼を演じるハンターの外見の違いである。ハンターは一八八センチメートルの長身で、頭髪は明るく碧眼であったが、メキシコ系のガバルドンは髪も瞳も黒く、身長は一六三センチメートルと小柄であった。両者はそれぞれ、米国社会における「白人」と「チカノ」のプロトタイプといってよいだろう。なぜ「チカノ」の物語を「白人」が演じたのか。ハンターは全盛期の西部劇映画で人気を博した二枚目俳優であり、彼のような俳優を主役に立てなければ、良好な興行成績を見込むことは難しかったというのが現実的な理由であろう。アフリカ人やアジア人、ネイティブアメリカンといった役柄に「白人」俳優を配することはホワイト・ウォッシングと呼ばれ、映画産業界の人的構成が生み出す社会的問題として現在では批判されることが多い。しかし、六〇年代初頭にはそのような配役はほぼ無批判に受け入れられていた。

そうではあっても、「チカノ」を「白人」が演じたことを問題にするのは次の二つの理由による。ひとつは、ガバルドン自身がメキシコ出自を強く意識し、主流派の「白人」ではないという彼の立場が戦場での特異な行動を導いたと考えられるからである。この点は、ガバルドンの自叙伝に照らして次項以降でくわしく検討したい。

いま一つの理由は、「白人」が代表する米兵が戦場で敵の日本人を人道的に扱ったという物語は、一九六〇年という年には特別な政治的意味を帯びたからである。この年、新たな日米安全保障条約が締結されたが、改定承認をめぐる国会審議は、野党や労働組合、全学連の猛烈な反対にあって紛糾した。改定案は強行採決の末に成立したが、国会前の反対デモは、警官隊との衝突で死者を出すほど過熱し、その勢いはアイゼンハワー大統領の訪日を中止させたほど激しかった。もちろん、反米感情の鎮静化を狙って映画が制作されたわけではない。しかし、結果的には、映画『戦場よ永遠に』にはパブリック・ディプロマシーとしての効用があったはずである。(2)

2　不良少年から海兵隊へ

ヒスパニックの戦争体験に焦点をあてたオーラルヒストリー調査でガバルドンは自らの従軍を語っているが、(3)戦争体験を含む彼の半生を知るまとまった資料は自叙伝（Gabaldon 1990）しかない。この本には、たとえば「ass」や「son of a bitch」、「Nips」といった卑語が目立ち、全二四四頁のなかに、日本人の蔑称である「Jap」「Japs」が二七九回も使用されているような洗練されない文章で綴られている。ただし、このような乱暴な言葉遣いは、ガバルドンの意識的な選択でもあった。彼に原稿の校正を頼まれた友人は卑語の濫用を問題視し、改めるよう彼を諭したが、ガバルドンは次のように反論したという。

我々がここ（＝サイパン）に来たのは殺し合うためだった、我々が敵を殺したが、さもなくば我々が殺されただろう……。私の最愛の妻は日系人だが、だからといって日本と合衆国の間で戦争があったという事実が変わることはないし、私が戦場でやったことや言ったことが変わることもない。歴史は変えられないんだよ（Ibid.：10）。

ガバルドンの自叙伝は、戦勝国の退役軍人が自己顕示欲を無遠慮に表出した自費出版であり誇張や虚構の可能性を否定できない[4]。けれども、右のような意識をもって著されたのであれば、サイパン戦の一面を考える材料とする価値はあろう。以下この自叙伝をもとに、ガバルドンの生い立ちから彼の半生を振り返ってみたい。

ガバルドンの生家は、ゲットーや貧民街の集まるロサンジェルス東部にあった。両親はニューメキシコ州生まれ、溶接工の父がいたが、一〇歳になったガバルドンは路上で靴磨きをして働いた。当時の彼は近隣の少年たちと徒党を組んでいたが、注目しておきたいのは、この少年集団の「極度な民族的混淆」（Ibid.: 24）である。ガバルドンが回想する当時の仲間は、ミラー、サンチェス、モチナガ、ミチコフ、ガボルキアン、アルチュレッタ、モナノといったように多様な出自をうかがわせる姓をもっていた。

ロサンジェルスの多様なエスニック集団のなかでガバルドンがとくに関心を抱いたのが日系人であった。三〇年代後半のリトル・トウキョウで、日系青年たちと「二世週間」を祝ったり日本語学校に通ったりしたガバルドンは、やがてナカノ家の「養子」としてそこで暮らすようになる。映画『戦場よ永遠に』に描かれたガバルドンの養家は、父親がビジネスマンで長男が小学校教師という郊外の中産階級家庭であったが、実際のナカノ家は生花店と日本語紙『羅府新報』販売店を兼業する下町の小経営者であった（Ibid.: 31）。いずれにせよ、数年を経ずに日米開戦となり、ガバルドンが親しく交わった日系社会の人びとはロサンジェルスから姿を消してしまう。四二年二月の大統領令により、日系人は西海岸からの立ち退きを命じられ、一一万人以上が内陸部の収容所に送られた。翌四三年三月、満を持して一七歳の誕生日を迎えたガバルドンは、日系人強制収容の原因をつくった日本軍への復讐を胸に海兵隊の日本語通訳に志願し、サンディエゴのエリオット基地にあった日本語学校へ配属された（Ibid.: 58, 61）。

米軍の日本語学校はエリート集団の様相をもっていた。コロンビア大学の日本文学者ドナルド・キーンや、彼の同僚であったエドワード・サイデンステッカーは海軍日本語学校の出身者である。同じくコロンビア大学の教員で文化人類学者のハーバード・パッシンは陸軍日本語学校の出身であり、海兵隊の日本語学校には、パッシンと一緒に連合国軍最高司令官総司令部（GHQ／SCAP）民間情報教育局で働いた、後のハーバード大学の文化人類学者ジョン・ペルゼルがいた。ガバルドンにとって日本語学校への配属は、社会的上昇へのチャンスになったはずであるが、彼は休暇中に盛り場での喧嘩で怪我を負い、退院と同時に放校となってしまう。再配属された迫撃砲手の任務を嫌い、ハワイでの結集時に通訳兵への転務を希望したが、日本語の知識不足を理由に通訳兵には採用されず、連隊諜報部の斥候兵として戦場に赴くことになった（Ibid.: 63-64）。

3　サイパンの笛吹き男

米軍がサイパン島南西部の海岸に上陸を開始したのは四四年六月一五日の朝であった。主力は第二および第四海兵師団と陸軍第二七歩兵師団で構成され、ガバルドンは第二海兵師団所属の第二連隊に所属していた。第二海兵師団は侵攻軍の左翼を担当し、日本軍守備隊を追撃しながらチャランカノアからススペ、ガラパン、タナパグへと続く西海岸を北上した。第二海兵師団のうち第二連隊のみはさらに、右翼として東海岸を北上してきた第四海兵師団のおこなったサイパン島北端の掃討戦にも加わった[5]。

上陸二日目、第二連隊はススペ付近に布陣していたが、ガバルドンは単独で前線を越え日本軍の塹壕を背後から襲った。投降した日本兵二名を連れ帰り、中隊長に褒められるだろうと期待したのだが、むしろ単独行動を叱責されてしまう。にもかかわらず、その晩、ガバルドンはふたたび日本軍陣地へ独断で侵入した。トーチカを見つけると周到に準備を整え、日の出とともに催涙手榴弾で威嚇しつつ投降を呼びかけて、新たに一二名を捕虜にした。前日の捕虜二名の尋問からは、米軍の把握していなかった日本軍の配置が明らかになっていた。一二名の情報源の追加に上官の態度は軟化し、ガバルドンは単独行動の自由を与えられた（Ibid.: 75-78）。その後三週間にわたり米軍は日々前線を北上させ、日本軍はサイパン島北端のマッピ岬へ追い詰められた。七月六日、南雲忠一中将、斎藤義次中将ら守備隊司令部の高官は最後の総攻撃を命じて自決し、翌朝未明より残存日本兵約三〇〇〇名がタナパグ付近の米軍陣地に突撃してほぼ全滅した。七月九日、米軍はマッピ岬の先端に到達し、遠征隊司令長官リッチモンド・ターナー中将がサイパン島制圧を宣言した。

その前日の七月八日朝、ガバルドンはすでに単独でマッピ岬先端部に侵入していた。断崖となった海岸の岩陰の彼方此方に敗残兵と民間人が身を隠していた。ガバルドンは日本兵二名を捕虜にし、うち一名を仲間の投降勧告に岩陰に戻すと、中尉に率いられ約五〇名の日本兵が崖の上に現れた。多勢に無勢であったが、ガバルドンは説得に成功し、崖下に残る負傷兵と民間人の投降に同意させた。列をなして出てくる捕虜は八〇〇名に達し（Ibid.: 103-106）、その様はドイツのハーメルンの昔話に喩えられて「サイパンの笛吹き男」の捕獲劇として軍内の逸話となった。

ここで改めて問うべきは、ガバルドンはなぜ日本兵に投降を呼びかけたのかである。彼の兵役志願の理由は、ロサンジェルスの日系人「家族」を奪われたことへの復讐であった。それならば、敵兵を見つけ次第に撃てば済むことである。映画『戦場よ永遠に』では投降勧告が人道主義から発したかように描かれているが、日本兵に対するガバルドンの態度は、他の一部の米兵と変わらず非人道的であった。海兵隊員は、殺害した日本兵から拳銃やサーベル、時計などを奪取したばかりでなく、ときには金歯まで抜き取って戦争土産にしたという信頼できる回想がある（スレッジ二〇〇八、二三四頁）。ガバルドンも同じ目的で躊躇なく遺体に手をつけた（Gabaldon 1990: 79）。また、無人となった銀行を発見したときには、梱包爆薬で金庫をこじ開け高額紙幣をカバンに詰めて持ち帰ったと自慢げに記している（Ibid.: 93）。このような人物が敵のトーチカ――彼の表現によれば「ジャップ兵という名で知られる害虫が巣くう洞窟」（Ibid.: 80）――を見つけたとき、純粋に人道主義にもとづいた行動をとったとは考えがたい。

ガバルドンが捕虜を取った一つの理由は「正式な通訳兵に必要な能力を認められる」ためであった（Ibid.: 77）。最初の捕虜を連れ帰ったとき、単独行動を繰り返したら軍事裁判にかけると上官に戒められたにもかかわらず、ガバルドンは、再び「日本軍陣地に出て行って、自らを証明するまでは帰らない」と決意していたという（Ibid.: 76）。多数の捕虜を獲得したことが通訳兵としての能力を証明し、ガバルドンは「『エリート』に加わる栄誉」を手にすることになる。通訳兵は下士官以上なのにガバルドンは上等兵のままであったが、戦闘中にあげた「評判だけを頼りに師団諜報部への異動という成功を手にした」のであった（Ibid.: 122）。

しかし、ガバルドンの願望はこの「昇進」にとどまらない。彼は具体的な目標を「ヨーク軍曹の一〇倍の捕虜」に置いていた。アルヴィン・ヨークは、第一次世界大戦時にフランスのアルゴンヌの戦いで、わずか七名の兵で敵の機関銃陣地を攻略し、ドイツ兵一三二名を捕虜にして名誉勲章を受けた米国陸軍の下士官である。ガバルドンはサイパン戦の早い段階から、「これまでのどの戦争のどんなアメリカ人よりも多くの捕虜を取るという願望に突き動かされ」ていたという (Ibid.: 85)。ガバルドンをそのような存在証明に駆り立てていたのは何であったのか。この問いに答える糸口は、サイパンでの彼の行動が世間に知られるようになった経緯から導かれる。

4　海兵隊の人種差別

銀星勲章を胸に帰郷したガバルドンはメキシコで貿易業を営み、家庭をもって平凡な退役軍人として暮らしていたが、五七年になって突如脚光を浴びた。彼の自動車事故を担当した保険会社員が顧客のユニークな従軍体験を知り、マスメディアに伝手のあったこの保険会社員はそれを『ロサンジェルス・タイムス』紙に売り込んだ。ついでNBCテレビへの売り込みも成功し、ガバルドンは同局の人気番組「This Is Your Life」に出演する。出演者の逸話について聴衆の前で回想していくこのスタジオ・ドキュメンタリー番組には、ガバルドンの戦友や上官が招かれ、サイパン戦でのガバルドンの英雄的行為を全米の視聴者に向かって証言した (Ibid.: 151-152)。一躍有名人となったガバルドンにハリウッドから声がかかり、本章の冒頭で触れた映画『戦場よ永遠に』が制作されたのである。

注目したいのは、映画が制作された直後にガバルドンに海軍十字章を与えられたことである。確認しておくと、海兵隊員に授与される勲章のうち最高位が名誉勲章であり、次位が海軍十字章で、これに銀星勲章が続く。海軍十字章の授与は銀星勲章からの昇格であったが、ガバルドンはそれを素直に喜ばなかった。なぜなら、ヨーク軍曹が名誉勲章を受けたのだから、一桁多い敵を捕虜にした彼自身は当然その最高位の叙勲に値するはずだからである。にもかかわらず、第三位に過ぎない銀星勲章で彼が遇されたのは、「四〇年代に海兵隊に蔓延していた極端な人種差別」(Ibid.: 66) のためであった。映画化によって世間がガバルドンの武勲を知ったときに海兵隊が慌てて昇格追贈をおこなったのは、この人種差別を誤魔化すためであったのだという。しかも、この昇格追贈ですら、第二位にすぎない海軍十字章にとどまっていた (Ibid.: 156)。

確かに、海兵隊は人種差別的編成を保持し、永らく「白人」以外の入隊を許さなかった。一九四二年八月になって戦中の人的資源不足のためにアフリカ系アメリカ人を受入れはじめたが、アフリカ系新兵は彼ら専用の訓練施設に送られ、いわゆる黒人部隊には戦闘でなく弾薬運搬が割り当てられた (Morris 1969)。ヒスパニックは「白人」に分類されるため、当時の戦闘部隊では彼らのみが目立ったマイノリティであった。ガバルドンによれば、「老海兵隊連の赤首ども [=南部白人労働者への侮蔑語] は、ヒスパニックは劣等だと本気で信じていた」という。また、「入隊した日からあれこれと人種差別を感じたが、微妙なものだったので見て見ぬふりをしてきた」(Gabaldon 1990: 64-65) のだという。海軍十字章の追贈についても、海兵隊の上級将校から「ヒスパニックには名誉勲章を与えるべきでないという口頭の指令があった」のではないかとガバルドンは疑っていた (Ibid.: 156)。

このような態度は偏執狂的にもみえるが、疑念を抱かせる体験がガバルドンにはあった。サイパン戦終了時にほぼすべての戦友が昇進したが、ガバルドンには昇進通知が届かなかった。この査定に憤った彼は、師団諜報部への異動を申請し、先に触れたように「栄転」するのであるが、自叙伝でこの顛末を記した結びにガバルドンは、「ストロングが勝った。私が何を達成しようが、『スピック』[=ヒスパニックへの侮蔑語] は所詮スピックなんだ」と記している (Ibid.: 122)。ヴァージル・ストロングはガバルドンと同じ小隊に属した軍曹で、ガバルドンによれば「『スピック』を嫌悪するオーキー」であった。ストロング軍曹の嫌悪は、兵舎内でガバルドンの下着を犬の糞と一緒にシャワールームに放置するといった嫌がらせをするほどに激しかった（Ibid.: 65）。オーキー（Okie）とはオクラホマ州出身者に対する侮蔑語であるが、とくに、三〇年前後に大恐慌とダストボウル（砂嵐）で農業経営が崩壊したため大挙してカリフォルニア州に流れた貧困農場労働者を指す言葉である。

チカノ研究はヒスパニック兵に対する米軍内の人種差別を明らかにしており、ガバルドンの体験は孤立したものではない。第二次世界大戦には三五万から五〇万人のヒスパニックが従軍したが、最前線で闘う下級兵士が多く消耗率が高かった。ロサンジェルスでは人口の一割がメキシコ系アメリカ人であったが、彼らは同市の戦死者の二割を占めたという。また、ヒスパニックが集住するテキサス州エルパソで編成されたため結果的に「チカノ部隊」となっていた陸軍第三六師団第一四一歩兵連隊に属する一中隊は、イタリアのモンテカシノの戦いで繰り返し無謀な作戦行動を命令された。部下を失い自らも負傷した中隊長ガブリエル・ナバレーテは、大隊長が彼の中隊を再度おなじ作戦に投入するなら彼を狙撃すると宣言したほどに明白な不当命令であったという。このような激烈な戦闘の反面としてヒスパニック兵は――ガバルドンの誤った憶測とは裏腹に――十二名が名誉勲章を授与された。けれども、一般社会に蔓延していた人種差別は、軍が認めた彼らの献身をも裏切ることがあった。ノルマンディーの武勲によりメキシコ移民として初の名誉勲章を授与されたマカリオ・ガルシア軍曹は、戦後になってもリッチモンド（テキサス州）では、ヒスパニックであることを理由に飲食店から追い出されたという（Acuna 2015: 245-247）。

5　人種差別からナショナリズムへ

ガバルドンが社会的承認を執拗に求めたのは、彼がこのような人種差別を感じていたからであろう。戦場での行為が純粋な人道主義の表出であれば、勲章の上下に拘る必要は無かったはずである。ストロング軍曹の虐めを非難するガバルドンは、「私の出身地ではエスニシティを理由に誰かを憎むようなことはなかった」(Gabaldon 1990: 85)と対照的な経験を引き合いに出している。しかし、実際には四〇年前後のロサンジェルスでは、メキシコ系労働者階級の若者たちが主流社会と激しく対立していた。四二年八月のスリーピーラグーン事件は、若者同士の喧嘩で起きた殺人事件であったが、警察も裁判所も人種差別的な先入観をもってチカノの容疑者たちを取り扱い、メディアはチカノの若者が犯罪者集団であるという偏見を助長した。翌四三年六月には、西欧系アメリカ人の若い海兵隊員たちが街頭でチカノ青年を次々と暴行し、チカノ青年の間で流行していた衣装を剥ぎ取るというズートスーツ暴動が起こっている。

一方でマイノリティ同士の関係については、ガバルドンの回想をそのままに信じることもできよう。すでにみたように、彼はエキゾチックな姓をもつ少年たちと徒党を組んだり、リトル・トウキョウに入り浸ったりしていたのだから。このような態度も、ガバルドンに限定されたものではない。ロサンジェルスのマイノリティ混住地区で育ったメキシコ系アメリカ人のラルフ・ラゾ少年は、日系人の学友たちが強制的に立ち退かされるのに憤って、彼らに混じり自らすすんでマンザナー収容所に抑留されたという(Acuna 2015: 248)。ガバルドンもまた日系人の立ち退き命令に憤り、ナチス・ドイツによるユダヤ人の迫害になぞらえて日系人抑留施設を「強制収容所(concentration camp)」と呼んで非難している。当時の彼は、「アメリカ人の間に違いは無いといつも教えられてきたのだから、そんなことがなぜできるのかまったく理解できなかった」のだという(Gabaldon 1990: 40)。

チカノの少年たちに義憤を引き起こしたのは、「アメリカ人の間に違いは無い」というナショナリズムの建前と、特定の出自を理由に一律に市民権を剥奪された日系人という現実との齟齬であった。この建前を現実のものとすることを求めた日系人が、国家に対する彼らの忠誠心へ向けられた疑いを払拭するために、ナショナリズムの発露である戦闘行為に没入したことはよく知られている。ガバルドンの日系の「兄弟」であったレーン・ナカノも陸軍に志願し、第四四二連隊の一員としてヨーロッパ戦線に赴いていた。通算一万四〇〇〇名のうち九四八六名が死傷した勇戦敢闘によって史上最も多くの勲章を授与されたといわれる部隊である。[6] 注意したいのは、チカノ少年たちの義憤には、字義通りの同情が混ざっていたことである。日系のナカノが人種差別に苦しみ、それゆえに激闘によって国家の十全な一員である承認を得ようとしたように、チカノのガバルドンもまた、人種差別を感じていたからこそ、「これまでのどの戦争のどんなアメリカ人よりも多くの捕虜を取るという願望に突き動かされ」(Ibid.: 85) たのではないだろうか。

このように理解すると、ガバルドンが米国社会の最も保守的な思想に傾倒したことも驚くにあたらない。八〇年にサイパンに転居した彼は、退役米兵が解放者として感謝されないことに失望した。それどころか、再訪したこの島には、遺骨収集団や慰霊団による日本人の戦争記念碑が林立していた。八〇年代に日本人観光客が急増していたことも住民が反日的な戦争観を抱くことを妨げていた（カマチョ 二〇一六、一六〇〜一九六頁）。退役米兵はサイパンに在住する他のアメリカ人からも疎んじられる。ガバルドンによれば、平和部隊（連邦政府の派遣する青年海外協力隊）に代表される在島アメリカ人たちのリベラルな信条と進歩的な生活スタイルが、チャモロやカロリニアンを反米的にし日本人の跋扈を許していた。そのようなリベラルで進歩的なアメリカ人は、米本国では同性愛や薬物使用を許容しポルノグラフィを氾濫させているのだという。このように断じたうえで、崩壊した伝統的家族規範を再建し、衰退した愛国心教育を復活せよと叫ぶガバルドンは、いわゆるキリスト教右派の論客そのものである (Gabaldon 1990: 204, 206-208)。理想のアメリカを信じ——ガバルドンのように実際にはそこから排除されながらも、あるいは、排除されていたからこそ——その理想に命を賭けた元米兵にとって、八〇年代のサイパンには、彼の自叙伝の表題『裏切られたアメリカ』を眼前に突きつけられるような風景が広がっていたのであった。

二　愛国学徒兵と沖縄移民

1　『死刑囚から牧師へ』

ガバルドンは熱心な信徒ではなかったが、サイパンを訪れたひとりの日本人牧師について印象深い回想を残している。その牧師が新垣三郎であった。八七年にサイパンを訪れた新垣の世話をした在島アメリカ人の紹介で新垣に会ったガバルドンは、新垣を自宅に招き、家族も交えて歓談した。宗教的な感化も受けたようであり、少年時代に日本に興味を抱いたことや日系人家族に養われたこと、太平洋戦線に送られたことはすべて、サイパン戦での捕虜獲得のために神が定めた準備であったという証《あかし》をガバルドンは記している（Gabaldon 1990: 204）。

ただし、彼が新垣に惹かれたのは、かつての新垣もまた熱狂的な愛国者であり、ガバルドンの好む「ガッツをもった」男であったからのようだ。新垣は、ガバルドンと同じく最年少兵としてサイパン戦に加わり、ガバルドンと銃火を交わした旧敵でもあった。新垣は沖縄県島尻郡小禄村（現在の那覇市小禄）の農家に生まれ、貧困のため学童期に家族が離散、単身でテニアン島の農場で働いていた父親に引き取られ同島で育った。サイパン戦が始まったときには、南洋庁サイパン実業学校農業科の三年生であり、軍命で負傷兵の搬送にあたっていたが、守備隊の崩壊後は残存日本兵に混じり遊撃戦に加わった。

守備隊崩壊後の遊撃戦の詳細を世人に知らせた書の一つが、海兵師団諜報部員であったドン・ジョーンズの出版した記録小説『タッポーチョ「敵ながら天晴」大場隊の勇戦五一二日』（ジョーンズ　一九八二）である。タイトルにあるタッポーチョはサイパン島の中央部に聳える標高五〇〇メートル弱の山頂で、付近の密林に潜んだ残存日本兵は大場栄大尉の指揮下で抗戦を継続した。この大場隊が降伏に応じたのは四五年一二月であり、サイパン陥落からは一箇年半、日本の敗戦から数えても三箇月以上が過ぎていた。この間、戦況や敵の情報収集にあたり、最後は米軍と降伏交渉をすすめた人物として描かれているのが憲兵伍長の土屋学である。山中で土屋と知り合った新垣は、この勇敢な若い憲兵に心酔し、ほぼすべての民間人が投降した後も彼に付き従って彼の工作活動に荷担した。ただし、新垣の名は、大場からの聞書にもとづいた右の記録小説（同前）にも、大場隊にいたもう一人の将校の従軍記（田中　一九八三）にも表れず、秘史中の秘史となっている。牧師となった新垣の体験記（新垣　一九八一）や彼の講話を書き起こした自叙伝（新垣　一九八三）、八七年のサイパン再訪に同行した毛利恒之のルポルタージュ（毛利　一九九八）、サイパン山形県移民を追った野村進のドキュメンタリー（野村　二〇〇五）の挿話が、数少ない資料である。(7)

新垣の荷担した土屋憲兵伍長の工作とは日本人民間人に対する二件の殺人である。米軍に保護された民間人はススペ湖付近の難民収容所に抑留されていた。四五年初夏、土屋は新垣を伴い、難民を装って収容所に侵入する。米軍配給食糧や衛生材料を山中の大場隊に送って抗戦を助け、また、返り討ちにした米兵から大場隊が奪った銃器を収容所に隠匿して日本軍再上陸の際の戦闘再開に備えるためであった。サイパンが陥落し米軍保護下にあった抑留者たちでも大局的な戦争は日本が勝つという意識があり、すでに抑留されていた新垣の元学友たちが中心となってこの秘密工作を続けた。同年九月、すでに日本の敗戦は伝えられていたが、収容所内の報道は米軍からの情報に限られたため抑留者は米軍のねつ造報道を疑っていた。とはいえ、一部には状況を冷静に判断して、敗戦が事実であることを悟り、積極的に米軍に同調する者もあらわれた。「愛国精神に燃えた熱血的若者たち」（新垣　一九八三、七三頁）はこのような米軍同調者に敵意を抱き、土屋の暗殺計画にしたがって新垣がその一人を殺害する。山中に脱出した新垣と土屋のもとへは別の抑留者が説得工作に差し向けられたが、再び土屋の指示で新垣がこの抑留者も殺害してしまった。

大場隊の降伏時に、新垣は偽名を使い日本兵を装って紛れ込むが、露見して逮捕される。一旦は死刑判決を受けたものの、減刑されオアフ島の刑務所で終身刑に服した。土屋も同時に逮捕されたが、殺人事件については無罪となり日本に復員した。単独犯であると自白するよう土屋が新垣を促したことが二人の明暗をわけた。新垣は怨恨を募らせたが、獄中で出会った聖書の言葉が彼の世界観を一変し、模範囚になって五四年には仮釈放となった。帰国した新垣は土屋を赦し、三育学院で神学を学び、セブンスデイアドベンティスト教会の牧師となって後半生を伝導に捧げた。八七年のサイパン再訪は、『死刑囚から牧師へ』という彼の数奇な人生を取り上げたテレビ番組のロケであった。

2 「沖縄県の延長」

終戦直後のいわゆる「勝ち組」「負け組」抗争はテニアン島の収容所でもみられ、敗戦を認め新たな状況への対処をすすめる民間人指導者が、必勝を唱え戦闘継続に固執する日本兵に殺害された（野村 二〇〇五、三六〇〜三六四頁）。これとは反対に、サイパン島の収容所で殺害された二人は、実は米軍の目を逃れ他の抑留者の協力で民間人に紛れていた軍属であり――利敵行為に対する懲罰を計画したのは憲兵ではあるが――実行犯の方が民間人でしかも少年であったということに彼の強烈な愛国心がうかがえる。ススペ収容所では「勝ち組」が優勢であり、被害者の軍属には同情せず、誰とは知れぬ加害者を称賛する抑留者がいた。犯行翌日に収容所の殺害現場に集まった野次馬のなかで新垣は、「祖国の敗戦論を説き、天皇陛下の悪口を言い、同胞をいじめたり、沖縄人を馬鹿にしたのだから、殺されるのは当然」と人々が囁きあうのを聞いたという（新垣 一九八三、八〇頁、強調は筆者）。

右の回想には唐突に「沖縄人」への言及がみとめられるが、これは何を意味するだろうか。この言及が示唆するのは、すくなくとも、ススペ収容所の抑留者を単一の「日本人」としてはとらえきれないということである。そこで、あらためて新垣の自叙伝を注意深く読むと、新垣の学友だと偽って収容所に潜入していた土屋憲兵伍長が、労務作業の出入りの際にチャモロの門番から疑われて誰何され、「あらかじめおぼえた沖縄方言などを使い、島民たちをうまく欺いて難を逃れていた」（同前、七三頁、強調は筆者）といった記述もある。「沖縄人」への二つの言及からわかるのは、新垣の学友たちは沖縄語を使っていたらしいこと、チャモロが収容所を警備していて彼らを欺くのに沖縄語が有効であったこと、そして沖縄人を蔑視する者に反感を抱く抑留者がいたことである。

まずはススペ収容所の抑留者の来歴を振り返っておこう。ミクロネシア諸島が国際連盟の日本委任統治領であった時代、従来の住民よりも日本からの移住者の数がまさっていたのは、パラオ（コロール）とサイパン、テニアン、ロタの四島である。南洋庁の置かれたパラオが行政の中心であったが、総人口はサイパンの方が多かった。テニアンやロタにも拡大する一大糖業基地として繁栄していたからである。第一次大戦後に早々とサイパンに進出した西村拓殖や南洋殖産は経験不足により失敗したが、新高糖業の松江春次はサイパンが台湾を凌ぐ甘蔗栽培の好適地であると確信し、債権者の東洋拓殖を動かして、二一年一一月に南洋興発株式会社を設立した。松江は台湾での経験を生かして甘蔗生産を安定させ、大型製糖工場を新設したり、原料搬送用鉄道を敷設したりして二五年の製糖期までにサイパンでの事業を軌道に乗せた。二八年には、隣接するテニアンで椰子や綿花の栽培事業に行き詰まった喜多合名会社を吸収し、原生林の残っていた同島を一面の甘蔗畑に一変させて、ここにも近代的な糖業地をつくりあげた（松江　一九三二）。[8]この間に南洋群島の統治機関として南洋庁が設置（二二年四月）されていたが、南洋興発が開発事業に成功し莫大な出港税を納入するようになったので、南洋庁は三二年以降は国庫補充金を必要とせず財政的に自立したという。ただし、南洋興発の成功には、法的規制や補助金、税制優遇、官有地払い下げといった南洋庁の便宜があったことは見逃せない（今泉　一九九二、一四一〜一四三、一四六頁）。

甘蔗耕作に必要な労働力は移民に求められ、沖縄が移民募集地に選ばれた。沖縄人は海外移民に積極的で、甘蔗栽培に馴染みがあり、熱帯気候に慣れているという条件も松江は指摘しているが、地方経済の破綻による余剰労働人口急増という条件が決定的であった。渡航費と当面の生活費の前貸しにより、南洋興発は低廉な労働力を容易に確保できた。二八年からは他府県での募集が始まるが、沖縄からの呼び寄せや自由渡航は盛んであった。ハワイや南米に比べれば近く、ビザも不要なので、好条件の仕事や徴兵猶予を求めて気軽に渡航できたからである（今泉　二〇〇一）。サイパン支庁管轄地域の日本国籍者のうち沖縄県籍は当初は八割を越え、他府県での募集が始まっても六割前後で推移し（たとえば三七年の邦人四万二五四七人中の二万五七七二人）、「南洋群島は沖縄県の延長」といわれた（沖縄県教育委員会　一九七四、三九七頁）。

当然の帰結として、ススペ収容所に抑留された民間人も大半は沖縄人であった。四四年二月に米艦載機の空襲があり、子供や老人、女性の疎開が開始されたが、農漁業従事者は、守備隊への食糧供給のために残留が求められた（今泉　二〇一五）。次節で触れるように、沖縄人には農業移民の占める割合が高かったし、漁民はほとんどが沖縄人であったから[9]、開戦前よりも沖縄人の比率は高まった。キャンプススペの抑留者のうち日本国籍を持つ者は約一万三八〇〇人、沖縄県からの移民とその親族はその七八パーセントを占めた（沖縄県文化振興会公文書館管理部資料編集室　二〇〇四、一頁）。このような環境で「沖縄人を馬鹿にした」軍属が殺されても同情をひかなかったことは驚くべきことではない。

3　沖縄人の社会的位置

「沖縄人を馬鹿にした」軍属の背景に、沖縄人への偏見が広がっていることは容易に推測できる。三〇年代の南洋群島には、日本人と「島民」との間に沖縄人や朝鮮人を置いた三つあるいは四つの社会階層が存在したといわれる。マーク・ピーティーによれば、日本でと同様に南洋群島でも朝鮮人が日本人の差別に晒されたのにたいし、沖縄人はあまり日本人の意識にのぼらなかったが、それでも日本人は、沖縄出身者が独特の生活習慣を持ち込み独特の言語を使っているのに驚き、やがて彼らの「特有の騒々しさ、粗野な話し方、貧しい身なり」を蔑むようになったという（ピーティー　二〇一二、二九九頁）。

ここで指摘されているような偏見の具体例は、仲程昌徳が「南洋紀行」から数多く抉出している。土方久功や石川達三、中島敦ほか日本の知識人たちが南洋群島の旅の途上で目にした沖縄人は、蛇皮線（三線）の音色を響かせ、泡盛をあおっては踊っていた。彼らの身なりが貧しいのは、収入をみな郷里へ送金してしまうのも原因であった。鰹漁および鰹節加工が隆盛を極めるなか歓楽街で濫費に走る沖縄人漁師たちもいた。琉球民謡の歌詞も、沖縄芝居の台詞も他府県からの旅人には理解できなかった。他府県の知識人の眼には、これらは総じて「文化程度の低い」厭うべき沖縄人の振る舞いに映ったという（仲程 二〇一三）。

ただし、これを一対一の民族差別として単純化できないのは、他府県からの農業移民という存在があったからである。三九年に南洋群島在住の日本国籍者の人数を出身地別にみると、四万五〇〇〇人と突出して多い沖縄県に続くのは東京府の四五〇〇人、福島県の三七〇〇人、鹿児島県の二五〇〇人である（沖縄県教育委員会 一九七四、三八八、三九〇頁）。サイパンの南洋興発の耕作人に絞ってみても、四四年の一〇二四人のうち沖縄が八六九人、山形が三八人、東京が二七人、福島が二一人、鹿児島が八人と続き、圧倒的多数の沖縄人農民に特定の他府県の農民が混じるという傾向は変わらない[10]。東京とは八丈島や小笠原といった府内の離島であり、他府県からの移民も郷土で窮して南洋に渡った農民であれば、家計や学歴に沖縄移民と格段の差があったとは考えにくい。両者は混住し、甘蔗栽培には共同作業も多かった。収穫祝いには一緒に沖縄料理や泡盛を楽しんだ（具志川市史編纂委員会　二〇〇二、六六九頁）というのは自然なことであろう。沖縄人は、阪神工業地帯のような日本国内の出稼・移住先とも、故郷の沖縄とも異なる独特の社会関係を日本人との間に形成していたと考えられる。

また、沖縄人は耕地の人で決して事務の人にはなれないという民族差別を指摘する証言（サイパン会　一九八六、四七頁）があるが、農民の大多数を沖縄人移民が占めたことで社会階層と民族差別が重なってみえた点は無視できない。同様の重なりは南洋興発の就労形態の差異にもみえる。南洋興発の従業員は大きく社員と現業員に分かれ、後者は工場や鉄道の工夫を含み、臨時作業員から定傭までの階層があったがいずれも日給制であった（具志川市史編纂委員会　二〇〇五、四六三頁、今泉　一九九二、一五五頁）。沖縄人移民が定傭から社員へ昇格するのは困難であったといわれるが、学歴や資格要件が正社員と異なる現地採用の叩き上げが昇進の壁に当たるのは一般的なことである。沖縄籍者が制度的に正社員への採用を阻まれていたわけではなく（サイパン会　一九八六、一一八～一二〇頁）[11]、三〇年代後半に南洋興発が整備した社員養成機関（製糖所附属補習学校や南洋興発附属専修学校）で沖縄人学生は多数を占めた。現業員の多さに民族差別が関与していたと即断するには躊躇を覚える。

南洋興発の民族差別についてはさらに賃金格差が指摘されることもある。西村拓殖の時代については、内地人の月給が四五円であるのに沖縄県人は四〇円であったという具体的な数字を野村進（二〇〇五、五三頁）が示している。しかし、南洋興発の時代にまでこのような賃金格差が継続していたかは不確かである。賃金格差があったと指摘されるのは、二七年一月の沖縄県人会による労働争議に関連した記述である。製糖開始期のストライキに妥協を強いられた南洋興発は従来の方針を転換し、小作争議の少なかった鹿児島および東北三県（福島、山形、岩手）での移民募集をはじめることになった。二七年の労働争議の争点は、作業夫が日給一円二〇銭を約束されたのに、出来高制により実質日給八八銭に留まったことにあった（『大阪朝日新聞』一九二七年二月九日）。くわえて直営農場での他府県人との労賃格差も原因であったとされるが、具体的な数字は示されてない（浦崎　一九七七、一八九頁、前川　一九八七、二四九頁）。

沖縄人への差別はそのような制度的なものであるよりは、貧しい農民への軽視が根本にあり、その対象の圧倒的多数が沖縄人であったことにより、沖縄文化への偏見と結びついた差別となったようにみえる。サイパンの沖縄県人会長を務めた仲本興正は、労働争議での調停役を期待されて配置された警部補であったが、職を辞して農民側に廻り運動した人物である（浦崎　一九七七、一八七頁）。家族の遺骨を洗骨し帰郷しようとした沖縄人が墳墓発掘罪で逮捕されたとき警察との交渉にあたった仲本は、他府県人の役人が沖縄人を軽蔑し沖縄の風俗習慣に無知であることが問題だと指摘していた（具志川市史編纂委員会　二〇〇二、六七一頁）。注意したいのは、このような沖縄人同士の結束や、沖縄文化の無理解に対する批判が、日本人であるという意識と矛盾しないということである。一九四〇年に南洋群島総鎮守として南洋神社が建立されたとき、この官幣大社で最初の神前結婚式を挙げたのは仲本の息子であった（具志川市史編纂委員会　二〇〇二、六七七頁）。

制度的に差別されてはいないが社会上層から蔑視されるという沖縄人の微妙な立場が明瞭に表れるのが学校教育であった。屋嘉勇は、のちに新垣の証人として軍事法廷に立った沖縄人教師であるが、三九年に沖縄県からサイパン尋常高等小学校へ出向していた。赴任直後の家庭訪問時に沖縄人生徒の父母との会話が重苦しく、自分が他府県人であると誤解されていることを察し沖縄語に切り替えると、父母たちが一転して打ち解けたという回想を残している（サイパン会　一九八一、一三六頁）。日本語に慣れないことが第一世代の沖縄移民の口を重くしていたことがわかるが、さらに、教師というのは他府県人だという先入観が彼らにあったこともうかがえる。サイパンでの日本人初等教育は二二年から開始され、当時は島内に五つの小学校があった。三八年版の『学校要覧』によれば、サイパン尋常高等小学校の在籍児童一三四二人のうち沖縄県籍は七二三人であった。他の学校でも沖縄人学童が過半数を占めたとみて間違いないが、教員の待遇が内地より良いので出向希望者が殺到し、沖縄人教員は全島で屋嘉が二人目であったという（同前、一三六頁）。[12]

言語の壁という問題は沖縄県内にもあったが、沖縄人が過半数を占めたとはいえ他府県人と混住したサイパンでは日本語教育の浸透は速かった。日本語での会話に躊躇を覚える親世代とは対照的に、沖縄人の「子供たちが家庭でも流暢な標準語を話しているので、私は目を見張る思いであった」（同前、一三六頁）と屋嘉は回想している。このように日本語教育を身につけていた移民第二世代であれば、沖縄人を異端視する他府県人に昂然と反発するのは当然であった。四二年に沖縄からサイパンのアスリート国民学校に出向した訓導の知念繁は、日頃から沖縄人を「軽視」しているとして沖縄人生徒の父母から不評を買っていた静岡出身の校長が、青年学校の講話のなかで、頭上運搬や養豚、跣足、中国との特別な歴史的関係など他の日本人との違いをあげつらったことで、青年団幹部を激昂させ大混乱を引き起こしてしまった顚末を回想している（同前、七三〜七四頁）。

新垣三郎も、日本語に慣れない親許から通った学校でときに他府県人教員の偏見に晒されることがあったであろう。しかし、逆境を克服し進学したサイパン実業学校は日本統治下のマリアナ諸島で唯一の男子中等教育機関であり、卒業生には南洋興発の農業指導員やガラパンの商店経理といった現地社会で相応の身分が約束されていた。同校の『第二回卒業記念帖』（財団法人太平洋協会所蔵）によれば、三八年の卒業生二三人の内訳は、沖縄が一三人、小笠原が五人、八丈島が二人、その他の三地域の出身が各一人となっている。新垣が自叙伝で言及する学友にも沖縄姓が目立つが、このことは、日本語教育が浸透し、日本の制度のなかで頭角を現す沖縄人移民の第二世代が着実に育っていたことを示している。戦後、「南洋帰り」の子供たちは、日本語が上手なので沖縄の学校で優等生扱いされた一方、沖縄で育った級友や親族と沖縄語で会話するのに困難を覚えたという（森　二〇一六、四〇、五八頁）。サイパン実業学校の沖縄人学生たちの沖縄語は、使えば使えるという程度だったと推察されるが、ススペ収容所で密談したり沖縄人を偽装したりするには有利であった。なぜなら、日本語ならば、彼らを監視しているチャモロも使いこなしていたからである。

4　「三等国民」

ピーティーが指摘しているようなサイパンの社会階層は、敗戦によって一挙に逆転した。開戦前に約四〇〇〇人いたチャモロとカロリニアンは、米軍が上陸すると早々に投降し、その死者は一割にも満たなかった。約二万人いたといわれる日本人民間人が日本軍と行動をともにし、その半数が死亡したのとは対照的である。チャモロやカロリニアンも皇民化教育を受けたが、この対照的な死亡率には、日本という国家との一体感の差が如実に表れている。[13]米軍はこのようなチャモロとカロリニアンを敵性国民としては扱わなかった。ススペ収容所の抑留者は民族ごとに三つの居住区に厳密に分離されたが、チャモロとカロリニアンに割り当てられた第一地区は、収容所本体から離れた旧チャランカノア町であり、戦火を逃れた日本人家屋や、新しく建てられたアメリカ風複式家屋をあてがわれ、外出の制限も緩く、それなりの家庭生活を営むことができた。戦前のチャランカノアは、「島民」の夜間立入りを禁じた日本人専住地区であったが、いまやバラック長屋の一部屋に一五人ずつすし詰めにされ、第三地区に閉じ込められている日本人には立ち入ることのできない場所となった（Meller 1999: 33）。[14]

このような立場の逆転がより明瞭に表れたのは、米軍がチャモロ男性一一九人を選抜して編成した「キャンプススペ警察」である。彼らは収容所第三地区の周辺警備にあたり、また、食糧や他の物資の整理作業に出た日本人収容者の着服や横領を摘発するために、収容所の出入口で持ち物検査をおこなった（Embree 1946: 6）。「三等国民扱いされた島民がいまでは一等国民になり、朝鮮人が二等国民、日本人を三等国民呼ばわりして大変威張っていました」（新垣　一九八三、七一頁）と新垣が回想しているように、監視する者と監視される者の鮮やかな逆転であった(15)。

注目すべきは、ススペキャンプ警察に抜擢されたのは、日本時代には最も日本に同化していたチャモロたちであったことである。新垣を逮捕し取調べたヘシウス・ゲレロは南洋群島サイパン支庁の巡警長であった（同前、八一頁）。巡警とは日本人の警察官組織とは別に、南洋群島の原住島民から任用され、各支庁の警務係に属して捜査補助にあたった官職である。取調のため収監中の土屋憲兵伍長の看守アントニオ・ベナベンテも、米軍の侵攻が始まる直前に巡警の試験に合格し、すでにサイパンに配属されていた土屋のもとに合格の報告を兼ねて挨拶に来ていたという（加賀　一九九四、一七一頁）。

また、新垣を自白させるためゲレロの指示で彼に拷問を加えたホアン・ブランコとビセンテ・サブランは、新垣にとってサイパン実業学校の先輩でもあった（同前、九七頁）。チャモロやカロリニアンは小学校には就学させず、日本語の指導に重点化した公学校で分離教育がおこなわれたが、若干の優秀な生徒には進学の路が開かれていた。ブランコは公学校生のときに抜擢されて東京の番町小学校に留学していた。彼の姉も静岡の看護学校に留学し、姉妹のうち三人は日本人に嫁ぐような一家であった。ブランコは姉婿の姓をとって「神山精一」という日本名を与えられている。彼はサイパンに戻り実業学校を卒業した後は南洋興発で働いていた（Petty 2002）。サブランも「備前三郎」という日本名をもち、番町小学校を経て、三九年にブランコとともに初のチャモロ学生として実業学校に入学した。サイパン戦では司令部付きの通訳となり、守備隊崩壊後も四四年一二月まで山中で日本兵に混じり米軍に抵抗していた（石上　一九八三、二〇二～二〇六頁）。彼らは日本の統治機構に順応してはいたが、日本人とは制度的に明確に差別されていたゆえに、日本軍の敗退を機に日本との紐帯を断つのは容易であったといえよう[16]。

鈴木均は、一般的に、日本時代の教育はチャモロやカロリニアンのカトリック信仰を変えることはできなかったとし、サイパン戦においてこの差別教育は「裏返しとなって」、彼らをすすんで捕虜とし、多くの生還者を残すことになったと指摘している。ただし、彼がそこで、「玉砕死を選んだのは、内地から来ていた五〇〇〇人の邦人たちであり……朝鮮人でも、沖縄移民でも、ましてや島民でもなかった」としているのは、沖縄戦へと続く「集団自決」の記録から明らかに誤りであろう（鈴木　一九九三、一四五頁）。一方、サイパン戦での「玉砕」について井上亮は、沖縄移民は「よりどころのないアイデンティティゆえに、強いナショナリズムを発揮する精神状態にあった」と指摘している。周縁に疎外された人々が中心へと上昇するための「悲しい精神作用」であり、井上が指摘するように、公学校で軍歌を歌う「島民」と同様の態度である（井上　二〇一五、七四頁）。ただし、制度的平等を獲得していたか否かという違いは、戦場での行動に決定的な影響を与えた要因として見逃すことはできない。制度上は十全な日本国民であった沖縄県人は、日本軍が壊滅してもむしろ日本への傾斜を強めることがあった。新垣と彼のチャモロの先輩たちとの行動の異なりは、この違いを鮮やかに照らし出している。

米軍によるススペ収容所の最終業務報告書は、沖縄人と内地人の違いには、一方が農民や工場労働者で、他方が専門家や官吏、企業家であるといった社会的経済的地位の違い以上のものがあると述べている。沖縄人が民族的なマイノリティであることを示唆した指摘とみて間違いない。同報告書はつづけて、「日本帝国への沖縄人の絶対的な忠誠には疑う余地がない」（沖縄県教育委員会二〇〇四、二頁）と指摘しているが、この二つの指摘は逆接の関係に立つとは限らない。本節でみた新垣の行動が暗示するのはこれとは正反対の関係であろう。すなわち、沖縄人は民族的マイノリティにもかかわらず日本帝国へ忠誠を抱いていたのではなく、むしろ、マイノリティだからこそ忠誠心を駆り立てられたのではなかろうか。ただし、チャモロとの比較が示すように、マイノリティには主流派との距離に差異があり、このような心的機制が沖縄人にみられたのは、彼らが主流派に最も近いマイノリティであったからだということができよう。

おわりに

サイパン戦の終了の地となった同島北端のマッピ岬には、六〇年代中頃から次々と建立された日本人の慰霊碑や供養塔が並んでいる。その傍らに数歩離れて、「Death and Duty 死と義務」という、日英対訳文の印字された一枚のパネルが目を引く。九四年のサイパン戦五〇周年記念事業では、ガラパンのアメリカ記念公園に米軍の大型慰霊碑が建立され、かつてない規模で退役米兵が記念行事に来島し、サイパン戦の記憶が大きく書き換えられた（カマチョ 二〇一六、一八五～一九六頁）。このパネルもその記念事業の一環として内務省国立公園局が設置したものである。左端には、「生きて虜囚の辱めを受けず」という戦陣訓を引いた斎藤義次中将の日本軍守備隊員への最後の言葉が刻まれ、右端には、戦場で親切な米兵を見て死を思いとどまったという、チャモロで後にサイパン経済界の重鎮となるデビッド・サブランの言葉が刻まれている。両者に挟まれて、マッピ岬の掃討戦に加わった二人の元海兵隊員の言葉がある。ひとつは、ここで投身自殺した日本人はそれを愛国的義務とみなしていたという言語将校ロバート・シークスの言葉であり、もう一つが、本章の前半で検討したガバルドンの自叙伝からの引用である。四四年七月八日に彼が一度に八〇〇人の日本人を投降させたというのはまさにこの地点であった。その日に最初に捕えた日本兵に戦闘継続が犬死にであると納得させ、捕虜になっても虐待されず、やがては日本に帰還できると納得させることが大仕事であったという自叙伝の一節が引用されている。ここにみえるのは、日本兵の命を救う人道的な「アメリカ兵」であり、ガバルドンが自叙伝で語っていたチカノの姿は見えず、岸壁に潜む「日本人」に混じっていたはずの沖縄人の姿も見えない。米墨戦争の結果として米国に包摂されたメキシコ系アメリカ人も、琉球処分と廃藩置県によって日本に包摂された沖縄人も、それぞれの属する近代国家が帝国へと成長する初期の段階でそこに包摂された。第二次世界大戦が始まったとき、彼らは「白人」あるいは沖縄「県人」としてすでに制度的平等を獲得していたが、それでもインフォーマルな差別や偏見に晒されるという微妙な立場にあった。本章でみたのは、このように主流派に最も近づいたマイノリティの心理的な葛藤が、戦場で彼らをより強烈なナショナリズムに導くという心的機制である。西太平洋での戦争を日米のナショナリズムの衝突として語ることは、このような内なる「異民族」に対する人種差別の作動を顧みることがない点でも、日本とアメリカという帝国の存在を追認する帝国の言説である。

注

（1）サイパン戦と連続したテニアン戦と合わせると日本籍民間人死者数は一万三〇〇〇人に達するが、南洋群島全体の同種死者数は一万五〇〇〇人である。これらを比較すると、サイパン・テニアン戦の特異性がわかる。

（2）筆者がガイ・ガバルドンの存在を知ったのは、志村三代子氏と名嘉山リサ氏の研究発表「サイパンから沖縄へ――『戦場よ永遠に』の映画化をめぐって」にコメント役を求められたことによる（第二三回冷戦研究会、二〇一五年一一月一四日）。志村氏はハリウッド日系人映画史に位置づけつつ、名嘉山氏は在沖米軍の撮影協力を、同時代の日本映画に対するロケ地の提供拒否と対照させつつ、日米安保改定期に映画『戦場よ永遠に』がもった文化外交的な意味を検討していた。関心を拡げる機会を謝するとともに、この段落の指摘は彼女たちのものであることを明記しておく。

（3）テキサス大学の「ラティーノ・ラティーナ第二次世界大戦オーラルヒストリープロジェクト」の聞書。他にガバルドンが、自身の戦場での行動に触れたものとして、War Time Journal のインタビュー記事（www.wtj.com/articles/gabaldon/）、北マリアナ諸島文書館（CNMI Archives）による九六年一一月のインタビュー研究記録、ガバルドンの没後に制作されたドキュメンタリー（East L.A. Marine：The True Story of Guy Gabaldon）がある。

（4）ガバルドンと同じ連隊でサイパン戦に参加した元海兵隊員からの批判として、実際の捕獲数として見積もれるのはせいぜい半数であり、捕虜の大半は、すでに敵意を失い自失したような状態の民間人であったこと（Goldberg 2007）、また、一般的な言語将校とは異なり、ガバルドンはそのような民間人を乱暴に扱っていたこと（Meehl 2012）が指摘されている。ガバルドンが除隊時に授与された銀星勲章の功労調書（四七年一二月二六日付）には「一〇〇〇人以上の敵兵および民間人の捕獲を助けた」とあり、彼が独力で何人の捕虜を獲得したかは明確にしていない（アメリカ公文書館 RG127, Entry 76（USMC Headquarters Central Files Section Correspondence, 1960), Box35 Folder5728 "Audio and Visual（Radio, TV）"）。一方で、後年、サイパンに住んでいたガバルドンに名誉勲章の追贈を要望した北マリアナ立法院の決議書では「独力で一〇〇〇人以上の敵を捕らえた」とされている（北マリアナ立法院図書館蔵、第一一回通常議会記録一一八番、一三三番、九九年一月一五日）。

（5）戦闘経過については、米国側（Hoffman 1950）および日本側（防衛庁防衛研修所戦史室　一九六七）の正史的な記録による。

（6）志村三代子氏の教示によれば、五一年に第四四二連隊の活躍が『二世部隊』（原題「Go For Broke!」）として映画化されたとき、ナカノはキャストに加わり自らの体験を俳優として演じるという興味深い経験をしている。なお、日系人部隊には四九人の殊勲十字章受章者が出たが名誉勲章を受けた者は一名という低率であった。アフリカ系アメリカ兵に名誉勲章受章者がないことから九三年に再調査がおこなわれ、九七年に七名が次位の叙勲から昇格すると、日系への再調査運動がおこり、二〇〇〇年に二二名の日系兵士が改めて名誉勲章を授与された（"Congressional Medal of Honor Recipients," Densho Encyclopedia)。ガバルドンの昇格運動は、同時期のこのような再評価請求運動と連動した動きであったと考えられる。

（７）この他に土屋（改姓し加賀）が自費出版した『玉砕の影』（加賀　一九七七）およびその増補改訂版『玉砕の島』（加賀　一九九四）という資料がある。憲兵らしく戦場でも書き留めていた記録をもとにした詳細な従軍記である。新垣の名は出るが、秘密工作には触れていない。土屋は戦争写真史『サイパンの戦い』（月刊沖縄社、一九八〇年）の構成・執筆もしている。

（８）南洋興発のマリアナ開発の概略と、南洋全域への日本企業進出のなかでの位置づけについて丹野勲の近著（丹野二〇一七）がある。このような南洋興発から見た歴史を乗り越えて、同社のマリアナ開発史を多元的かつバランスよくとらえたものに飯高伸五の論考（飯高　一九九九）がある。

（９）静岡県焼津の庵原市蔵の働きかけで南洋興発に水産部が設置され、やがて南興水産として独立して鰹漁と鰹節生産をおこなったことがよく知られている。しかし、福田忠弘（二〇一六）によれば、三〇年代前半のこの動きに先駆けて、鹿児島県枕崎の原耕《はらこう》が二七年におこなった南洋漁場調査が、原の同郷の沖縄県水産試験場長・田代清友の介在で沖縄漁民に伝わり、翌二八年から沖縄漁民が南洋に進出して鰹漁獲高を急激に上昇させていた。福田の集計によれば、四二年時点で、ヤップやヤルートではすべての水産業者が沖縄人業者であり、他の支庁管区でも沖縄人業者が九割を越え、唯一例外のサイパンでも八九パーセントを占めている。

(10)　南洋興発株式会社『昭和一九年六月　耕作人名簿　サイパン島　テニアン島』による。この文書には手書きの修正があるが、活字印刷されている者を集計した。また、ここには朝鮮籍の三九人が記録され実際は次位であるが、朝鮮人労働者の導入には日本からの移民とは異なる背景（今泉　二〇〇九）があったので割愛した。

(11)　ただし、右記注（10）と一連した文書『四島関係　従業員名簿』によると、サイパン製糖工場の従業員一二九人のうち、福島が二五人、沖縄が二〇人（姓からの推定含む）、山形が五人、八丈および三宅島が四人、鹿児島が二人であり、沖縄人への偏りは耕作人ほどではない。『現業員名簿』という非正規社員の記録からも同様の傾向がうかがえる。

(12)　沖縄県庁は教員と警官に沖縄人を採用するよう南洋庁に要望し（具志川市史編纂室　二〇〇二b、七七、八〇頁）、最終的に一五人の沖縄人がサイパンで教職に就いた。

(13)　一九四五年八月の時点でススペ収容所には、日本人一万三五〇三人、チャモロ二六六〇人、カナカ八三八人、朝鮮人一三八六人が抑留されていた（Embree 1946: 5）。

(14)　のこる第二地区は朝鮮籍の抑留者用であり、日本人地区と同じバラックが建てられたが、一部屋の人数割は八人から一〇人で日本人地区ほどには住環境が悪くなかった（Embree 1946: 11）。

(15)　このようなススペ収容所の逆転した民族差別を論じたカマチョは、「日本人はまた、沖縄人も劣等と見なしており、同じ居住区域をわけあうという発想についても好ましく思っていなかった」（カマチョ　二〇一六、一一一頁）と述べていて注目されるが、残念ながらその論拠が示されていない。

(16)　戦後のサイパンで、アントニオ・ベナベンテはサイパン警察本部長まで務め、日本人の遺骨収集に積極的に協力したので日本からの慰霊団の間で有名であった（カマチョ　二〇一六、一七四～一七五頁）。ホアン・ブランコはバンク・オブ・アメリカのサイパン支配人を長く務め、六〇年代初めには信託統治領議会議長を務めた（Petty 2002）。ビセンテ・サブランはサイパン市長を務めるといったように、彼らは皆戦後サイパン社会の要人となっている。

参考文献

Acuna, Rodolfo F.（2015）*Occupied America: A History of Chicanos* (8th ed.), Boston: Pearson.

Embree, John F.（1946）"Military Government in Saipan and Tinian: A Report on the Organization of Susupe and Churo, Together with Notes on the Attitudes of the People Involved," *Human Organization*, Vol. 5, No. 1.

Gabaldon, Guy（1990）*America Betrayed*, private publication.

Gerald, Meehl A.（2012）*One Marines War: A Combat Interpreter's Quest for Humanity in the Pacific*, Annapolis: Naval Institute Press.

Goldberg, Harold J.（2007）*D-Day in the Pacific: The Battle of Saipan*, Bloomington & Indianapolis: Indiana University Press.

Hoffman, Carl W.（1950）*Saipan: The Beginning of the End*, Historical Division, Headquarters, U. S. Marine Corps.

Meller, Norman（1999）*Saipan's Camp Susupe*, Honolulu: Center for Pacific Islands Studies, University of Hawaii at Manoa.

Morris, Steven（1969）"How Blacks Upset the Marine Corps: 'New Breed' Leathernecks Are Tackling Racist Vestiges," *Ebony*, vol. 25, no. 2.

Petty, Bruce M.（2002）*Saipan: Oral Histories of the Pacific War*, Jefferson: McFarland & Company.

Weber, Eugen（1976）*Peasants into Frenchmen: The Modernization of Rural France, 1970-1914*, Stanford: Stanford

University Press.

新垣三郎（一九八一）『死刑囚から牧師へ』、那覇市企画部市史編集室『那覇市史　資料編』第三巻第八号（慟哭の沖縄市民の戦時・戦後体験記二（戦後・海外篇））、那覇市企画部市史編集室。

新垣三郎（一九八三）『死刑囚から牧師へ』広島三育学院。

飯髙伸五（一九九九）「日本統治下マリアナ諸島における製糖業の展開」『史学』第六九巻第一号。

石上正夫（一九八三）『日本人よ忘るなかれ―南洋の民と皇国教育』大月書店。

今泉裕美子（一九九二）「南洋興発の沖縄県人政策に関する覚書」『沖縄文化研究』第一九号。

今泉裕美子（二〇〇一）「南洋興発（株）と沖縄」『けーし風』第三二号。

今泉裕美子（二〇〇九）「南洋群島への朝鮮人の戦時労働動員―南洋群島の戦時化からみる一側面」『戦争責任研究』第六四号。

今泉裕美子（二〇一五）「サイパン島・テニアン島の『玉砕』」、坂本悠一『帝国支配の最前線』吉川弘文館。

浦崎康華（一九七七）『逆流の中で―近代沖縄社会運動史』沖縄タイムス。

沖縄県教育委員会（一九七四）『沖縄県史』第七巻（各論編六移民）、沖縄県教育委員会。

沖縄県文化振興会・公文書館管理部資料編集室（二〇〇四）『沖縄県史　資料編一八　キャンプススッペ（和訳編）現代三　サイパンにおける下軍政府の作戦の写真記録』沖縄県教育委員会。

沖縄県教育委員会（二〇〇四）『Navy Military Government Section, *Camp Susupe: A Photographic Record of the Operation of Military Government on Saipan* (*U. S. Naval Military Government on Saipan: June 1944 to December 1945*)』（沖縄県史研究叢書一五）沖縄県教育委員会。

カマチョ、キース・L（二〇一六）西村明・町泰樹訳『戦禍を記念する―グアム・サイパンの歴史と記憶』岩波書店。

加賀学（一九七七）『玉砕の影』私家版。

加賀学（一九九四）『玉砕の島』私家版。

具志川市史編纂委員会（二〇〇二a）『具志川市史』第四巻（移民・出稼ぎ）（論考編）、具志川市教育委員会。

具志川市史編纂室（二〇〇二b）『移民・出稼ぎ関係新聞記事集成　アジア・太平洋地域』（具志川市史編纂資料一二）具志川市史編纂室。

サイパン会誌編集委員会（一九八六）『サイパン会誌　思い出のサイパン』サイパン会。

サイパン会誌編集委員会（一九九四）『サイパン会誌　第二号　心の故郷サイパン』サイパン会。

ジョーンズ、ドン（一九八二）、中村定訳『タッポーチョ「敵ながら天晴」大場隊の勇戦五一二日』祥伝社（のちに、Don Jones, *Oba, The Last Samurai: Saipan 1944-1945*, Shrewsbury: Airlife Publishing, 1986 として公刊）。

鈴木均（一九九三）『サイパン夢残「玉砕」に潰えた「海の満鉄」』、日本評論社。

スレッジ、ユージン・B（二〇〇八）、伊藤真・曽田和子訳『ペリリュー・沖縄戦記』講談社。

田中徳祐（一九八三）『我ら降伏せず　サイパン玉砕戦の狂気と真実』立風書房（復刊ドットコム、二〇一二年）。

丹野勲（二〇一七）『日本企業の東南アジア進出のルーツと戦略――戦前期南洋での国際経営と日本人移民の歴史』同文館出版。

仲程昌徳（二〇一三）『「南洋紀行」の中の沖縄人たち』ボーダーインク。

南洋興発（一九四〇）『伸びゆく南興　南洋開拓と南洋興業株式会社の現況』南洋興発。

野村進（二〇〇五）『日本領サイパン島の一万日』岩波書店。

ピーティー、マーク（二〇一二）浅野豊美訳『植民地　20世紀日本　帝国50年の興亡』慈学社出版。

防衛庁防衛研修所戦史室（一九六七）『中部太平洋陸軍作戦（一）マリアナ玉砕まで』朝雲新聞。

前川守仁（一九七八）『湧上聾人とその時代―炎の政治家・三千三百六十九文字の闘い』ひるぎ書房。

松江春次（一九三二）『南洋開拓拾年誌』南洋興発。

毛利恒之（一九九八）『地獄の虹　新垣三郎／死刑囚から牧師に』毎日新聞社。

森亜紀子（二〇一六）『複数の旋律を聴く　沖縄・南洋群島に生きたひとびとの声と生』私家版。

福田忠弘（二〇一六）「戦前期沖縄県人水産業者の南洋群島進出と原耕」、『鹿児島県立短期大学地域研究所年報』第四七巻。

第3章　香港における入境管理体制の形成過程（一九四七〜五一）

——中国・香港間の境界の生成と「広東人」

村井寛志

はじめに

在米の中国文学・華語文学研究者の王徳威は、中国語圏の文学者が一九四九年以後に経験した分岐を「大分裂」という言葉で表現し、中国国民党・中国共産党間の争いに冷戦が絡み合い、また大陸と台湾のみならず様々な中国系（華人）の社会（と周辺の他民族）に混乱と傷跡を残したこの「大分裂の時代」の複雑さに取り組むことは、中国（中原）を中心とした分裂と統一の歴史という視点を相対化する意味を持つとしている（王 二〇一五）。これは文学史について述べられたことだが、この時代の中華圏の歴史叙述一般にもある程度当てはまるように思われる。

華人[1]住民が多数居住するイギリス植民地下の東・東南アジアの諸地域（香港、マラヤ、シンガポール、ボルネオ）についで見てみると、太平洋戦争中の日本占領と戦後のイギリスの再占領を経て、一九四〇年代末のマラヤにおけるマラヤ共産党のゲリラ活動や中国における共産党政権の誕生は、それらに対するイギリス政府の対応という点も含め、現地華人社会にも大きな変動をもたらした。植民地帝国を維持したいイギリス当局の思惑、現地ナショナリズムの勃興とエスニック集団間の対立、冷戦といった要素が様々に絡み合う中で、地域によって大きく事情は異なるものの、総じてその変動とは、国境をまたいで存在していた華人社会を現地化していく方向のものであったと言えよう(2)。

香港という場所について見るならば、戦後に出された、部分的民主化と官僚の現地化を目指した改革案であるヤング・プランは実現しなかったものの、中華人民共和国が建国された一九四九年の前後には、入境者管理条例(一月)、住民登録条例(八月)、不良分子追放条例(九月)などが次々と公布されており、後から見れば戦後香港社会と中国大陸の境界線が再編成される大きな転換点であったと言える。

アヘン戦争時の占領以来、中国内地から英領香港への中国人の入境(3)は、一九四〇~四五年の一時期を除けば原則的に規制を受けることはなく、中国人は香港に自由に入境する権利があると考えられてきた。これに対し一九四九年の入境者管理条例では、香港への入境は通常の国境のごとく旅券等による手続きを要求する(当局の判断で規制が可能になる)ものとされた。また、同年の住民登録条例は、香港住民全体に登録を要請することで、従来曖昧だった香港住民の範囲を確定するものである。いずれも、長期的に見れば、境界を跨いで存在していた中国人/華人社会に対し、香港と中国内地の間の明確な区別を持ち込むものであった。

とはいえ、中国からの入境を規制する動き自体は、後述するように共産党政権成立以前からイギリス政府内で議論されていたが、条例制定後もすぐに入境管理が行われた訳ではない。また、入境管理が実施されるようになった後も、それが実効性を持つまでにはかなりの紆余曲折があった。本稿では、特に入境者管理条例について、それがいかなる背景の中で出てきた条例であるかを明らかにしつつ、規制が一応の完成を見る一九五一年頃までの国境管理の実態について考察する。

本稿のテーマに直接関係する既存の研究を紹介すると、①Tsang（一九九五）は香港の国境管理に関する基礎的な英文史料を紹介し、②Ku（二〇〇四）は一九五〇〜八〇年代の公文書から難民、移民に関する言説の変化を指摘した。また③Houf（二〇一一）は域内の人口管理の手段として戦後香港における入境規制政策の形成過程を考察し、④Madokoro（二〇一二）は一九四〇年代末〜六〇年代の香港において、中国側との協力の中で国境管理が強化されていく様子を考察し、一九五〇年の入境規制については、中国から香港に逃げ込む人々を難民（refugee）ではなく合法、非合法の移民（migrants）として定義づけるものであったことを指摘している。[4]

このうち、①は史料紹介に過ぎず、②は、本稿の考察の対象時期については簡単に触れられているに過ぎない。③、④は本稿の対象時期と重なる部分もあり示唆を受けたが、いずれも一九四九年の入境管理の法制化に至るまでのイギリス政府内部での議論についての検討が不十分である上に、ほぼイギリス公文書のみに依拠しており、規制の実態や現地華人社会の反応についてはほとんど触れられていない。とりわけ、これらの研究では、初期の入境規制が広東人以外の外来者を主な対象としていたことについて、簡単に触れられているのみだが、第三節で見るように、「広東人」であるか否かは、広東語（中国語の系列ながら標準中国語（北京語）とは大きく異なっている）を解するかどうかで判断されていた。広東語の使用は後に香港の独自のアイデンティティを形成する核の一つとなっており、初期入境規制の際に実際に広東語がどのように使用され、華人住民がそれをどのように認識していたかの検討は重要である。

これら先行研究の成果を踏まえつつ、以下、第一節では香港における入境管理の前提として、イギリス政府内部で法制化をめぐってどのような議論があったのか、第二節では入境者管理条例制定から実施までのタイムラグの間、何が変化したか、第三節では入境管理の実態と、それが入境を試みる者に対しどのような区別をもたらしたのか、及び中国側の出入境管理の背景、第四節では、広東語を基準とする入境規制についての華人住民の認識の例として『新生晩報』の風刺的評論「怪論連篇」欄について検討する。

一　入境者管理条例成立までの経緯――一九四七年三月～四九年一月

既述のように、植民地香港の成立以来、イギリス政府は中国人の香港への出入境の自由を原則的に認めてきた。例外としては、日中戦争期、中国大陸側から戦火を逃れて大量の難民が流入し、人口圧力が増大したことに伴い（一九三一年センサス時に約八四万人だった人口が一九四一年の年には一八〇万人に増加）、一九四〇年、入管管理条例(Immigration Control Ordinance)が公布された。この条例は、日本占領による中断を経た戦後のイギリスによる再占領によって理論的には再適用されるが、臨時に香港を統治した軍政府は、条例を実行する能力を欠いていたこと、元々緊急措置として導入されたものであったこと、中国側の広州当局から抗議があったことを理由に、一九四五年一一月にこれを廃止した（Telegram of M. Young to S. of S. Colonies, 10 Mar. 1947, CO.129/604/4）。

戦前に急増した人口は、日本占領期には食糧不足と日本軍の疎散政策によって一旦激減し（日本敗戦時には五〇～六〇万人）、戦後は再び中国側から人口が流入し、一九四六年末には一六〇万人、一九四七年末には戦前最大の一八〇万人に達し、その後も内戦の影響で人口流入は続き、中華人民共和国建国後の一九五〇年央には約二二四万人となる（冼玉儀［一九九七］二〇一七、二二一頁、Census and Statistics Department, 1969: 14）。[5]

こうした人口増加の圧力は、しばしば、香港の水・食糧の供給や住居・衛生問題等に対する脅威と見なされた。一九四七年三月七日の英紙タイムズでは、「香港の主たる問題・規制のない中国人の流入（Hongkong's Main Problem:

「The Unrestricted Influx of Chinese）」と題した特派員のリポートを掲載し、戦後の中国人の流入による香港の人口増大とそれに伴う家賃の高騰が欧州系英国人の生活を圧迫していることや、香港政庁の財政的負担になっていることが述べられた（*The Times*, 7 Mar. 1947）。この記事が、イギリス植民地省内部で規制の導入が検討されるきっかけとなった（Minute of A. M. Ruston, 7 Mar. 1947, CO.129/604/4）。

問題となったのは、中国人は入境自由という従来の慣例には法的根拠があるのか否か、ということだった。規制の導入を検討する植民地省に対し、外務省極東局のＡ・Ｌ・スコットによれば、中国人の香港への入境の自由は、一八四一年、駐華商務総監チャールズ・エリオットが中国の商人・船舶の香港への出入境と貿易の自由を宣言したことに由来し、これは一方的な宣言なので本来いつでも廃止できるものであるものの、実際は一九四〇年まで廃止されることはなく、結果として、中国人の香港への入境の自由は慣習的な権利と見なすことができる（A. L. Scott to N. L. Mayle, confidential letter of 23 Oct. 1947. CO.129/604/4）。この見解によれば、中国（国民党政権）側から香港への中国人の入境の規制は慣習に背くと抗議された場合、そうした主張にも理があることになる。

一方、香港の植民地長官マクドゥーガルからは、こうした外務省の見解に否定的な意見が出されている。これによれば、一八四一年の宣言は香港のイギリスへの正式な割譲より前に出されたものであり、翌年の南京条約によって廃止されたと見るべきである。それ以降は単に黙認されてきただけで、権利が発生したとは見なせない（D. N. MacDougall to N. L. Mayle, confidential letter of 4 Mar. 1948, CO.129/604/5）。

マクドゥーガルは、中国との関係という政治的要因、あるいは香港経済の広東との密接な結びつきを考慮して、実際に中国人の出入境を制限することには消極的だとしながらも、にも拘らず、入境規制が必要となる要因として、以下の七つを挙げている。a．人口過密による食糧不足、b．犯罪問題、c．密輸や投機、d．政治的に不満を持つ者が香港に入り、ここから中国を攻撃する（ことで中国政府との関係に支障をきたす）、e．軍事的に、大量の民間人の流入によって有効な軍事行動の妨げになる、f．英国に対し敵対的な共産党政権が権力を握った場合、安全保障上の理由から規制が必要、g．社会福祉や教育、水道設備の拡充といった長期的な計画を無意味なものにしてしまう（Ibid.）。

マクドゥーガルは戦後の香港で官僚制度の現地化や、マーク・ヤング総督（任一九四六年五月～四七年七月）の下での部分的民主化案や社会福祉政策等の様々な改革に関わった人物であり（Holdsworth and Munn ed. 2012, pp. 297-299）[6]、最後のgの論点は、そうした立場がにじみ出た発言のように見える。

その後植民地省は、マクドゥーガルら現地官僚からの意見を容れつつ、法律顧問による検証を経て外務省に反論し、一九四八年一〇月の書簡ではスコットも植民地省の意見を受け容れた（A. L. Scott to W. I. J. Wallace, restricted letter of 22 Oct. 1948, CO.129/604/5）。外務省より相談を受けた南京のイギリス駐中国大使ラムも、この件について植民地省の主張に分があるとの意見を表明し、パスポートを持たずに旅行できる時代は過去のものであり、香港に来る中国人だけが免除される道理はないとした（L. H. Lamb to P. D. Coates, restricted letter of 11 Nov. 1948, CO.129/604/5）。

この時ラムは、現実には陸路ないしジャンクで密入境する中国人を防ぐ手段がない以上、入境規制制度の実効性は疑わしいとしているが、にも拘らず、地位の上下を問わず、共産党から逃れてくる国民党関係の難民を締め出すためのカードとして、入境にパスポートや渡航文書を要求する制度を作っておくことは有用だとしている。ラムの見解では、内戦で劣勢の国民党政権は恐らく対抗する余力はなく、仮に反発があったとしても、イギリス側としては密輸の取締や共産主義者の侵入を防ぐためという言い訳をすれば良いのであり、その意味ではすぐに実行できなくても、問題を切り出す好機とも言える（Ibid.）。

国民党政権の苦境につけこむべきというラムの主張は、英外務省と植民地省の一見法解釈的な（ラムの表現を借りれば〝academic〟な）論争の背景に、第二次世界大戦後も何かとイギリスと摩擦を生じていた国民党政権に対する配慮があったことを窺わせる。逆に言えばイギリスが国民党政権を見限り始めていたこの時期には、もはやそれに気兼ねする必要はなくなっていたのである。

いずれにせよ、一九四八年後半には中国人が香港に入境する権利は慣習として確立しているわけではないという見解がイギリス政府の中で共有されるようになっていた。こうした背景の下で、香港政庁で行政会議を中心に規制方法の検討が進められ（Houf 2011）、一九四九年一月、有効な旅券または渡航文書と入境許可なしにはいかなる者も香港に入ることができないこと、そして入境時にそれらの審査を受けることを定めた入境者管理条例（Immigrants Control Ordinance）が成立した。

一九四九年初頭には、イギリスは内戦に勝利しつつあった中国共産党による直接の香港攻撃の心配をしなくなっていたが、むしろ難民の流入や共産党に扇動されたストライキ、局地的なゲリラ等による内的な不安定要因を心配していた（Mark 2004: 27）。そこで同年九月には、自活能力を欠く障害者や無業者、売春婦に加え、騒乱を扇動したり社会の安寧に対する不安の原因となりうる者を含む一四項目（現在の視点から見ればかなり差別的な内容を含む）の人々を香港域外に追放することを可能にする、不良分子追放条例（Expulsion of Undesirables Ordinance）が公布された。

この条例では、異邦人（alien）でないことを証明できる者及び香港に一〇年以上居住する者を追放対象から除くとされ（第三条）、香港で生まれた者、及び香港に一〇年以上居住する者は追放の対象外とされた。同年八月に公布された、原則として一二歳以上の香港住民全てに対し、当局に登録し、写真・指紋付の身分証の手続を行うことを要求する住民登録条例（Registration of Persons Ordinance）とともに（鄭・黄　二〇〇四）、香港住民の範囲の確定に関わるものであったと言えよう。

本節の内容をまとめると、戦後中国大陸からの再度の大量の人口流入を経験した香港では、人口圧力に対するヨーロッパ系住民の不満を受け、一九四七年前半から中国人の入境を規制する恒久的な制度の導入が検討され始めた。これに対し、外務省から、従来の中国人の香港への入境の自由が慣習として定着していると見なす意見があったが、現地官僚や植民地省はこれに反論し、一九四八年後半には外務省も後者に同意した。外務省の転換の背景には、この時期の中国の内戦における国民党政権の劣勢があったと思われるが、結果として、一九四九年一月に入境者管理条例が成立した。これに加え、同年八月に住民登録条例、九月に不良分子追放条例が成立し、香港に出入境することが出来、そして追放されない権利を持つ香港住民の範囲を確定することが、少なくとも法律上は可能になった。

二　条例公布から入境規制開始まで――一九四九年四月～五〇年四月

前節で見たように、香港の入境管理制度の導入の議論は、元々中国人の流入による人口圧力に対するヨーロッパ系住民の不満に端を発していたが、前節で見た政府内での議論では、当初の論点よりも、国民党政権関係者の流入による内戦の影響波及への警戒という政治的論点に重点が移っていたように見える。実際香港政庁は、入境者管理条例成立後も、条例は外国籍の者を対象としていて、中国籍の者は含まないと説明し（『工商晩報』一九四九年四月二六日）、実質的に中国・香港間の境界は引続き規制のない状態が続いていた。本節では、規制可能な法制度が出来たにも拘らず、それが実施されなかった背景と、規制実施までの間に状況がどのように変化したかを見ていく。

入境規制の法制化が香港への難民流入に対する解決策となるかどうかについては、制度化を推進していた植民地省内部でさえ疑問視されていた。たとえば入境規制に積極的であった植民地省のウォレスも、合法であろうと非合法であろうと、夜陰に乗じて中国人難民が香港に入ってくることを阻止する手段がない以上、中国人の入境権をめぐる議論は「学術的関心以上のものではない」としていた（Minute of W. I. J. Wallace, addressed to J. B. Sidebotham, 5 May 1948, CO 537/3701）。

一九四九年前半には北京（一月）、首都南京（四月）、上海（五月）等の主要都市が次々共産党の手に落ち、中国内戦の趨勢が概ね定まってきていた。この頃の香港政庁は、難民流入による人口圧力を警戒し、出入境者数の変化を逐次植民地省に報告していたが、一方で、難民の人数が危機的な状況まで達しているとは考えていなかった。

例えば六月一〇日付の香港総督グランサム（任一九四七～五七）の電報では、中国人難民の数は増加しているが、水、食糧、燃料等の貯蓄から考えて香港はさらに一五万人収容可能であるとしている。これによれば、上海が共産党の手に渡った際に大きな混乱が発生しなかったことや、香港の生活費の高さから、難民の一部はすでに上海に戻り始めている。グランサムは難民急増による人口圧力の側面については楽観的であり、懸念していたのはむしろ国民党の敗残兵の流入であった。とはいえ、国境を封鎖することには、共産党政権の反発を引き起こすことや、難民の中国側への帰還や、当時マラヤで始まっていた華人住民の強制送還の妨げになる恐れがあるとして、反対している（A. Grantham to the S. of S. Colonies, telegram of 10 Jun. 1949, CO 537/4802）。

一〇月一日には北京で中華人民共和国の成立が宣言され、同月中旬に共産党が広州を攻略したが、国民党の抵抗は激しいものではなく、大量の難民の発生も起こらなかった。人民解放軍が国境に到達した際も、国境付近で香港警察と解放軍兵士が一緒に記念撮影するなど、友好的なムードが演出された。懸念されていた国民党の敗残兵流入についても、国民党軍は四川省や海南島方面に移動したため、大きな混乱は生じなかった（*New York Times*, 16, 19 Oct.

1949)。この間、共産党政府が工業、金融関係の人材を優遇しているという噂や、国民党が海南島や台湾を守りきれるか分からないという恐れから、中国への帰国の傾向が生まれているとも伝えられた（*Daily Mail*, Oct. 24, 1949, clipping, CO 537/4802）。

広東からの難民による人口圧力は香港当局の当初の予想を上回ったが、一二月一九日のグランサムの電報では、香港の自由貿易港としての特徴を活かすため、安全保障を確保しつつも国境管理は最小限に抑えるという方針が示され、また、当時イギリス政府が共産党政権承認に向けて準備していたことから（一九五〇年一月承認）、これに対する配慮という新たな政治的要因についても言及している。難民の帰還に対しては相変わらず楽観的で、共産党政権の承認は良好な雰囲気を作ることが期待された。逆に国民党の敗残兵については、共産党が海南島や台湾を陥落させれば、これらの地方から大量の難民が押し寄せるかもしれないとして、これら二地域についてはビザ要求の必要性を説いている（A. Grantham to the S. of S. Colonies, telegram of 19 Dec. 1949, CO 537/4802）。

実際、香港政庁はすでに一九四九年半ばから、明らかに国民党兵の流入を意識した、軍服を来た中国軍人に対する入境規制を開始しており（『工商晩報』一九四九年九月六日）、一一月には台湾、海南島の二箇所からの来訪者に対して入境者管理条例に記されたパスポートとビザの要求を開始していた。海南島についてはイギリス領事館がなかったので、この措置は香港に来訪することを実質的に不可能にするものであった（『工商日報』一九四九年一二月五日）。一二月下旬頃には台湾・淡水のイギリス領事館が印紙不足を理由に香港へのビザを停止したが、グランサムはこれを好都合とし、さらなる制限が望ましいとしている（A. Grantham to the S. of S. Colonies, telegram of 24 Dec. 1949, CO 604/6）。

一九四九年末には、海外メディアも香港の行方についての楽観的な見方を伝えている。『ニューヨーク・タイムズ』の論説では、国民党、共産党、山師、密輸入商人、物乞い、工場経営者、労働者から骨董商人まで、あらゆる階層の中国人が相変わらず往来しており、彼らは一般的には一週間～数年の間に香港を去り、その大部分の目的は金を稼ぐことで、完全に政治活動に従事する者は多くないとする。同記事によれば、香港が中国を必要としているのと同様に、中国（共産党政権）また、国民党による封鎖に対する抜け道として香港を必要としているのだ（*New York Times*, Dec. 4, 1949）。

年明けの同紙の記事でも、香港が新たな経済的重要性を持つに至ったことが説かれている。それによれば、難民のもたらした資金が香港の紡績業や造船業の発展をもたらしており、また国共両党がいずれも貨幣運用の決算の場所として利用し、英米人も上海に代わる貿易の拠点として香港に期待していた。香港は一九四九年には世界第八位の貿易港であり、中国との貿易比率が減ってはいるものの、日本やフィリピン等の東南アジア諸国との貿易拠点として機能していた（*New York Times*, Jan. 4, 1950）。総じてこの時期は、香港政庁の内外で難民の流入による人口圧力という点について楽観的な雰囲気が漂っていたと言えよう。

この時期の難民流入の衝撃が実際にどの程度であったかを正確に知るのは難しい。香港政庁が把握していた出入境者数統計（表1）では、総じて、一九五五年まで一貫して出境が入境を上回る趨勢が続いていることになる（Census and Statistics Department, 1969, p.199）。この数字だけを見ると、香港への難民の流入は確かに多いが、出境者は更に多いので、その影響は大したことがないように見える。前述のグランサムから植民地省への報告には、しばしばこのような出入境統計の数字が根拠として引用されていた。

しかしながら、少し後の一九五五年に出された国連の香港難民調査団長エドヴァルド・ハンブロの報告書では、こうした出入境統計は実態を反映していないとして、人口推計と出生届等から類推し、表2のような流入人口による人口増加への影響の推計を出している。これによれば、戦後の香港では人口流入に由来する人口増加が年に数十万人程

表1　香港出入境統計

単位：千人

	空路		海路		陸路		合計		出入境差
	入境	出境	入境	出境	入境	出境	入境(A)	出境(B)	(A)-(B)
1947	44	38	623	598	882	1,018	1,549	1,654	− 105
1948	115	113	751	776	1,162	1,285	2,028	2,174	− 146
1949	159	160	829	869	750	760	1,738	1,789	− 51
1950	33	42	828	911	2,451	2,571	3,312	3,524	− 212
1951	32	44	476	528	554	648	1,062	1,220	− 158
1952	41	46	535	619	121	145	697	810	− 113
1953	46	50	371	392	290	306	707	748	− 41
1954	47	56	379	410	163	163	589	629	− 40
1955	65	72	567	607	149	142	781	821	− 40
1956	90	93	677	658	708	666	1,475	1,417	58
1957	121	117	755	716	708	687	1,584	1,520	64
1958	141	144	636	583	327	334	1,104	1,061	43
1959	155	154	540	532	431	412	1,126	1,098	28
1960	178	194	584	568	503	499	1,265	1,261	4
1961	217	242	561	561	440	429	1,218	1,232	− 14
1962	231	269	687	615	403	399	1,321	1,283	38
1963	296	319	699	679	304	299	1,299	1,297	2
1964	388	393	918	916	389	385	1,695	1,694	1
1965	442	441	1,200	1,204	473	456	2,115	2,101	14
1966	543	540	1,390	1,388	343	361	2,276	2,289	− 13
1967	544	563	1,027	1,007	220	206	1,791	1,776	15

出典：Census and Statistics Department (1969: 199)

表2　ハンブロ調査団による流入人口の推計

単位：千人

年	年初の人口	自然増	流入人口増減	人口増合計	年末の人口
1945	600	−	−	+300	900
1946	900	+14	+486	+500	1,400
1947	1,400	+29	+371	+400	1,800
1948	1,800	+34	+166	+200	2,000
1949	2,000	+38	+262	+300	2,300
1950	2,300	+42	− 242	− 200	2,100
1951	2,100	+48	+27	+75	2,175
1952	2,175	+53	+22	+75	2,250
1953	2,250	+57	− 57	−	2,250
1954	2,250	+28	− 28	−	2,250

出典：Hambro (1955: 148)

表３　戦後香港への移住者の移住年と中国を離れた理由（1954年６月）単位：千人

	1945	1946	1947	1948	1949	1950	1951	1952	1953	1954	計
政治的理由	1.8	2.5	12	9.4	198	176	19	8.5			435
経済的理由	42.5	69	24	36.5	88	60.5	13	11			364
政治・経済的理由	0.3	0.9	1	3.8	30	28.8	3	4			74
不明	2.4	1.6	2	0.8	2	1.2	−	1.5			12
合計	47	74	39	50.5	318	267	35	25	20	10	885

出典：Hambro(1955: 152-153)

度あったと考えられる。数字が大きいのは一九四六年の四八万六〇〇〇人、一九四七年の三七万一〇〇〇人だが、これは戦前からの住民が帰還したものと推測され、推定人口が戦前のそれを上回った一九四八年以降は大陸中国における政治的・軍事的出来事による新たな人口流入であると考えられる。そして、一九四八、四九年にはそれぞれ一六万六〇〇〇人、二六万二〇〇〇人の人口流入があったとされる（Hambro 1955: 18）。

ハンブロらが行った標本調査では、一九五四年六月の段階で戦後に香港に流入した人々が八八万五〇〇〇人残留していたと推定されるが、この内一九四八～五〇年の間に流入した者が特に多く、一九四九～五一年は政治的理由による移住が経済的理由を上回っているという特徴がある（表３）。そしてこれらの人々は、流入の年に拘らず九六パーセント以上がすぐには中国大陸に戻りたくないと答えている（Ibid.: 153）。

一九四九～五〇年に香港に流入した難民たちは、当初香港島西部の摩星嶺に収容され、華人による慈善団体・東華医院によって食糧を施されていたが、登録した難民が七千人に達すると、一九五〇年四月中旬、東華医院は新規難民受け入れを停止した。六月に香港政庁社会救済局により九龍側の調景嶺に難民キャンプが設立されると、難民たちはそこに移されることとなった（王　一九六〇、一五～二五頁、『工商晩報』一九五〇年四月一三日）。

このように、一九五〇年四月頃までには、難民たちはやがて中国側に戻るだろうという当初の楽観的な予測とは裏腹に、香港に滞留する難民の存在が大きな問題となり始めていた。ここに至って香港政府は入境規制についての方針を転換する。すでに四月中旬には中国―香港間の主要入境地点である文錦渡や羅湖での検問が開始され、条件を満たさない者が百人程度入境を拒まれるという事態が発生していたが（『大公報』一九五〇年四月一八日）、二八日には、五月一日以降は香港に入境する中国人はいかなる地域から来たものであろうと渡航文書の提示が求められることが公布された（『工商日報』一九五〇年四月二九日）。

本節の内容をまとめると、一九四九年一月に入境者管理条例が公布された時点では、香港政庁は、経済的・政治的配慮から実際には入境規制は実施しない方針であった（ただし、台湾と海南からの海路・空路による国民党政権関係の難民の流入に対しては、同年後半から規制開始）。その背景には、政府内外で共産党政権成立後の難民の帰還に対する楽観的な見方が広まっていたことがある。しかし実際にはその後も難民は増え続け、かつ中国側に戻らずに香港に滞留していった。ここにきて当局も方針を転換し、一九五〇年五月から入境規制が実施されることになった。

三　入境規制の実態と中国側からの規制――一九五〇年五月～一九五一年六月

前節で見たように、一九五〇年五月から入境規制が実施されるのだが、実際のところ、香港―中国国境における人々の往来は、どこまで影響を受けたのだろうか。本節では、香港華字紙の報道等を中心に、規制開始直後の実態について検討し、また、中国側がこの規制にどのように対応したのかも併せて検討する。

規制実施初日の五月一日には、広州から鉄道で来た旅行者数千人が書類の不備により羅湖で入境を拒まれた（『華僑日報』一九五〇年五月二日）。入境時に求められる〝渡航文書〟としては、実際には香港住民であることを証明する香港居民証が用いられたようだが、この時点で住民登録が完了していなかったことから大部分の香港住民はこれを携帯しておらず、香港で働く機関・団体・商会の発行する写真付きの証明書によって代替された（『華僑日報』一九五〇年五月二日）。また、規制直後は多くの者が入境を拒まれたが、実施わずか一週間後には、ぼろ服を着ていたり、香港に来る目的を（広東語で）言えない者以外は概ね入境を許可されているという状況も報告されている（『華僑日報』一九五〇年五月八日）。とはいえ、その後も断続的に規制は強化され、七月に入ると、朝鮮戦争勃発の影響で入境時の尋問が再び強化された（『工商晩報』一九五〇年七月四日）。

これらの規制に対し、後述するように華商総会からは撤廃を訴える意見書が出されたが、入境制限が香港の経済に悪影響を与えることは当局も憂慮するところであり、広東省出身者については中国政府の発行する許可証または香港政庁の発行する居民証があれば一定数まで入境を許されることになっていた（Tsang ed. 1955）。加えて七月二四日には、香港移民局が、広東系（廣東籍）香港住民が大陸から帰ってくる際、移民局が発行するいかなる再入境許可証（回頭証）も必要がない旨を通達した（『工商日報』一九五〇年七月二五日）。「広東人」に対する手続免除は、先に見たように、香港住民の身分証登録が完了していない状況では香港住民であるか判断し難いという事情があったものと思われるが、広東人であるかどうかも証明できるわけではないので、実際は広東語が話せるかどうかで判断されていた。

これとは対照的に、「外省人（士）」、「外省籍」などと呼ばれた広東省以外から来る旅行者に対しては厳しい入境規制が課せられたため、密入境を手引する「黄牛党」と呼ばれるブローカーが暗躍し、当局との間の小競り合いや、旅行客に対する詐欺や恐喝がしばしば発生した（『華僑日報』一九五〇年八月三〇日、『工商晩報』一九五〇年九月一〇日）。

広東人であれば自由に入境できるというのも常に保証されていたわけではなく、七月二四日の通達の後も羅湖では多くの者が入境を拒まれたが、その中には広東語が話せる広東人も含まれていたという。マカオ方面から船で香港に入境する者も、毎週ごとに香港からマカオに行く乗船者数と同じ数でなくてはならないとするなど、出入境の数字を合わせるということに主眼が置かれていたことが見て取れる（『大公報』（香港版）一九五〇年七月二六日）。

入境規制の厳しさは担当官吏による収賄という側面もあったようで、香港大学で教鞭を取っていた陳君葆の一九五〇年七月二二日の日記には、知人から聞いた話として、香港側から深圳に入境する際に一〜五元の賄賂を払わなかったために炎天下で六時間も待たされた者がいたが、一方で深圳側から香港に入境するのは金次第で何とでもなり、ゴロツキ風の者でなければ、上海語もしくは北京語を話す者は六〇元、広東語を話す者は二〇元要求されることが、あたかも規則のようになっていると記されている（『陳君葆日記全集巻三・一九五〇―五六』三一頁）。

このような状況であったので、広東省以外の地から来た旅行者にとっての入境が、実際どれほどの困難を伴ったかを推し量るのは難しい。規制実施前の一九四九年に上海から香港に来て、出版業界で活躍した沈本瑛は、後年、当時の深圳のゲートについて、「わらぶき小屋のような粗末なもので、警察も何も訊かずに入境させてくれた」と語っている。その後一九五〇年九月、香港での住環境や設備があまりに劣悪なことに耐えられなかった妻が一旦上海に戻り、五二年に二人の子どもを連れて再び香港に戻ってくるのだが、この時には入境が難しくなっていて、警察が入境する者に対し、どこの者かを尋ねてきたという。やはり香港で出版社を営んだ彼の友人は、大陸に行って香港に戻って来た時、どこから来たと問われて、「従化」（現広州市従化区）と答えることにしていたが、これはこの二文字の上海語の発音が広州（東）語の発音と近く、入境許可を得やすかったからであり、発音が正しくないと入境を拒否される可能性があったと述べている（沈口述・李整理　二〇一二）。

このエピソードは、一九五〇年以降、特に非広東人に対し厳しい入境管理が実施されていたことを裏付けるものであるが、しかし沈の家族も友人も実際香港に入境できており、抜け道があったとも言えそうである。親中共紙『文匯報』（香港版）では、「『天国』に入るのは『運』次第、香港入境時の尋問はゆるかったり厳しかったり、人や時期によって変わるので予測できない（登「天堂」・靠「運氣」・入港盤査有鬆有緊・因人因時變化莫測）」と題する記事を掲載しているが（『文匯報』香港版一九五〇年八月一〇日）、華人住民の感覚をよく表していると思われる。この時期の華字紙には、入境規制が厳しくなった、あるいは緩くなった、またはどこから入境するのが比較的容易だ、等の記事がしばしば登場しているが、当局の規制に一貫性がなく、不透明であったが故にそうした情報が求められたのであろう。

一九五〇年五月に実施された入境規制の実態はこのようなものであったが、表2に見たハンブロの推計でも、一九五〇年には流入人口による人口増はマイナスに転じ、それ以前と以後を比べれば、急激な減少傾向を見せている。入境規制はやはり一定の効果があったと見ることができよう。

一方で、規制が実効性を持った背景には、香港側の規制の努力だけでなく、中国大陸側の事情もあったと考えられる。中国側の史料についての調査は今後の課題であるが、香港紙の報道と中国での研究からある程度窺い知ることができる。

一九五〇年五月の香港の入境規制実施に対し、中国側からは、外交部副部長章漢夫により、「中華人民共和国及びその人民に対する不合理で非友好的な行為」として抗議がなされ（『人民日報』一九五〇年五月一〇日）、それを受けた親中共紙『大公報』（香港版）でも、「中英両国が新しい関係を築こうとしている時に、両国間の友情はとりわけ大切にしなくてはならない」として、規制の取り消しを要求する短評が掲載された（『大公報』香港版、一九五〇年五月一〇日）。これらの抗議は実際の行動を伴わず、短い簡単なものに過ぎない。

この背景には、表面上は反帝国主義のスローガンを掲げつつも、イギリスとのかけひきにおける有用性などから香港の現状を容認するという、中国共産党政権のプラグマティズムもあるだろう（廉　二〇一六、三一～三六頁）。しかし、特に出入境管理について言えば、共産党政権の側もこれを必要としていたという事情がある。イギリス側が入境規制を実施し始めた五月の段階で、中国側の入境は、イギリス側ほど厳しくないものの、香港ドルの持ち込み制限以外に、不必要な書類を持っていると別室で取り締まられ、疑わしい者は広州に送られて思想教育を受けるといったことなども伝えられていた（『工商晩報』一九五〇年五月一〇日）。

翌一九五一年初頭には、出入境についての中国側の規制が始まり、近隣農村から香港に入る際に区政府や農会の証明書が要求されるようになったが、これは若者が域外に逃亡したり、反共主義者が侵入するのを防ぐためと考えられていた（『工商日報』一九五一年一月一七日）。同年二月一五日からは広東省政府が出入境規制についての規則を施行し、香港・マカオ方面から中国側に入境する旅行客に対し身元引受人・機関の証明書の提出等の手続きが要求されると同時に、広東省住民が香港に行く際にも管轄の公安分局で事前に手続きを行うことが求められることとなった。この規則の施行初日には、千人以上が書類不十分で出入境を拒まれた（『華僑日報』一九五一年二月一六日）。[7]

ここで、香港側から中国側に入る場合は言うまでもなく、その逆の、中国側から出境する際にも許可が要求されていることが注目される。中国側の出入境管理強化の背景には、以下の事情があろう。当時中国側境界周辺地域では国民党支持者によるゲリラ活動がなおも続いており、これに対し、全国的な鎮圧反革命運動の一環として徹底的な弾圧が行われると同時に、住民の出身、経歴等に対する厳格な尋問と戸籍〔戸口〕登記が実施されていた。この結果、広東省籍、かつ国民党政府に協力した経歴がないなど〝潔白〟な者のみが在留を許され、外省出身者は原籍地に返された。残った住民も居民小組の下に相互監視が行われ、他の地域の者が入ることは厳しく制限された（陳　二〇一〇、一五〜二二頁）。

この頃、香港側でも治安上の理由から一九五一年六月、境界禁区令（Frontier Closed Area Order）を施行し、国境近辺は許可なき立ち入りを禁止する「禁区」とされている（阮　二〇一四、四六〜四八頁）。中国・香港の双方における監視体制の強化の結果、中国側から陸路での香港への入境者数は以後しばらく激減することとなった（表1）。

一九五〇年五月に入境規制が実際に開始された当初、香港住民であるか否かを証明する制度が不備であったことから、実質的には広東語話者は相変わらず規制を受けずに通過することができ、厳しい規制は主に非広東人の外省籍の人々に対して行われた。賄賂が横行したり、時に厳しく時にゆるいといった一貫性のない規制ではあったが、中国側でも厳しい出入境管理が導入され、また境界近辺の地域での厳しい住民管理が行われたことにより、中国・香港間の境界を越えた移動は次第に困難なものとなっていった。この後、時期により厳格さに差はあるものの、中国・香港双方の当局が望むのであれば厳しく統制することが可能となる、制度化された入境管理が、ここに一応の完成を見たと言えよう。

四　入境規制と「広東人」意識——『新生晩報』「怪論連篇」から

前節で見たように、初期の入境規制は「広東人（籍）」をそれ以外の「外省人（籍）」と区別し、広東語話者にとって有利なものであった。このような差異化について、広東系の香港住民はどのように受け止めていたのだろうか。本節では、香港の中国語タブロイド紙『新生晩報』の「怪論連篇」における三本の風刺的な論説を手がかりに考えてみたい。

一九五〇年五月の入境規制実施に対する香港華人の公式見解的な反応としては、既述の通り、香港華商総会が抗議の声を挙げていた。華商総会は、（一）香港の商業的繁栄を損なう、（二）特に水運、旅行、飲食業において悪影響が出ている、（三）香港の繁栄は、華人の往来の自由が、物資の流通に有利であることに由来している、（四）入境手続きが面倒なので香港住民が他の地域に出て行きにくい、（五）「華人」が香港に大量に流入しているのは一時的な現象であると考えられる、などの理由から入境規制措置の撤廃を訴え、植民地長官〔輔政司〕に意見を提出した（『華僑日報』一九五〇年五月二七日）。

とはいえ、抗議活動が大きく広がることはなかった。前節で見たように、初期の入境規制は広東語を話せない者を主な対象としていたし、また、身分証の代わりに香港の団体が発行する証明書が有効とされていた。つまり華商総会の関係者が被る影響は実質的に見れば小さかったと考えられ、その意味でこうした抗議は多分に建前的な印象を与える。

これに対し、香港のタブロイド紙『新生晩報』の「怪論連篇」の欄では、しばしば入境政策や難民のことが話題として取り上げられていたが、一九五〇年の入境規制についてもこうした建前的な議論とは異なる視点で論じており、興味深い。同欄は、三蘇、呉起等の筆名で執筆していた広州出身の人気作家高徳雄らを中心に、広東語的な表現を交えた「三及第」と呼ばれる文体による、人を食ったような風刺的な内容で人気を博していた。

以下では、特に一九五〇年五月の入境規制と、同年七月の広東人に対する規制の緩和について取り上げた三つの文章を簡単に紹介したい。

①方堂「管制入境與減低中文程度論」（『新生晩報』一九五〇年五月四日）

著者は、一九五〇年五月の入境規制は、鶏を籠に閉じ込めた状態で餌を与えて太らせる広東料理の「槽雞」よろしく、香港人をとじこめて「正式な香港人〔正正式式之香港人〕」にするものだとする。香港では十年来、日中戦争と中国の内戦で内地から人が多数やってきて、新聞雑誌や学校が増え、このため文化活動が盛んになったという者もいるが、これによって本来の文化〔本位文化〕が破壊されており、本来の文化を凍結する必要がある。そのために最も良いのが外地から来る者を制限し、香港に文化を伝えないようにすることであり、あるいは中学校で教える中国語のレベルを下げて、外来の文化〔外來文化〕が入ってこられなくするのが良い、とまで述べている。

②呉起「論廣東佬之夠威」『新生晩報』（一九五〇年七月二九日）

七月に当局が広東語話者に対しては証明書を求めないことを発表したことを受けたもの。近年香港ではよそ者〔外江佬〕があふれて、何でも「上海化」しており、至る所で上海語が響くので、広東人は「よそ者が我が物顔をしている〔客家作地主〕」と感じ、暗澹となってしまう。よそ者に対する規制の強化から、「香港が広東人を歓迎し、よそ者は歓迎しない」ことが分かる、とする。

③三蘇「放寛廣東人入境新例目的使廣州話成為中國國語論」（『新生晩報』一九五〇年七月三〇日）

前日の②に反論するという形式だが、実際は同作者（高徳雄）による文章である。上述の規制は非広東人に対してではなく、広東語を話せない者に対してということであるとする。いわゆる〝広東語〟は広東省で話されている諸方言の中でも特に広州語を指すが、規制の結果、香港に来る中国人は懸命に広州語を習うことになる。つまり当局の目的は、広州語を香港の唯一の方言とし、かつ「国語」とすることにあるのであり、これは広東人にとって名誉なことであり、香港移民当局に感謝しなくてはならない。

これらの文章はいずれも、広東人の立場から上海人を中心とした他省の人々の流入に反発し、規制を歓迎するかのような論調になっているが、必ずしも文面通りに受け取れるわけではない。あくまでも華商総会のような抗議が建前として主流を占めるという前提の上で、それを皮肉った風刺として書かれたと解釈するのが妥当であろう。というのも、この後真面目に当局の入境規制を支持する風潮が起こった訳でも、上海人を中心とした「外江佬」の排斥運動が起こった訳でもないからである。「怪論連篇」欄ではこの後もしばしば入境規制に関する文章が掲載されるが、その後上海人の多くが急速に香港での経済的優位を失い、入境規制強化の中で広東人（広東語話者）の優遇も失われると、よそ者の流入により広東人の世界が侵害されているという論調は後退していく。

それにも拘らず、①では香港の「本位文化」（具体的に何を指しているかは不明だが）に対し、中国の内地からもたらされる文化を「外来文化」と呼び、②では上海人が幅を利かせている状況を「上海化」、「客家作地主」と揶揄して「広東人」と「外江佬」を対比している点が注目される。ここには、「広東人」を自任する人々の、少なくとも一部の意識が現れているという側面があるのではないだろうか。

そして、入境規制が「香港人を取り囲んで「正式な香港人」にする」、あるいは広州語を香港の唯一の方言にするものであるという言葉は、その後一九六〇～七〇年代の香港で実際に進行する事態を予見しているようでもあり、これも興味を惹く。入境規制をきっかけに、広東語を中心とした香港の文化に対する（萌芽的な）アイデンティティの一端が現れていたと言えるのか否か、後の「香港人」言説との対比が今後の課題となろう。[8]

おわりに

本稿では、一九四七～一九五一年頃を中心に、香港における「大分裂」の端緒とも呼べる入境管理体制確立の過程について考察した。

従来中国人が自由に入境することを認めてきた香港だが、戦後の中国大陸からの急速な人口流入を受けて入境規制の検討が始まり、国民党政権の内戦における劣勢という機会に乗じ、一九四九年一月に入境者管理条例を成立させた（第一節）。とはいえ、条例成立後も、経済的・政治的配慮と難民流入に対する楽観的観測から、香港政庁は入境規制を実施しようとはしなかった。しかし中国側に戻らずに香港に滞留する難民が増加した結果、政庁は一九五〇年五月一日以降入境規制実施に踏み切る（第二節）。

これは広東語が話せない者を中心に規制が行われたり、時に厳しく時にゆるいといった一貫性のない規制ではあったが、中国側でも厳しい出入境管理が導入され、出入境管理は徐々に制度化していく（第三節）。一方で、この頃の非広東人を中心にした入境規制について述べた『新生晩報』「怪論連篇」では、中国内地からもたらされる文化を「外来文化」と呼んだり、香港人／広東人に対して「外江佬」／上海人などといった言葉が対比的に用いられ、「広東人」、あるいは広東語を中心とした香港の文化に対する意識が垣間見えていた（第四節）。

本稿で検討できたのは一九四〇年代末〜五〇年代初頭のほんの数年間の出来事に過ぎないが、今後香港史研究の通時的な課題や、この時期の東・東南アジア華人史研究の共時的な課題につなげていくことが可能だと考えている。最後にこれらの課題を述べて終わりたい。

香港史研究をめぐる通時的な文脈で言えば、中国大陸側からの流入人口にどう対応するかという問いは、本稿で扱った時代以降、現在に至るまで香港が一貫して抱える課題である。人口圧力や労働力といった側面以外に、境界を越えてくる人々をどう捉えるかという問題は「香港人」のアイデンティティの形成とも関わってくる（Ku 2004）。その意味で、本稿で扱った時期はこうした問題の起点として位置づけることができるが、この後も中国大陸側における「大躍進」とその失敗、文化大革命の影響等で香港の入境管理は様々な試練を受けることになる（Madokoro 2012; Tsang 2010）。本稿の考察結果を五〇年代中葉以降の時代の検討へとつなげていく作業が必要となるだろう。

他方、東・東南アジアにおける共時的な視点で見た時、一九四九年前後の中国における大変動は、地域全体の華人人口の流動性へとつながっていた。この時期、香港のみならず、台湾やマカオも同様に域外からの入境の規制についての問題を抱えていた。また、タイ、フィリピン、インドネシアといった東南アジア諸国でも華人に対する入境規制が実施されている。この時期の香港における難民問題は、中国大陸からの流入者数の増加に加え、香港に入ってきた人々が他地域に転出していく道が限定されてきていたことに由来するとも言える。冷戦と中華人民共和国建国のもたらした変動が、東・東南アジア各地でどのような境界形成の動きにつながり、それが華人社会、あるいは華人のアイデンティティにどのような分岐をもたらしたのか、比較の視座が必要となろう。

注

(1)「華人」という言葉は現在は海外の国籍を取得した中国系の人々を指すが、この当時香港やその他の地域の中国系の人々の国籍は流動的で、かつそうした区別に意味があったとも思われない。本稿では、当時の香港での用法に従い、主にイギリス植民地に居住する中国系住民全般を指して「華人」と呼んだ。これに対し中国から流入する人々は「中国人」としたが、実際はほとんど区別できない場合が多い。なお、中国語史料からの引用の場合はなるべく原文の表記に従った。

(2) このうち、マラヤにおいてイギリス当局が推進した華人の〝再定住〟計画とマラヤ市民化の試みについては村井(二〇一三a)で検討した。

(3) immigration(control)という語は、通常日本語では「(出)入国(管理)」と訳されることが多いが、香港は「国」ではなく、かつ香港が中国に返還されて以降との連続性を考慮して、本稿では中国語の表現を活かして「(出)入境」という語を用いた。また、immigrantsも通常は「移民」と訳されるが、本稿では「入境者」と訳した。

（4）その他、香港側国境付近に五〇年代に形成された立ち入り制限地域については阮（二〇一四）で、中国側の国境の動向については陳（二〇一〇）の中で触れられている。

（5）一九三一～一九六一年の間センサスが行われていないので、途中の人口は推計による

（6）民主化改革案はヤングの後任のアレクサンダー・グランサムの下で停止されることになる。

（7）皮肉にも、中国側を出境する際に香港の身分証〔人口登記証〕が唯一有効な証明書であったという。

（8）近年の「香港人」アイデンティティについては、村井（二〇一三b、二〇一六）で検討した。

参考文献

〈非公刊文書〉

イギリス国立公文書館（TNA）所蔵文書（本文中では資料番号を表記）

CO. 129/604/1 ~ 7 Immigration: control over entry from China

CO. 537/3701 Immigration control: threatened influx of refugees

CO. 537/4802 Immigration control: Chinese refugee influx

〈単行書・論文（学位論文を含む）〉

Census and Statistics Department（1969）*Hong Kong Statistics, 1947-1967*, Hong Kong: Census and Statistics Department.

Hambro, Edvard（1955）*The Problem of Chinese Refugees in Hong Kong: Report submitted to the United Nations High Commission for Refugees*, Leyden: Setoff.

Houf, Michael（2011）“‘Protect Our Borders:’ Immigration and Identity in Post-War Hong Kong,” *World History Connected*, vol. 8, no. 2.

Ku, Agnes S.（2004）“Immigration Policies, Discourses, and the Politics of Local Belonging in Hong Kong（1950-1980）” *Modern China*, vol. 30, no. 3.

Madokoro, Laura（2012）“Borders Transformed: Sovereign Concerns, Population Movements and the Making of Territorial Frontiers in Hong Kong, 1949–1967,” *Journal of Refugee Studies*, vol. 25, no. 3.

Mark, Chi-Kwan（2004）*Hong Kong and the Cold War: Anglo-American Relations 1949-1957*, Oxford: Clarendon.

Mark, Chi-Kwan（2007）“The ‘Problem of People’ : British Colonials, Cold War Powers, and the Chinese Refugees in Hong Kong, 1949–62,” *Modern Asian Studies*, vol. 41, no. 6.

Holdsworth, May and Munn, Christopher ed.（2012）*Dictionary of Hong Kong Biography*, Hong Kong: Hong Kong University Press.

Peterson, Glen（2008）“To Be or Not to Be a Refugee: The International Politics of the Hong Kong Refugee Crisis, 1949-55,” *The Journal of Imperial and Commonwealth History*, vol. 36, no. 2.

Tsang, Shun Fai, Sammy（2010）“Border control in colonial Hong Kong, 1958-1962,” Master thesis, the University of Hong Kong.

Tsang, Steve ed.（1995）*A Documentary History of Hong Kong: Government and Politics,* Hong Kong: Hong Kong University Press.

陳秉安（二〇一〇）『大逃港』廣州・廣東人民出版社。

阮志（二〇一四）『入境問禁：香港邊境禁區史』三聯書店（香港）有限公司。

沈本瑛口述・李培德采訪整理（二〇一二）「采訪沈本瑛」『史林』（上海）總第一三六期。

王裕凱（一九六〇）『香港調景嶺難民營調查報告』香港大專社會問題研究社。

冼玉儀（［一九九七］二〇一七）「社會組織與社會轉變」王賡武『香港史新編（增訂版）上冊』三聯書店（香港）有限公司。

余九林（二〇〇九）「抗戰時期廣東難民入港境況及港英政府的應對」『傳承』二〇〇九年第1期。

鄭宏泰・黃紹倫（二〇〇四）『香港身份證透視』香港、三聯書店（香港）有限公司。

王德威（二〇一五）（濱田麻矢訳）「戦争の叙事と叙事の戦争――延安、金門、そしてその他」濱田麻矢・薛化元・梅家玲・唐顥芸編『漂泊の叙事――一九四〇年代東アジアにおける分裂と接触』勉誠出版。

中園和仁（一九八四）『香港をめぐる英中関係――中国の対香港政策を中心として』アジア政経学会。

村井寛志（二〇一三ａ）「非常事態時期マラヤにおける植民地的／冷戦的近代化とその横領――スクウォッター再定住事業と植民地政府、華人有力者、地域住民の行動」永野善子編『植民地近代性の国際比較――アジア・アフリカ・ラテンアメリカの歴史経験』御茶の水書房。

村井寛志（二〇一三ｂ）「〝デモの都〟香港とアイデンティティをめぐる隘路」『神奈川大学評論』第七五号。

村井寛志（二〇一六）「返還後の「香港人」アイデンティティの展開――大陸との関係で揺れ動く住民感情」倉田徹・吉川雅之編『香港を知るための60章』明石書店。

廉舒（二〇一六）『中国外交とプラグマティズム――一九五〇年代における中国の対英政策』慶應義塾大学出版会。

第4章　タイにおける王党派思想とナショナリズム

山本博史

はじめに

ナショナリズムの言説空間を考える時、近代的構成物であるナショナリズムが、それぞれの社会集団により大きく異なる様相をもつことは明らかである。現在のタイ国が創り上げたナショナリズムは、その形成過程で文化的要素や居住している地域の自然的要因により独特な様相を示すナショナリズムとならざるを得なかった。本論が取り上げるのはナショナリズムとタイ王制の言説空間である。今日タイ王制はタイのナショナリズムの中央に鎮座し、タイ国民の基本的人権をすら危うくするような状況が出現している。王制をその歴史的な生成過程から振り返りつつ、タイのナショナリズムにおける王制をめぐる言説空間がどのように創り上げられたのかを概観した。

タイにおけるナショナリズムの創出は西欧植民地主義との遭遇という一九世紀後半の出来事の結果である。西欧の本格的なこの地域への関与により、従来の統治形態が維持できなくなり属地国家への脱皮が喫緊の課題となった状況下、「近代化」への模索において必然的に創りだされた言説空間がタイにおけるナショナリズムであった。タイ・ナショナリズムはラーマ五世・チュラーロンコーン王によるチャクリー改革以降の近代国家建設が創出したものであり、それ以前のタイ社会には存在していない。そもそも近代的な意味でのタイという国が居住している人々の心の中にはないといったほうが正確であろう。

王制は絶対王制に転換する過程で、土着の政治思想である仏教的王制論に民族的政治共同体ネーションの考えを継ぎ足して、ラックタイ（タイ原理）として理論化した。このチャート（民族）、サーサナー（宗教＝仏教）、プラマハーカサット（国王）の三位一体のタイ原理が西洋リベラリズムの統治原理に対抗するため、ラーマ六世の時代に確立した。絶対王政による王権に好都合の政治原理であった。しかも、人民党による立憲革命で王室の政治的命脈は尽きたかにみえたが、戦後見事に再生し現代に至っている。ラックタイも国王を最上位におく政治原理として健在である。なお、本論ではタイの国名はタイとし、シャムは使用しない。中国系の人々の名称は国籍の有無にかかわらず便宜的に華人で統一した。

一　タイ族の国家形成と王制

1　タイ族の国家・ムアンと仏教的王制

現在タイ系諸語を話すタイ族は中国南部や東南アジアそしてインドのアッサム地方にかけての広い地域に居住している。タイ族の故地は、言語学の研究から、今日ではベトナム東北部と中国の広西壮族自治区の境界付近とする仮説が有力である（飯島・石井・伊東　一九九九、一三七頁）。この故郷に漢民族の影響が及び圧迫されて、タイ族の多くは西と南に移動していった。移動先には急峻な高山地帯があり、その谷あいをブラマプトラ川、イラワジ川、サルウィン川、チャオプラヤー川、メコン川、ソンホン川がチベット高原を源流として流れており、それらの河川の谷間には大小の稲作を行える空間が広がっていた。この盆地で稲作を行うには小規模な灌漑施設が必要であり、それらの施設を共同で管理する必要から村のリーダーが生まれた。リーダーの中から、周りの村を統合し政治権力を獲得したものがムアンと呼ばれる国家を建設した。山間盆地の政治勢力が領主となって住居を構えたところが、邑（都市）としてのムアンであり、その勢力が及ぶ範囲が国としてのムアンであった（柿崎　二〇〇七、一九頁）。タイ族にとっての「国」はムアンであり、その国の生産力基盤は稲作による農業社会にあった。雲南省、ラオス、ベトナムやタイ北部のラーンナーなどで成立したタイ族のムアンの統治形態は例外なく土地の所有権が領主（国王）に帰属し、一般農民には保有権しかないことが重要な特徴である（石井　一九七五ａ、一一頁）。土地が国王一人の専有になる国家概念はインド的統治制度を受容した可能性もある。セデスは、全大地の所有者という称号が六世紀の扶南王によって称されていると述べており、国王を宇宙の帝王とするインド的支配原理の影響が及んだとみることもできる（セデス　一九八〇、二七二頁）。

石井はウィットフォーゲルの水力農業（hydraulic agriculture）の概念を準用して、山間盆地に住むタイ系諸族のムアンにおいては、稲作を行うには用水路、堰、貯水池、排水路などが建設され、維持される必要があり、ある程度強い政治権力が成立したと論じている（石井　一九七五ａ、二〇～二六頁）。このようにタイ族における初期の国家形成は、山間盆地における水田稲作の属性を強く反映したものであった。

タイにおいては伝統的な国王統治概念に仏教の影響がみられることも重要な特徴である。チャオプラヤー平原に進出したタイ人が先住のモーン族の仏教文化の影響を受けたことは確実であるとされる。モーン族から伝統的統治規範として受け継いだ「プラ・タマサート」には仏教的で理想的な国王像がみられる（石井　一九七五b、二六六～二六八頁）。石井は『プラ・タマサート』の内容から、タイにおける国王があるべき姿を次のように述べている。タイ族がモーン族から受け継いだ国王観念では、人間の間に発生した紛争の調停者として「選ばれた者」であり、王者の十徳にしたがい、様々な戒を守り、仏教的な法（タンマ＝正法）に基づいて統治を行う王とされた（同前、二六七～二六八頁）。スコータイ朝の王の称号である「タンマラーチャー」は「正法に基づいて統治を行う王」であり、したがって、王が正法を踏み外せば統治は否定される（同前、二六八頁）。この仏法による国王像は現王朝まで脈々と受け継がれている国王像であり、仏教思想が統治に一体化されているタイの統治思想の大きな柱となっている。仏法による統治は現代にも引き継がれており、タイ憲法では宗教の自由は認めたうえで、国王は仏教徒に限定している。

2　タイ国王の神格化とヒンズー思想

タイ系諸部族の王はその支配地域の土地の所有主であることが多いと述べたが、支配者の土地所有は山間盆地のムアンの稲作農業の必要性から出現したと考えられる。この現実的な要請の上にインド文化の受容によってインド的な専制君主像が重ねられた。現王朝であるラタナコーシン朝でも絶対王制期には、すべての土地は形式的ではあるが国王が主となっていた[1]。現在のタイ王国の領土はかつてクメール帝国が権勢を誇った地域であり、クメールの基層文化はインドの影響を強く受けた文明であった。中国南東部から南下したタイ人の集団はメコン川の上流域やチャオプラヤー川の流域で大きな人口を養うことが可能な大盆地やデルタ上流域に達した。モーン系の先住民を取り込みながらタイ族は次第に巨大なムアン、オリバー・ウォルタースの国家論の枠組みでは大マンダラの形成に成功した[2]。セデスが一三世紀におけるタイ族の爆発的な発展（大沸騰）とした時代の到来である。チャオプラヤー川中下流域に出現し、初めてのタイ族国家とされるスコータイはスコータイとシーサッチャナーライの二つの中核都市をもった国家であった（飯島・石井・伊東　一九九九、一五九頁）。スコータイはもともとクメール帝国の西北の主邑とされ、クメールから独立した後もクメールの影響も残っていた。スコータイで行われた農業形態ははっきり特定できない部分が多くあるものの、バライと呼ばれる貯水池を灌漑施設とするクメール的要素と川から灌漑用水路を引くタイ的要素が併存し次第にタイ的要素が卓越していったとされる（石井　一九七五a、二七頁）。スコータイは交通の要所であり、インド洋には西に陸路でメーソートを通過してアンダマン海の港湾都市モールメインに通じ、チャオプラヤー川によってシャム湾に通じるため、海とつながる交易が可能であった。華人による輸出陶器の開発は港市国家（port polity）としての側面の萌芽を見ることも可能である。また、これまでタイ族がムアンを建設してきた山間盆地ではなくチャオプラヤー川の扇状地に位置しており、面積規模も大きく山間盆地で行われていた用水管理にクメールの農業技術が折衷されていた可能性は高い。

この王朝の統治はスコータイ第一碑文の記述を根拠に仏教思想に基づいた温情的統治と後世理想化されている。政治的にはスコータイはアユタヤに従属するようになり滅亡した。

次のアユタヤ王朝はクメールの王都を攻略し、インド伝来の統治システムを地域に根付かせ運用していたクメールの官僚を捉え、その統治技術を自らの統治システムに加えていった。したがって、国王はバラモン文化を色濃く残した「神の化身」という概念がくわえられ、神聖にして何人も侵すことのできない存在として国を統治する存在へと高められた。ただ、アユタヤ史をひもとくと、王位の継承に関しては血を血で洗う簒奪の歴史が刻まれている。国王がもつ神聖さは力の優位があって成立するものであり、支配層においては本音の部分ではその神聖さは国王がもつ個人的力量に依存する部分が多かった。国王よりも強い権勢をもつものが現れると、容易にとってかわることが可能であった。権力の中心では、上層エリートのパワーゲームの要素が強かった。このような権力構造から、アユタヤ王朝は一つの家系ではなく、ロッブリー王家、スコータイ王家、スパンブリー王家、プラサートトーン王家、バーンプルールアン王家の五王家三四人の国王が統治した王朝であった（日本タイ学会　二〇〇九、五三頁）。

3　大マンダラの港市国家

スコータイ朝からラタナコーシン朝初期にかけては、その支配体制は中央集権的ではなかった。タイにおける国家は周辺国家間の関係からみるとマンダラ国家であり、有力マンダラ国家が周辺部のマンダラ国家を「支配」するものの、その関係は流動的で「支配」される周辺のマンダラ国家も形式的には従属しているものの、実質は独立しており、有力マンダラの地位も時代によって変容し、国家間の力関係も時代とともに変化した。東南アジアでは属地的な支配は成り立たず、マンダラ国家間の関係はある種の同盟関係とみることができるものであった。

アユタヤが大マンダラとなった理由の一つは港市国家として莫大な利益をあげていた点にあった。友杉は港市の特徴をポランニーやギアツの論議を整理し、「港市を経済的にみれば、海外交易が一定の限られた場、港市で王室の管理のもとで行われ、交易による利益は国家財政の不可欠な部分を構成する。したがって、交易から隔てられている農村には交易は直接的な影響を及ぼさない。このため、交易に基づく商業と農村経済に基礎をもつ商業の二つが並存する。社会的には海外交易がおこなわれる場には異民族が参入するから、港市は多民族社会である。港市において王権は異民族を排除あるいは迫害することはなく、むしろ保護する」と述べている（友杉　二〇〇一、二六五頁）。交易による利益で国家を維持するため多民族が共生する社会でありコスモポリタン的な色彩の強い国家である。アユタヤ朝とラタナコーシン朝初期はこの港市国家の性格が色濃く、この地域屈指の交易都市として繁栄していた。東西交易の結節点であったアユタヤでは、西方から訪れたペルシャ、インドなどに代表されるケーク（インド人や中近東の人々）層、大航海時代以降この交易に参入した西洋勢力、東方からは古くから交流がある中国系が重要な地位にあった。日本人のコミュニティーも交易の時代末期、戦国時代から江戸時代初期にはアユタヤに大きなコミュニティーをつくり、日本人町の頭領が次期国王選出に影響を及ぼすほど政治的権力をもっていた時期もあった。交易により富をもたらすこれらの外国人は支配層に優遇された。これら渡来した人々の一部はタイ人と混血しコスモポリタン的なエリート層を形成していき、権力中枢の一部となった。この交易都市で暮らす多くの外国人はタイ官僚制の一部門を支配する場合もあり、国の運営に大きな影響を与える存在であった。国王といえども彼らの支援なしには国家の運営は不可能であった。

二　植民地化の危機とチャクリー王家の対応

1　ラタナコーシン朝初期の王制の変容

アユタヤの王政、貴族制を再生したといわれるラタナコーシン朝でも外国勢力、王政、官僚制の共生は継続した。ニティは、ラーマ一世がアユタヤの制度や文化を復興することを目指しアユタヤの名門貴族がその政権を支えたと述べている（Nidhi 2012: 82）。ビルマによる破壊で人的資源の多くを喪失し旧秩序の崩壊と徭役制の非効率化から、トンブリー朝からラタナコーシン初期においては、労働力を支配する官僚制度が弱体化し農業経済に基礎を置く部門からの余剰を取り上げることが困難な状況が続いた（Ibid.: 68）。ラーマ二世（在位一八〇九～二四年）の時代にコメは禁輸品目である時期もあった（高橋　一九八九、二九四頁）。国土の復興が完結していないことを物語る事実であろう。交易による利益で国家建設を行わざるを得なかったため、国家運営における交易の重要性が以前にも増して高まっていった（山本　二〇〇一、一一七〜一二一頁）。

交易におけるアユタヤ期からの変化で注目されるのは、ラタナコーシン朝初期の交易の比重が西から東に次第に傾くことである。交易相手の変化により、華人の流入が加速され他の外国人と比べ華人の地位が高まっていった（友杉二〇〇一、二八九頁）。コスモポリタン的な港市であったアユタヤと比べて、バンコクはあらゆる面で中国的要素が優先する都市へと変貌した。ラタナコーシン朝は大マンダラの港市国家アユタヤから港市国家を受け継いだが、外部の政治経済状況変化に対応し港市国家の性格を大きく変容させた。王権を支える外国勢力では華人との関係が極めて重要となった。

ラーマ三世（在位一八二四〜五一年）は即位に際し王室独占交易を廃止した（高橋　一九八九、二九四頁）。ビルマの一部が植民地化した後、タイはイギリスとバーネイ（バーニー）条約を結び貿易商は王室以外から商品を購入することができるようになり、王室の専売権は表面上廃止された。しかし、条約には巧妙に自由な交易を回避する条項が入っており、西欧商人は自由な商業活動はできなかった（同前、二九八頁）。西洋商人が自由な活動を行うには一八五五年のバウリング条約を待たねばならなかった。

高橋は一九世紀前半のラタナコーシン朝の政治秩序を「権威交易体制」とする大胆な試論を提出している（高橋二〇〇六）。権威交易体制は王室と華人商人の同盟体制の成立であり、現在の政治体制の分析にも有効な視点を提供する論議である。高橋は権威交易体制を「国王の政治権威に基づいた特定の経済活動の独占権や徴税権を国際（華人系）商人を含めた家臣に与えることで、国王が家臣から経済的利益と政治的忠誠を受けることで維持される政治経済体制である」と定義している（同前、八三頁）。こうして成立した体制は統治制度において大きな変化を引き起こしたと考えられる。港市国家アユタヤの権力の源は直接統治下の稲作農民の人的支配にあり、クメールから移入された臣民統治システム（徭役制＝プライ制）は維持され揺るがなかった。一九世紀前半華人商人と彼らの経済活動に依存するこの新体制のもとで、内陸型国家の臣民統治システムは形骸化した。交易を拡大させるためには伝統的な王室独占交易も廃止せざるを得ず、独占廃止による財政基盤を代替するべく徴税請負制が導入された。ただし貿易独占の解放は同盟者である華人商人に対してのみで、西欧商人にはこの権威交易体制は実質的には閉じられていた点も重要であった。王室独占交易が廃止された後の主要な財源となった徴税請負制による財源も王室は権力基盤を国外から移入された華人移民のタイにおける活動に次第に求めるようになり、中国からの移民も奨励されバンコクの華人人口が増大した。王都バンコクは中国系が優越する人口構成をもつようになっていく。アユタヤ時代一七世紀後半の華人人口は、スキナーによれば、アユタヤで三、四〇〇〇人、タイ全土は一万人以上とし、当時のタイの総人口の一パーセントには達しないと推定している（スキナー　一九八一、二四頁）。アユタヤにはほぼ同数のムーア人（インド、アラブ、ペルシャ人）がいたとの記述もあり、多民族社会アユタヤにおいて華人はそれほど突出した存在ではなかった。ラタナコーシン朝になりこの状況は一変する。表１は一九世紀中ごろまでの華人人口推計値である。推定者の華人の定義がはっきりしないので、おおよその数字であるが、ラタナコーシン朝初期のバンコクでは華人人口が約半分となったことが分かる。また、ラタナコーシン朝初期にはタイに流入した華人はほとんどが男性の出稼ぎであり、多くは帰国した。一方一定数の華人は定住した。その多くがタイ女性と結婚し二世、三世となると中国系タイ人としてタイ人に同化していった事実は重要である。つまり、バンコクにはタイ社会ではあるが伝統的なタイ社会とは異なったタイ社会が成立した。

表1　バンコクの華人人口推計

	年	華人人口	全人口	華人比率％
Crawfurd	1822年	31,000	50,000	62
Malloch	1826年	60,700	134,000	45
Malcom	1839年	60,000	100,000	60
Neal	1843年	70,000	350,000	20
Mallock	1849年	81,000	160,154	50.6
Pallegoix	1854年	200,000	404,000	49.5
Bowring	1855年	200,000	300,000	66.6

出典：田辺（1973、31頁）、友杉（2001、277頁）

この時期交易品からみても、大きな変化が起こっている。ラーマ二世までは輸出交易品は時期によりコメや胡椒などを輸出したこともあったが、主要な輸出品はスワイ（徭役代替物納税）による森林産物（コーンパー）であった。しかし、ラーマ三世の治世の末期には六割が砂糖などの栽培農業の一次産品や手工業的な製品となった（山本二〇〇一、一二〇頁）。その開発には王朝の奨励による華人労働の大量移入による輸出用栽培農業の拡大がある。ラーマ三世は即位する以前はチャオスア（富豪）と呼ばれ、交易をつかさどる大蔵局（プラクラン・シンカー）の長官であり、交易に利害をもつ貴族たち特にブンナーク家の支持で、正室の息子でなかったが国王になることができた。ある意味中国を中心とする交易に利害をもつ貴族層の利益を代表した国王であった。

次のラーマ四世（在位一八五一～六八年）モンクット王は即位するまで、二七年間出家生活を送っている。その間学究生活を送り、四七歳で即位したときにはサンスクリット語やパーリ語に加え、英語や数学など西欧の知見も習得していた。同時に、僧として地方を旅行したことで民衆の生活を知っており、歴代の国王とは違った視点をもっていた。また、ラーマ四世は僧侶であった時に、仏教を改革し腐敗した仏教界を革新するため厳格な戒律を守る新たな宗派タマユット派を創設したことでみられるように実行力も備えていた。世界情勢に精通していたことから、もう既に王国の主要な収入源である貴族層と華人層による独占交易体制が対外的に維持できないことを自覚していたため、欧米との開国通商条約であるバウリング条約を一八五五年に締結し、西欧に向かい門戸を開放した。また、植民地勢力と武力対立ができないことを熟知していたことから、一八六七年にフランスの領土要求を認め、カンボジアの宗主権を放棄した。ビルマの自己の世界観に固守した対英外交と比べると、正確な状況判断による王国存続を図るための柔軟な外交はラーマ五世に先駆けてラーマ四世期にすでに始まっていた。しかし、チャクリー王家の基盤は盤石とはいえず、大きな力をもつ貴族層へ挑戦することはなかった。ラーマ四世までは、国王には絶対的な権力はなく、アユタヤ以来の貴族による共同経営の頂点としてのある意味名目的なトップであった（玉田　一九九六a、九七頁）。

2　チャクリー改革・親王支配体制による絶対王制の確立

ラーマ五世（在位一八六八～一九一〇年）の「近代化」への改革はチャクリー改革と呼ばれる。改革は多方面に及ぶが、東南アジアの港市国家が植民地主義に対抗するために絶対君主制の中央集権的近代国家への転換を図るための改革、体制再構築であった。

一八六八年ラーマ五世は一五歳で即位した。この時期は有力貴族であるブンナーク家の権勢が最も高まっていた時期であり、宮廷ではブンナーク一族の頭領であるチュワン・ブンナーク（シースリヤウォン）が強い影響力をもっていた。チュワンは自ら摂政となり、チュラーロンコーンが成人するまで王家の実権を握った。チュラーロンコーンは即位当時の状況を実権がない「飾り人形」であったばかりか、王位を失う危険もあったと述べている（村嶋　一九九九、三九八頁）。このようにラタナコーシン朝初期の権力構造はアユタヤと同様であった。バラモン文化の地上における神聖なる神と仏教の正法を体現した絶対権力をもつ国王という建て前があるが、現実には貴族階層の門閥による合議的支配というのが実態であった。国王が強い権勢をもっていればこの貴族階層を支配下に置くことが可能であるが、チュラーロンコーンが即位したときのように幼少で経験もない場合国王の権限は著しく低かった。貴族階層と利害が衝突した場合、王位簒奪の危機は常に傍らに存在した。

ラーマ五世はラーマ四世により帝王教育を受けており、国の独立を守りチャクリー王家を存続させるためには近代的な統治システムの確立が急務であるという、タイのおかれた状況はよく理解していた。

当時の王国における権力構造は地方統治において大きな問題があった。アユタヤ朝で確立されラタナコーシン朝初期まで引き継がれた旧制度における統治領域は三つの部分に分かれていた。畿内地方国（ファムアン・チャンナイ）、畿外地方国（ファムアン・チャンノーク）、属国（プラテーサラート）である。畿内地方国は直接統治するムアンである。東はプラチーンブリー、西はラーチャブリー、南はプラチュアップ、北はナコーンサワン辺りまでの地域で、首都から二日の移動距離の範囲内にあるムアンとされた（橋本　一九九六、三頁）。畿外地方国は畿内から属国までにあるムアンであった。属国はラーンナー、カンボジア、ラオス、マラユーの一部のムアンでバンコクからは距離があり、政治的には従属国というよりも同盟関係の性格が強く独立国であった。

一九世紀半ばの統治構造はかなり研究が進んでおり次のように要約できる（村嶋　一九九九、三九八〜三九九頁）。中央官庁は王国の南部と北部をそれぞれ統括する兵部省（カラーホーム）と民部省（マハートタイ）、財務と外務を統轄する大蔵省、首都省、宮内省、農務省の六省からなる。これら中央官庁は、それぞれが小さな独立国であり、治安、軍事、裁判、徴税などの機能をもち、名門貴族たちが支配していた。地方は兵部省、民部省、大蔵省の下に所属した港湾局（クロマター）[3]が管轄したが、実際に統治が及ぶ範囲はバンコクの周辺部のみ、畿内の地域であった。多くの地方は在地の国主（チャオムアン）による自治が行われていた。さらにバンコクから遠く離れた属国は、王国の領土とされるが、一年から三年に一度金樹銀樹や特産品をもって朝貢し、戦時には軍隊を提供する義務はあったがほぼ独立国であった。バンコクと属国の関係は大マンダラ国家と中マンダラ国家の関係である。中央の支配地域であれ、地方であれ、王国の貴族階層が政治経済基盤をもって半独立し国王権威が浸透できない状況では、喫緊の課題である王家存続のための近代的な統治システムの確立に手を付けることは困難かつ危険であった。

しかし、このような不利な状況を顧みずラーマ五世は成人を迎えると改革に乗り出した。有力貴族が恣意的に支配していた各部局の税収を管理するため、一八七三年国家歳入局を新設し、一八七五年大蔵省から外務省を分離した（同前、三九九～四〇〇頁）。ラーマ五世は国王への助言機関である枢密院と国政参議会新設、新裁判制度、奴隷解放など改革を進めたが、これらの改革は貴族層の既得権益と接触するものであった。

ブンナーク家に代表される名門貴族などの旧守派は、ラーマ五世の改革に不満を募らせた。ラーマ五世のいとこであるウィチャイチャーン副王との確執が高まり、副王は自前の軍隊を強化し始め、王宮の不審火を契機にイギリス領事館に逃げ込んだ。イギリスの介入を期待したこのような行為は国の存亡にかかわる重大事件を引き起こす可能性があり、ラーマ五世は大いに憤ったが、改革には慎重にならざるを得なかった。副王やチュアン・ブンナークが亡くなるのが一八八〇年代の前半であり、ラーマ五世は一八八〇年代半ばから本格的な近代統治システム構築に乗り出していく。目的は絶対君主制の構築のための中央集権化であり、迫りくる植民地勢力に「領土」割譲で譲歩しながらも、王権護持の卓越した武器となる「西洋的近代」を自分のものにする努力が始められた。

一八九二年に機能別に分かれておらず管轄が重複していた六省体制から機能別に管轄する一二省体制へ移行した。一八九二年に初代内務大臣としてダムロン親王が就任した（橋本　一九九六、九頁）。ダムロン親王は中央集権化した新しい地方統治制度であるテーサーピバーン体制の構築に着手した。それまでのプライ制による支配は、直接臣民を把握する支配ではなく、私的な人的ネットワークを介する人的支配であった。臣民を管轄する役人や王族や貴族の管理（庇護）を通じて臣民を把握することしかできず、捕捉できない臣民の数は膨大なものであった。テーサーピバーン体制では臣民に対する人口調査を行い、内務省から任命される役人が臣民を掌握し徴兵制と人頭税を導入していくことを目指した。ダムロン親王の指揮下で定められた一八九七年地方統治法と一八九九年地方統治規則を根拠法として、ダムロン親王が内務大臣を退く一九一五年までには、畿外地方国と属国を新たな統治体制に統合し、領域支配確立と中央集権化に成功した（同前、三一頁）。

他の分野でもチャクリー改革はすすめられた。従来納税義務は被支配身分のみが担っており、プライ制の残滓である徭役や物納税（スワイ）の代替金は額にばらつきがあった。一八九七年納税義務を年額六バーツに統一した後、一九〇二年からプライ制を解体し全国の一八歳から六〇歳の男性に年六バーツの一律人頭税を課す制度となった（村嶋一九九九、四一八頁）。華人への徴税は従来三年に一度四バーツ二四アットの人頭税であったが、一九一〇年タイ人と同様の年六バーツの人頭税へ統一された（同前、四一八頁）。軍隊は一八八七年に「軍隊組織の布告」を出し、総司令官に皇太子が就任し従来陸軍七部隊海軍二部隊がバラバラに募兵や訓練を行っていた状況が改められ、組織統合が行われた（同前、四〇六頁）。司法では六省に分散していた一六の各種裁判所を七裁判所に統合し、新設された法務省が一元的に管轄することになった（同前、四〇六頁）。奴隷制は一八七四年に廃止が宣言された後、既得権益層の反発を抑えるため時間をかけて制度が縮小され、二〇世紀当初には合法的な奴隷制は消滅した（山本　二〇一六、一〇五頁）。

チャクリー改革によって従来の権力構造も大きく変容した。ラタナコーシン朝初期においては、チャクリー王家の権勢は突出していなかった。宮廷政治は有力貴族との合議で行われており、ラーマ三世、ラーマ四世期に交易や地方行政をつかさどる重要な省局のトップを担い続けたブンナーク家に代表される貴族層が行政権を私物化し「国家」財政が本来の税収をあげることができない状況が長く続いていた。ラーマ五世が即位当時に経験したこのような状況はチャクリー改革の成功で一掃される。畿外地方と属国における国主の統治権を切り崩し、バンコクにおいては貴族層の門閥による合議的支配を終わらすことで生まれた新政体は、国王を中心とする絶対君主国家であった。この体制の支配者となった人々は玉田がモンクット・ファミリーと呼ぶ、ラーマ四世の直系が連なる血縁集団であった（玉田一九九六a、五八〜九六頁）。モンクット・ファミリーは顕職を独占した。一七八二年から一八九二年までの六省の閣僚では、五世王の治世が始まる一八六八年以前の五二名の閣僚のなかで王族は皆無であり、ラーマ四世までの統治では、国王は意図的に王族を登用せず王族は行政実務には携わらない原則があった可能性の指摘もある（同前、三九〜四一頁）。ラーマ五世の時代になると王族特に親王の登用が始まる。テーサーピバーン体制の導入の一八九二年から立憲革命までの全閣僚九二名のうち七二名が王族であった（同前、五八頁）。このような国王の血縁を多数任用できた理由の一つに当時の国王が多くの妃をもち子息の数が極めて多かった事実がある。ラーマ四世は子供が八二人、孫が五一三人、ラーマ五世は子供が七七人、孫が一一七人に上る（村嶋　一九九六、七六頁）。貴族層から宮廷の実権を奪うために多くの妃をもったと言えるのかもしれない。

ラーマ五世のタイ「近代化」の目的は、植民地主義から国を守るため断行されたという通説がとられることが多い。ただ当初から植民地主義に対抗する目的であったかどうか、論議のあるところである。軍の近代化をみると、ラーマ五世は統治権において貴族との競合があった一八八〇年代までは王権を強化し防衛するために軍隊の整備に努めたが、王権優位が盤石のものとなると軍隊への関心は低下したとされる（玉田　一九九六a、九九頁）。また国力の増強には不可欠の義務教育制はラーマ五世の治世では導入されず、一九二一年になってやっと導入された（日本タイ学会　二〇〇九、三二頁）。チャクリー改革の第一の目的はチャクリー王家の国内覇権の確立を目的とする国王を中心とする親王支配体制の構築であった。チャクリー改革が貫徹したことで、「近代国家」タイは国家原理の中心にチャクリー王室が鎮座する構造が出来上がった。結果として国民国家ではなく臣民国家が創出された。現代まで続く王党派が強い権力をもち、民族、国民よりも国王を中心に据えるナショナリズムの言説を臣民の間に定着させる努力が保守派により追求された。

3　王制主導の国家原理ラックタイ

一九一〇年代にテーサーピバーン制の導入が地方勢力の強い抵抗を受けながらも成功し、モンクット・ファミリーによる統治体制がほぼ確立された。しかし近代的統治は血縁による政治権力独占と相いれない部分を多く孕んでおり、王族の下に位置づけられた官僚層の間に統治体制への不満が次第に高まり一九三二年立憲革命へとつながっていく。

一九一〇年ラーマ六世（在位一九一〇～二五年）ワチラーウットが即位した。ラーマ六世が即位してすぐの一九一二年、ラタナコーシン歴一三〇年の反乱と呼ばれる青年将校のクーデター未遂事件が起こった。クーデター事前に情報が洩れて逮捕され実現しなかったが、絶対王政を批判する勢力が体制内部である軍の内部に出てきたことはラーマ六世にとってショックであった。

クーデターのリーダーはレン・シーチャン（クン・トゥアイハーンピタック）であった。辛亥革命、日露戦争など当時の世界情勢を分析しており、彼らの危機感は現状の体制が維持された場合、タイが文明から取り残された後進国であり続けることであった。自らをラタナコーシン歴一三〇年革命党と呼んだこのグループの目指したものは絶対王政の廃止であった。彼らが検討した次の政治体制は共和国と制限君主制であり、どちらの体制を目指すか内部で意見対立があったがわずかな評決の差で制限君主制を目指すことになった（Rian and Net（Nathaphon ed.）2013: 前文 14）。

政府はこのクーデター未遂に厳罰をもって臨み、判決では首謀者三名の判決は死刑、次に罪が重い二〇名は終身刑であったがラーマ六世はそれぞれ終身刑と懲役二〇年に減刑した（Ibid.:154）。彼らは一九三二年の立憲革命により名誉回復が行われている。

ラタナコーシン暦一三〇年の反乱は絶対王政に対する体制内からの異議申し立てであった。この反乱後、ラーマ六世は後にラックタイ（タイ原理）として理論化される、チャート（民族）、サーサナー（宗教＝仏教）、プラマハーカサット（国王）の三位一体の政治原理である国体に対する忠誠を説く論文を匿名で発表し始めた。ラックタイには仏教的王制支配原理が入っておりタイ固有の政治的伝統と六世王が考えるタイ独自の公式国家イデオロギーである。ラックタイの思想におけるチャート（民族的政治共同体）の考えの導入はチャートを「ネーション」と考えラーマ六世期に西欧からの輸入された物とみる見方もあるが、村嶋による詳細な研究はこの概念は単なる輸入物ではなくタイの伝統的政治原理への接合であり、時代もラーマ五世に遡るとしている（村嶋　一九八七、一一九～一二六頁）。

ラーマ六世のナショナリズムは国王を中心に据える勤王的ナショナリズムであり、王室護持を目的とし、農村部に暮らす大多数の一般大衆が国民意識を醸成するような努力はあまりみられなかった。王室ナショナリズムの大きな目的は二つあったと思われる。一つは、それまで王室を支えた華人が、国際情勢の変化特に辛亥革命で民族意識をもち始めタイへの同化が滞り始めたことで引き起こされた諸問題への対応であった。国王はタイに同化せず経済を牛耳る華人に対し批判を高めた。二点目はラタナコーシン暦一三〇年の反乱未遂事件からもうかがえるように、近代的な統治機構を備えた結果庶民出身の官僚層が中間層として育ち、王族による官僚制支配に対する不満を募らせ、制限君主制や共和制への志向を強め始めたことをいかに制御するかであった。

国王によって主導された王室ナショナリズムの喚起は、時代がついに絶対王室の正当性維持のためにはラックタイというシンボルを用いなければならない時代に入ったことを示している。ラックタイはタイ人であれば忠誠を示さなければならない「タイであること」の根源であり、ラーマ六世の一連の行動は国王を中心に据える王党派のラックタイを大衆に根付かせようとする努力であった。領域国家として成立したタイにおいて地方の政治的な役割は高くなく政治経済の首都バンコクへの一極集中が進行していた。また、ラタナコーシン朝の一貫した中国移民促進策により流入した華人はタイ女性と結婚し生まれた僑生は二世、三世となるにしたがってタイ人となっていった。しかし、辛亥革命の影響もあり高揚した中国ナショナリズムによる共和制の革命思想は絶対王政と対立する思想であった。そのため、華人の中国民族意識の覚醒はタイ人女性との結婚を好まなくなり、従来のタイ人女性と結婚し、次世代以降は次第にタイ人になるという同化プロセスが働かなくなった（村嶋　一九九九、四二一頁）。ラーマ六世は絶対王政を支えるラックタイの王党派原理の言説空間を構築するため、反華人主義の論陣をはり政治的に利用した。タイ人意識をもたない華人に対する同様の華人攻撃は立憲革命後の人民党の施政でも強力に進められた。

三　国家原理の相克

1　立憲革命、国民主権の国家原理確立への努力

一九二五年ラーマ七世（在位一九二五〜三五年）プラチャーティポックが即位した。新国王の最初の仕事は前国王の問題の多かった政治を立て直すことであった。ラーマ六世は浪費により国庫を枯渇させ、ネポティズムによる恣意的な重要官職への登用で王政の権威を失墜させていたため、王族間でも不満は高かった。ラーマ七世が直面した課題は、ラーマ六世の治世が王室権力の源であるモンクット・ファミリー内部にもたらした王族間の亀裂を修復すること

と、高まりつつあった絶対王政に対する批判の解消であった。ラーマ七世は将来の議会制の導入も考慮し、枢密院の改革を行い、将来の議会開催へ向けた実験を開始した（村嶋　一九九九、四二四頁）。しかし既得権をもつ王族を説得することは容易ではなく、改革は遅々として進まず、絶対王政に不満を抱く非主流派の王族や平民官僚層の不満の解消はできなかった。一九二九年の大恐慌は一次産品輸出に依存するタイ経済を直撃し、国家予算の欠損から大規模な官僚層のリストラや増税が行われた。官僚層や民衆の不満は高まり、親王専制体制をとる王制に批判の矛先は向かわざるを得なかった。

このような状況の下、一九三二年六月二四日立憲革命が官僚貴族階級や非王族官僚を中心に結成された人民党によって決行された。国王は立憲王政を認め、臨時憲法に署名した。人民党は王党派の反クーデター、国王の退位など多くの苦境を乗り越えて第二次世界大戦後まで政権を担い続け、主権在民の立憲君主制構築に努めた。人民党の中心となった集団はチャクリー改革によりラーマ五世が創り上げた近代的官僚機構の申し子であった。彼らは学業優秀さにより海外留学の栄誉に与った平民官僚のエリート層であった。立憲革命は絶対王政という強大な敵に陸海軍の一部を動員することでほとんど無血のクーデターを成功させた。ラーマ七世は立憲王政にある程度理解を示し欽定憲法案も検討していたこともあり、人民党が作成した憲法を容認した。

人民党による政府は多くの問題に直面する。直接武力闘争の結果権力を奪取したわけではなく、ある意味既得権力をもったモンクット・ファミリーとの妥協で成立した権力移行であったため、タイ社会に強い権力基盤をもつ王族の抵抗に手を焼くことになった。また、人民党内部の理想の違いもあり、政権奪取後には路線対立が顕在化した。人民党政府最初の首相は王室とパイプのあるマノーパコーンニティターダーが初代首相となったことからも、旧勢力への配慮がうかがわれた。首相の立場は保守的な王党派に近く、一九三三年四月に人民党穏健派と軍の支持を得て共産主義的な経済政策を考えていたプリーディーを政府から追放した。人民党政府は旧体制に復帰する可能性に直面したが、六月ピブーンがクーデターを決行し危機を乗り切った。一〇月にはボーウォーラデート親王による大規模な地方軍武装蜂起があり、国王親政復帰を武力に訴えたが失敗した。政府側は身辺警護の名目で国王を監視下に置くことを提案し、国王がこの申し出を警護は十分であると断り、反乱は遺憾であると返信したことを最大限に利用し、反乱軍は陛下の意志にもとる逆賊であるとの情報戦を展開した（村嶋　一九九六、二一二〜二一三頁）。ラーマ七世はこの反乱後、病気療養を口実に出国し失意のうちに一九三五年三月自ら退位した。

人民党は革命当日の第一声である人民党宣言で国家は人民のものであり国王のものではないとして、統治六原則、独立維持、治安秩序維持、経済生活改善、平等、自由、教育普及を掲げた（玉田　一九九六b、一二三頁）。人民党の政治理念は立憲民主主義であり、ラーマ六世が唱えた民族、仏教、国王の三位一体のタイにおける国家原理のなかで、民族（チャート）を主軸とする国家建設であった。国王を国家原理から取り除くことも検討し、民族、仏教、人民（バーンムアン）[4]に変更する提案すら行っている（パースックとクリス　二〇〇六、三五一頁）。人民党は王室を憲法の下におき、国民主権を権力奪取の根拠としたが、この国民主権概念を成立させるタイ国民の形成、彼らが考えるチャート（民族的政治共同体）はどのような状況であったのであろうか。タイ国民の形成をラーマ五世の領域国家の建設と中央集権化、あるいはラーマ六世のナショナリズムに求める論議がタイでは一般的であるが、玉田が指摘するように人民党の政策に国民形成の契機を求めることが正論であろう（玉田　一九九六b、一二九頁）。したがって、人民党が立憲革命を決行した時点では国民は創られておらず、自らをチャートの一員であるという意識よりも、伝統的な支配被支配関係やパトロンクライアントの意識が強かった。

人民党が考えるチャートは伝統的な王制から離れ国民が主体とならざるを得ないため、人民党自らが創りあげるほかなかった。ボーウォーラデート親王による反乱の後ピブーンは軍の中枢を握り、一九三八年末に首相となった。ピブーンは首相になると反対勢力を、ピブーン狙撃事件や毒殺未遂事件で検挙し、荒唐無稽な証拠により一八名に死刑、二五名に終身刑の判決をくだした（村嶋　一九九六、二二五頁）。

人民党が政府内部で実権を握るに従い、国民形成を目指したチャートの建設を強力に推し進めた。チャート建設は、人々の忠誠の対象を国王からチャートへ変更する試みであったため王党派との緊張関係がともなった。人民党が進めたチャート建設のための施策は、各種産業の国営化、チャートを称える国歌（チャートの歌）の制定、立憲革命の六月二四日をチャートの日とする祝日化、立憲革命を記念する民主記念塔建設、教育機会のなかった人への成人教育機関設立、中国正月の休日禁止、位階勲等廃止、華人学校閉鎖、民族的自負心の鼓舞など多岐にわたっている。また、ピブーンは国民生活にまで介入する、ラッタニヨム（国家主義）という告示を行った。告示の内容は、シャムからタイへの国名変更、国歌と国王賛歌の歌詞変更、タイ人としてあるべき服装や礼儀作法、国産品愛用、タイ標準語取得促進などであった。

ピブーンが行ったチャートの建設はチャートを国王の上位に置く価値観、言説空間の構築であった。そのためにタイにはまだ存在していない国民共同体を創り出すため、新たな共通の文化基盤を強制的に創り出そうとした。王族をはじめとする旧社会の保守層は頑強に権力を保持していたが、国王の不在と軍を政府が掌握していたため声高に反対はできなかった。ピブーンの政策が追求したタイ人に国民意識を定着させ国民主権のナショナリズムを確立する種々の施策努力はかなりの程度まで国民国家創出に与ったと考えられる。

2　王党派主導の国家原理への復古

人民党の独裁体制が確立された後、特にピブーン政権では一号から一二号のラッタニヨム告示や民族文化法などの法律で強力に国民（民族）意識形成をもたらす文化政策が進められた。国王ではなくチャート（民族的政治共同体）を最高位に置く国家原理の創出は、人民党にとって統治の正当性の根源であり、王党派に代表される保守的な勢力を抑えるために必要不可欠なものであった。正統ナショナリズムの中核となる国王の実質的な不在もあり、教育やラッタニヨム告示を通じた国民文化と国民主権ナショナリズムの涵養でチャートによるナショナリズムの言説空間の新たな創造が進行し、かなりの成果をおさめた（玉田　一九九六b、一四六頁）。領域国家のなかの人々が同一の文化をもつことに貢献したと言えよう。ピブーンより進められた文化政策は第二次世界大戦後もピブーン政権が一九四八年に再登場すると継続して追求された（村嶋　二〇〇二、二六七頁）。

人民党が確立した立憲王政は形式的には現在も統治体制としては継続している。にもかかわらず、タイにおける三位一体の正統ナショナリズムである民族、仏教（宗教）、国王の三者の中では、現在でも国王が最も高い地位に立っている。人民党の国民主権のナショナリズムはなぜ王党派の国家原理への復古を許したのであろうか。

日本との同盟関係を余儀なくされ、英米に宣戦布告し太平洋戦争に突入したことでピブーン政権は独裁色を強め、政治体制が軍国主義体制へと変質した。そのことで人民党の内部分裂を招き、プリーディー派とピブーン派の抗争が始まりプリーディー派が王党派と妥協しピブーン政府を一九四四年倒した。次に冷遇された軍が一九四七年プリーディー派に不満を抱く王党派と組みプリーディー派政府を葬った。冷戦下、軍は王党派と反共の立場を共有し協調可能であったため、人民党と対立してきた王党派の保守層は息を吹き返した。立憲革命を行った国民主権のイデオロギーを抱える人民党は内部抗争や時間の経過とともに官僚内部の代替わりで勢力を失いつつあったことも王党派の復活を助けた。というのも王党派は世襲であるので家が絶えない限り存続するが、一〇〇名に満たない人民党参加者は時間経過による影響を強く受けざるを得なかった。

ピブーンは一九四八年軍（陸軍）の支持を受け首相に復帰するが、すでに軍を統率する基盤は残っていなかった。アメリカは反共を掲げるピブーンの軍事政権に反対しなかった。

一九五二年ラーマ九世が帰国する。ピブーンの後を受けたサリット、タノームの軍事独裁体制では正当性の拠り所として王室の利用が行われた。一九五七年のサリットによるクーデター以降は王制と軍の共生関係が進み、軍は王制護持を自らの政治支配における正当性の裏付けとしたため、伝統的な国王が優先する三位一体の国家原理への回帰が進んでいった。国王は地方を積極的に訪れスコータイからの伝統的な国王像である仏法により国民の安寧をもたらすタマラーチャー（正法に基づいて統治を行う王）であることを、普及し始めたメディアを通じて積極的にアピールし始めた。

一九七三年一〇月の学生革命で学生側に立ち独裁者を政権の座から追放したことで、ラーマ九世はタイ政治のヘゲモニーを握った（山本　二〇一六、一一〇頁）。学生革命はタイにおける立憲王政が本来のあるべき姿から離れ、国王がナショナリズムの頂点に君臨する体制「国王を元首とする民主主義」体制に移行する画期となった。この「国王を元首とする民主主義」という表現は一九七六年のターニン政権が使い始め、一九七八年に憲法に盛りこまれた「国王が元首の民主主義」という文言から発展した（玉田　二〇一三、一一一頁）。国王の権限は制度化されていないので国王個人のカリスマ性に依存するため、プーミポン前国王（ラーマ九世の名前）体制ということもできる。この体制下、国王や王室の神聖さ、民族的価値に異議を唱える者は、「タイ人」ではないという言説空間が確立され今日に至っている。

3　王制ナショナリズムへの「挑戦」

一九七〇年代半ばに確立されたラーマ九世のプーミポン体制は二一世紀に入り挑戦を受け始める。形式的であった国民主権が一九九二年以降の選挙による首相選出で定着した。次第に選挙による首相が政治権力をもち始めたことで旧来の統治体制であるプーミポン体制が選挙という国民の声により揺らぎ始めた。

二〇〇一年二月に誕生したタクシン政権はタイの民主主義を考えるうえで大きな転換点であった。任期満了を受けた二〇〇五年二月の総選挙でも、議席の四分の三を獲得する圧倒的な国民の支持を受けて信任された。タクシン首相が国民の強い支持を受けたことが、タイの国家原理であるラック・タイ（タイ国家原理）の国王への挑戦と捉えられた。二〇〇五年九月から反タクシン運動が開始された。反タクシン運動では、王党派ナショナリズムの勤王主義が全面にでて、王室護持の名目で運動を展開した。結局タクシン政権は二〇〇六年九月のクーデターにより放逐された。タイの既存エリートである保守層は、立場を同じくする司法と軍を使い、クーデター、そしてタクシン派を排除するための司法の恣意的運用、タクシン派政治運動は弾圧するが反タクシン派政治運動は見逃すという二重基準による治安維持、タクシン派政党の解体などを行った。しかし、タクシン派への国民の支持は揺るがず、二〇〇七年一二月、二〇一一年一一月総選挙で勝利するも、軍は二〇一四年五月再度クーデターでタクシン派政権を葬った。王党派や保守層はタクシン派を「国王を元首とする民主主義」体制への挑戦と捉え弾圧している。現在の状況はラックタイ（タイ原理）の民族、仏教、国王の三位一体の政治原理における国王の優位性に民族である国民が挑戦しているようにみえる。タイにおけるナショナリズムが変質し始めていると解することもできよう。

おわりに

タイにおけるナショナリズムは王党主義の国家原理と一体化し、一九一〇年代以降その言説空間を拡大してきた。そこには臣民はあっても国民はなく上からのナショナリズムの創造であった。同時にそのような言説空間に強い異議申し立ても垣間見ることができる。その最大の異議申し立ては、一九三二年の立憲革命であった。しかし、タイにおいては立憲革命による絶対王政廃止は王党ナショナリズムにとって致命傷にはならなかった。タイの支配階層は日本が経験した明治維新や太平洋戦争のような支配構造再編を現王朝の成立以降は経験していないため地盤が強固で、冷戦構造のなか、王党派ナショナリズムは軍との連帯を確立し言説空間を復活させた。「タイであること」と王制支持が表裏一体の関係である言説空間が、現在においても支配的であると感じられる。たとえば、タクシンを追放した二〇〇六年のクーデターは「国王を元首とする民主主義体制」へのタクシンの挑戦と王党派など保守派がみなし、排除に乗り出したとの見方で説明されることが多い。一方、庶民の教育の普及やタイの経済発展による国民意識の変化もみられる。ここ一〇年に及ぶタクシン派と反タクシン派の国内対立は、王党派ナショナリズムに支配されてきたタイの言説空間が転換期を迎えていることを物語っている。

注

（1）タイ語には、国王を意味する言葉は多いが「プラチャオ・ペンディン（神聖なる国土の主）」が国王を意味する名称の一つとしてある。

（2）マンダラ国家とは権力の構図が重層的でアユタヤやバガンのような大規模マンダラが中、小マンダラを緩やかな連合として支配者間のネットワークで束ねる政治体制である。

（3）当時港湾局は外交をつかさどる役所でもあった。

（4）バーンムアンは通常国家を意味するが、people となっているので翻訳者は人民の訳語を当てている。

参考文献

Rian Sichan and Net Phunwiwat（Nathaphon Chaiching ed.）（2013）*Patiwat Ro So 130*（ラタナコーシン暦一三〇年の革命）, Art and Culture Press.

Nidhi Eoseewong（2012）*Pakkai lae Bairuea*（鵞ペンと帆）, Fa Diaokan Press.

飯島明子・石井米雄・伊東利勝（一九九九）「上座部仏教世界」『東南アジア史Ⅰ　大陸部』山川出版社。

石井米雄（一九九四）「タイの中世国家像」、池端雪浦編『変わる東南アジア史像』山川出版社。

石井米雄（一九七五ａ）「歴史と稲作」、石井米雄編『タイ国——一つの稲作社会』（東南アジア研究叢書８）、創文社。

石井米雄（一九七五ｂ）『上座部仏教の政治社会学——国教の構造』（東南アジア研究叢書９）、創文社。

柿崎一郎（二〇〇七）『物語　タイの歴史』（中公新書）、中央公論新社。

スキナー、W.（一九八一）、山本一訳『東南アジアの華僑社会』東洋書店。

セデス、J.（一九八〇）、辛島昇・桜井由躬雄・内田晶子訳、『過去インドシナ文明史』みすず書房。

高橋正樹（二〇〇六）「近代化直前のタイの伝統的国家構造——一九世紀前半のバンコク王朝圏の中央地方関係」『学術フ

ロンティア報告書』東洋大学アジア地域研究センター。

高橋正樹（一九八九）「一九世紀前半におけるバンコク王朝の政治秩序――交易港と権威交易体制」『法学新報』第九六巻第一・二号。

田辺繁治（一九七三）「Chao Phraya デルタの運河開発に関する一考察（I）」『東南アジア研究』第一一巻第一号。

玉田芳史（一九九六ａ）「チャクリー改革と王権強化――閣僚の変遷を手がかりとして」『チャクリー改革とタイの近代国家形成』（総合的地域研究成果シリーズ11）、京都大学東南アジア研究センター。

玉田芳史（一九九六ｂ）「タイのナショナリズムと国民形成」『東南アジア研究』第三四巻第一号。

玉田芳史（二〇〇二）「タイの近代国家形成」、斎藤照子編著『岩波講座東南アジア史5　東南アジア世界の再編』岩波書店。

玉田芳史（二〇一三）「民主化と抵抗」『国際問題』第六二五号。

友杉孝（二〇〇一）「港市バンコクの誕生と変容」、斎藤照子編著『岩波講座東南アジア史5　東南アジア世界の再編』岩波書店。

日本タイ学会（二〇〇九）『タイ辞典』めこん。

橋本卓（一九九六）「チャクリー改革期における地方統治改革」『チャクリー改革とタイの近代国家形成』（総合的地域研究成果シリーズ11）、京都大学東南アジア研究センター。

パースック・ポンパイチット、クリス・ベーカー（二〇〇六）、北原淳・野崎明監訳『タイ国――近現代の経済と政治』刀水書房。

村嶋英治（二〇〇二）「タイ国の立憲革命期における文化ナショナリズム」、池端雪浦編著『岩波講座東南アジア史7　植民地抵抗運動とナショナリズムの展開』岩波書店。

村嶋英治（一九九九）「タイ近代国家の形成」『東南アジア史I　大陸部』山川出版社。

村嶋英治（一九九六）『現代アジアの肖像9　ピブーン　独立タイ王国の立憲革命』岩波書店。

村嶋英治（一九八七）「現代タイ国における公的国家イデオロギーの形成」『国際政治』第八四号。

山本博史（二〇一六）「タイ経済――経済発展と民主化」、トラン・ヴァン・トゥ編著『ＡＳＥＡＮ経済新時代と日本
各国経済と地域の新展開』文眞堂。

山本博史（二〇〇一）「タイ砂糖産業」、加納啓良編著『岩波講座東南アジア史6　植民地経済の繁栄と凋落』岩波書店。

第5章　分断される国家と声でつながるコミュニティ
――タイにおける政治的対立と地方コミュニティラジオ局

高城　玲

はじめに

現代タイは、二〇〇六年の軍部によるクーデターで当時タイ愛国党の党首タクシン・チナワット首相が政権を追われて以降、タクシンを軸とする対立で攻守を入れかえながら、国家を分断する混乱を経験してきた。二〇一四年のクーデター後は軍主導政府の統制下におかれ、表面上は衝突がおさえられてはいるが、むしろ対立が水面下に隠されたと言える。更に二〇一六年一〇月には長らくタイ社会の秩序の要となってきたプミポン国王が逝去したことで、今後の行方が一層不透明となったとも言えるだろう。

こうした現代タイの対立、混乱に関しては、国家を分断し揺るがす危機として、主にバンコクを中心とする全国レベルでの政治学的な分析が積み重ねられてきた[1]。特に、時の政府や首相あるいは対立する各派が公表する声明や演説に加えて考えられうる限りの資料を対象に、全国レベルでの錯綜する政治過程を緻密に調査分析した成果も多く出されている。また、この間の対立や混乱、統制は主に首都バンコクを舞台として展開されてきたものである。この点を考慮すれば、首都を中心とする全国的な政治過程を可能な限り緻密に明らかにすることはまずもって第一に重要な視点と言えるだろう。

しかしながら、他方では、そうした国家を俯瞰する全国的な視点に加えて、首都から離れた地方部において如何なる状況となっているのか、現場の実態を探ることも重要な視点となるだろう。特に、近年のタイにおける国家的な分断は首都バンコクと地方の北部や東北部との分断という側面を合わせ持っている。であるならば、この間の混乱と分断、そしてその後の統制を地方部ではどのように経験し、現在どのような状況におかれているのか、具体的に究明しようとする視点も求められていると言える。

本章は、全国的なレベルでの対立や分断、そして統制の背景と概況を改めて簡潔に跡づけるとともに、地方の現場ではその間どのような状況におかれ対応してきたのか、具体的な実態の一端を検討する。そのために全国レベルの概況に加えて、北部チェンマイ県で政治的な分断の一方を担ってきたタクシン派の赤シャツ系コミュニティラジオ局にも着目する。主に全国レベルでこれまで語られてきた国家的な分断や統制が、地方部において具体的にどのような状況にあるのか一例を考えてみたい。

一　問いの射程――「想像の共同体」論とコミュニティラジオ

タイの具体的な検討に入る前に、国家の統合あるいはその逆としての分断という問題について、より大きな議論の枠組みの中に位置づけることで、本章における問いの焦点と射程を絞り込んでおきたい。ここでは、国民国家論やナショナリズム論で古典的著作でもあるアンダーソンの「想像の共同体（imagined communities）」論（アンダーソン　二〇〇七）を参照点として取りあげる。

アンダーソンは、俗語という共通言語とそれを介して書かれた文字の出版資本主義に着目し、国民というコミュニティの境界が象徴的に構築される側面を重視する。(2)つまり、近代における共通言語による新聞などの出版資本主義の拡大によって、それぞれ別個で多様な口語世界と時空間にいた人びとを、均質な出版言語と時空間にいる国民という想像された構築物として描きだしたのである。アンダーソンは、イメージとして心に描かれた国民という想像のコミュニティが、同胞愛などの強い結びつきを生みだすことも指摘し、対面的な小規模集団を超えたコミュニティを捉え、その想像された結合の胚として書かれた出版言語を重視するのである。

アンダーソンはまた、近代における国民と王朝との関係の一面を公定ナショナリズムとして位置づける。公定ナショナリズムとは、「共同体が国民的に想像されるようになるにしたがって、その周辺においやられるか、そこから排除されるかの脅威に直面した支配集団が、予防措置として採用する戦略」（アンダーソン　二〇〇七、一六五頁）である。ここで言う支配集団による戦略を別言して「周辺化されそうになった権力集団（中略）による応戦」（アンダーソン　二〇〇七、一七四～一七五頁）とも説明している。また、公定ナショナリズムの事例のひとつとしてアンダーソンは、直接の植民地支配を免れたタイのラーマ六世（在位一九一〇～二五年）による政策を挙げる。そこでは、当時増加していた中国人によって周辺においやられかねないことへの対抗措置として、ラーマ六世が国民と王朝が一体であることを意図的に見せる公定ナショナリズムの政策手段をとったとする。事例として「国家統制下の初等義務教育、国家の組織する宣伝活動、国史の編纂」（アンダーソン　二〇〇七、一六五～一六六頁）などを挙げているのである。

こうしたアンダーソンの議論の一端を参照点とすることによって、本章における問いをより広い文脈の中に位置づけて考えてみたい。まず、アンダーソンは近代において国民として想像されたコミュニティの均質性を強調するが、現代タイの特に全国レベルにおいては、均質化され統合されていくベクトルとは逆に、少なくても対立する各派の言説において国民が分断されていく側面も目立っている。この点をどのように考えればよいのだろうか。もちろん時代や社会の背景が全く異なってはいるが、少なくてもまずは全国レベルでの言説における分断の実態を、現代タイの事例から跡づけておく必要があるだろう。

また、国民というコミュニティへの視線そのものの中に、この均質化・統合化と分断化という真逆とも見える違いを読み解く鍵はないのだろうか。アンダーソンは出版資本主義などによる想像された国民全体の均質性を喝破するが、それは同時に地方部や辺境部における微細な差異化へと向かい想像/創造する新たな動きを看過しかねない可能性にも繋がりかねない(3)。そこで、本章では現代タイにおける首都バンコクでの全国的な動きに加えて、地方において多様性を含みながら、中央への差異化へと向かって新しく生みだされていくコミュニティの動きにも注目してみたい。いわば地方部におけるコミュニティの微細な動態にも着目するのである。

その一例として本章では、北タイのチェンマイ県におけるコミュニティラジオ局を紹介する。このことは、アンダーソンが重視した書かれた文字の出版資本主義によるコミュニティとは別の視点で、ラジオという口語による声を介したコミュニティにも着目してみるということにもなるだろう。いわば首都を中心とする全国レベルとは別の角度、つまり、地方部のしかもラジオで語られる声という視点からコミュニティの一断面を考えてみたい。

加えて、本章で取りあげる現代タイの事例に関して、アンダーソンがラーマ六世の政策を事例に挙げた公定ナショナリズムの問題としても関連性を捉え直してみたい。二〇一四年の軍部によるクーデターと、その後の軍主導による政権は、特に言論の統制を進めながら、自らは盛んに「和解（*prongdong*）」と「団結（*samakkhi*）」をキーワードに掲げてクーデターの必然性を国民にアピールしようとしてきた。この間の具体的な「国家の組織する宣伝活動」を跡づけることで、公定ナショナリズムとの関連で考えてみたい。

以下では上記のようなアンダーソンの議論を参照点としながら、二節で現代タイにおける全国レベルの特に言説における対立や分断、統制へといたる過程を跡づけるとともに、三節では地方部における対応の実態を北タイにおけるコミュニティラジオ局に着目しながら検討していく。

二　タイにおける政治的対立と分断から統制へ——首都バンコクを中心とする動き

1　タクシン元首相を軸とする対立と分断される言説

現代タイにおける対立や分断、混乱の契機は、時のタクシン首相が二〇〇六年九月に軍部によるクーデターによって政権の座から引きずり下ろされたことがひとつの端緒となっている[4]。この後、タクシン元首相を軸とするタクシン派と反タクシン派の対立構図が生みだされ、国内に大きな亀裂と混乱を引き起こすこととなった。この分断と混乱は、二〇〇七年と二〇一一年の総選挙を間に挟みながら、その時々の政権に対する大規模な反政府デモを巻き起こし、攻守を入れかえながらも二〇一四年のクーデターまで毎年のように死傷者を出す武力衝突に至っている。

基本的な構図としては、タクシン派の反独裁民主戦線（ノー・ポー・チョー：ＵＤＤ）の赤シャツ側と、反タクシン派の民主主義市民連合（パンタミット：ＰＡＤ）の黄シャツ側との対立が焦点化される。また、赤シャツ側の支持層、特に北タイや東北タイの地方中下層住民に対して、黄シャツ側の支持層、特にバンコクを中心とする都市中上層住民という大きな図式で語られてきた。これら以外にも錯綜する対立の中で多様な動きが生じてはいるが、ここでは、首都バンコクを中心として展開される全国レベルの主要な二つの派の動きを、特にそこで主張される言説に焦点を当てながら概観しておきたい。

まずは反タクシン派ＰＡＤの主張である。ＰＡＤは反タクシン派の運動を続ける中で、二〇〇八年七月頃からタクシンの政治体制との対比を強調し、新しい政治ということを主張するようになる[5]。ＰＡＤが目指す新しい政治とは、国王を真の元首とする民主政治であるとし、そのためには「良き人（*khon di*）」が国を統治し、選挙で選ばれた政治家以外の国民代表も議会に参加する政治が必要であるとする。ＰＡＤによれば、こうした主張の背景には、現在の選挙は金に支配されており、そこで選出された政治家は汚職にまみれ、タイ政治を悪くしているため、選挙以外の方法も導入する改革が必要になるという認識があるとする。従ってＰＡＤの主張する新しい政治を実現するためには、選挙の買収と汚職にまみれているタクシン派政権を退陣に追い込み、タクシン体制がもたらした問題を解決しなければならないと主張するのである。具体的には、選挙で選ばれた代表三割以外に選挙によらない任命議員を七割選出することで、「良き人」による新しい政治が可能になるとする。

また、当時ＰＡＤを主導していたチャムロンへのインタビューからも、この主張の背景となる認識がうかがえる。チャムロンは、「タイでは教育を受けた人が少ない。選挙で庶民はすぐに買収される。我が国で民主主義が分かる人の数は限られているのだ」、「選挙をしてもタクシン派は金で票を売り買いするから無意味だ」と記者のインタビューに答えている（柴田　二〇一〇、一〇四～一〇五頁）。

ＰＡＤの主張で注目すべきは、教育を受けない庶民の買収による現在の選挙政治が悪だとするのに対比し、限られた数の教育ある「良き人」による統治の必要性を示唆していることである。政治が善悪という道徳的な価値で評価づけられている。そして、教育を受けた都市「中間層」のPADを「良き人」の側に位置づけるのに対し、敵対するタクシン派の主に地方農村部の人々は教育がない故に選挙で買収され、タイ政治を悪くしていると主張するのである。ここには、PAD＝教育ある都市「中間層」＝「良き人」に対し、タクシン派＝地方農村部の教育がない人＝買収（悪）というPAD側による道徳的善悪による対比での図式化・序列化の意図が見て取れるだろう。こうしたPAD側の選良意識と特に地方農村部住民に対する愚民観は、この間の対立、分断の過程で継続して見受けられる。

その後二〇一三年一一月頃からの反タクシン派の運動は、タクシンの妹であるインラック政権打倒を掲げて新たな運動体を立ち上げたステープ元副首相[6]による「国王を元首とする完全な民主主義改革のための国民委員会（PDRC）」に引き継がれていく。かつてのPADによる反タクシン派が多くPDRCの運動に移行して参加しており、バンコクの都市「中間層」を主として、ステープと出身政党民主党の地盤である南部からの支援も受けていた。PDRCがPADの主張を引き継いでいるという点は、ステープが選挙は買収にまみれていると否定し、選挙の前に「良き人」による統治を求めていく点にも見て取れる。

次に敵対するタクシン派のUDDが繰りひろげる言説を概観しておきたい。特に二〇〇九年頃の抗議集会から赤シャツUDD側の主張が先鋭化している。そこで大々的に主張されたのが、アマート（*ammat*）とアマータヤティッパタイ（*ammatayathipatai*）という言葉を用いた反タクシン派への批判の言説だった[7]。アマートとは、歴史的にタイ社会の支配階層を担ってきた中央の官僚や軍を中心とする高官を意味する。そして、アマータヤティッパタイとは、そうした中央の官僚や軍などの高官によって独占されてきた政治体制を指す言葉で、プラチャーティッパタイ（民主主義）に対置される意味を持つ。UDDはこの二つの言葉をキーワードにしながら、反タクシン派勢力はまさにこの二つにあたるとして痛烈な批判を加え、中央の官僚や軍を中心とする高官に牛耳られている現在の政治体制を根本的に変革しなければならないと訴えかけたのである。

また、二〇一〇年に対立が深まった際の抗議集会でＵＤＤ側は、新たにプライ（*phrai*）という言葉を用いてさらに主張を深化させていく。プライとは本来、封建的な前近代の時代背景における平民を意味したが、歴史的な支配階層であるアマートに常に虐げられて来た被支配階層とも捉えられる。こうした含意を元に、自らをプライと規定し、アマートに一方的に支配されてきた赤シャツ＝プライを、その支配から解放することがタクシン派赤シャツ運動の目的だと主張するようになるのである。こうした言説には、赤シャツＵＤＤにおける一九七〇年代学生運動・共産主義活動を経験した一部のリーダー等の思想的な影響が色濃く見られると言える(8)。

ここで対立するＵＤＤとＰＡＤ、ＰＤＲＣの言説において注目しておきたいことは、タクシン派ＵＤＤが批判するアマートと、反タクシン派ＰＡＤ、ＰＤＲＣが主張する「良き人」が、その評価では真っ向から対立するものの、実質的には同じ対象を指していることである。タクシン派が非難するアマートは、中央の軍や官僚などの支配階層高官であり、反タクシン派が擁護・護持しようとする「良き人」は、国王を元首として道徳的にも良き統治・支配を続けてきたとする階層や、教育のある都市「中間層」を含意している。ここではこれまでタイ社会を主に支配してきた実質的に同じ対象を指して、それぞれアマート、「良き人」という言葉で名付け、象徴化しているのである。その同じ対象に対して、タクシン派のＵＤＤ側は悪のレッテルを貼り、反タクシン派のＰＡＤ、ＰＤＲＣ側では善のレッテルを貼っていく。そしてその先に、タクシン派側はプライの代表からなる政治を求め、反タクシン派側は国王を元首とする「良き人」が導き統治する政治を求めていくことによって、具体的な政治対立が激化し国家が分断されていくのである。つまりここでは、「良き人」、アマート、プライなどという名付けによって、言説において国家を分断する契機が醸成されていく過程が見て取れると言えるだろう。そして、反タクシン派が多い首都バンコクを中心とする都市と、タクシン派を支える主に北部、東北部の地方との間に、地理的な亀裂も生まれ国家が分断されていくことにもつながっていくのである。

２　軍主導政府による統制と和解、団結にむけたキャンペーン

二〇一四年五月、タクシン派ＵＤＤ側と反タクシン派ＰＡＤを引き継いだＰＤＲＣ側による対立、混乱の過程をクーデターで強制的に断ち切ろうとしたのは、軍部のプラユット陸軍司令官であった。彼は政治的混乱の収拾と秩序の維持を名目としてクーデターを宣言し、「国家平和秩序維持評議会（ＮＣＰＯ）」を設置した。この軍のクーデターによって開始されたのが、各派主要メンバーの出頭命令と徹底的な言論統制であり、同時に繰り返して国家の和解と団結を呼びかけるキャンペーンだった。

まず軍は、かねてから注視していた活動家や言論家、大学教員、知識人らに軍施設への出頭命令を出し、今後は政治活動に関わらないとする念書（ＭＯＵ）に署名を求めた。出頭を拒否する者に対しては、更に強硬な措置がとられた。表面上はタクシン派と反タクシン派双方の関係者に出頭を求めているが、実質上、反タクシン派の関係者に比してタクシン派赤シャツ関係者の拘束時間や回数が多い。また軍主導政府ＮＣＰＯの政策をみれば、任命された「良き人」を中心に選挙の前にまずは政治改革と政治運営を進めるべきだとする反タクシン派がそれまで主張してきたことが色濃く表れていると言えるだろう。

言論統制は個人に対してのみならず、メディアに対しても厳格に徹底して行われた。軍主導政府によって統制が強化されていったのは、特に国王や王室への批判を取り締まる不敬罪の適用においてだった。この不敬罪は、適用の範囲が曖昧であることもあって、敵対する勢力、中でも軍主導政府の政策を批判する勢力を封じ込めるため利用される

ことも多く、その適用数が急増している。国際人権連盟の調査によれば、二〇一四年クーデター以降のタイにおいて不敬罪で逮捕された人が二〇一七年四月末に一〇五人にまで達し、複数の容疑により三〇年の禁固刑となっているものもいるという（FIDH 2017）。

こうした出頭命令、メディア規制、不敬罪の適用などによって自由な言論を封じたことによって、軍主導政府は独占的に言説を支配することが可能となった。その上で、自らの統制下においたメディアを使って、大々的な和解と団結に向けたキャンペーンを展開し、あらゆる手段を通じて、軍が制作した広告宣伝を街中にあふれさせていく。

まず、プラユット自身が作詞したとされる歌「タイに幸福を取り戻す」を取りあげよう。この歌とビデオ映像はクーデター直後から多様なメディアを介して繰り返し放映され、国民の感情に訴えかけようとしたものである。歌詞には「国家、国王、国民が安定し安全となる日まで、皆さんを私たちの誠意で護らせて下さい。国家は激しい対立で危機に瀕しています。手遅れになる前に、私たちに皆さんを助ける人とならせて下さい。もう少しだけ時間を下さい。そうすれば、輝かしい国家が戻ってきます」とある。つまり、対立・分断の危機にある国家や国王を護り幸福を取り戻す「私たち」軍側の正義という情緒的でかつ道徳的な訴えかけがちりばめられているのである。

こうした歌を利用した軍主導政府による国民へのキャンペーンは、メディア上のみならず実際の舞台上でも繰りひろげられた。NCPOは全国各地で国民を集め、音楽を中心とする無料コンサートを開催したのである。特にバンコクでは首相府広報局のホールで毎週木曜日に大々的な無料コンサートが開催され、テレビを介して全国に放映された。タイ歌謡の往年の人気歌手や若者向けのロックバンドなども舞台に上がり、観客等と共に歌を歌い合う場面も見受けられた。そうした無料コンサートでは、特にあからさまに政治的な話題に焦点が当てられるわけではないが、軍主導政府の役人らが挨拶をする中で、「音楽の力で分断された国家をもとの団結したものに取り戻したい」(9)などと語り、全体を通して「和解」と「団結」という言葉が多用されていた。つまり、気軽に訪れた国民に対して人気のある歌手や歌という情緒的な側面を介しながら、軍主導政府の主張する「和解」と「団結」という言説が気づかぬうちに意識下にすり込まれていくとも考えられるだろう。

次に、軍主導政府ＮＣＰＯが盛んに繰り返し強調したキャンペーンとして、国民が守るべき道徳的な価値観の提唱宣伝を挙げたい。特に教育の現場において国民の義務や守るべき一二の価値がことさらに強調された[10]。そこでは、国王を敬い調和を愛する良きタイ人としての価値が失われた結果が政治・社会的な対立と分断だとして、特に一二の価値を守るべきとして学校で毎日復唱させるというＮＣＰＯの方針が示されている。一二の価値の中には例えば、民族、宗教、国王というタイの根幹となる要素を護持すること、国王を元首とする民主主義を理解すること、国王の経済理念を実践し質素を旨とすべきことなどが提唱されている。いわゆる長らく国家側によって繰り返され教え込まれてきた伝統的な価値観が並べられ、国王の重要性が強調されている。こうした道徳的価値観を拡散、反復させることによって、まさに軍部側が理想とする良き国民を創り上げようとしていったのである。

本項で見てきた和解と団結にむけた軍主導政府によるこのようなキャンペーンを、より大きな議論の枠組みの中に置き直してみれば、アンダーソンが指摘した公定ナショナリズムと通じるところがあると言えないだろうか。アンダーソンは、想像の共同体において周辺においやられる脅威に直面した支配権力集団が戦略的応戦として、国民と一体であることを意図的に見せる公定ナショナリズムに訴えかけるとし、事例としては初等義務教育や国家の組織する宣伝活動を挙げていたのである。この観点からすれば、現代タイにおける軍主導政府による歌や無料コンサート、一二の価値のキャンペーンなども、まさに政治的な混迷の中で周辺に追いやられかねない旧来の支配集団が戦略的に応戦として打ち出した現代における公定ナショナリズムとしての性格を有していると考えられるだろう。

しかもここで注目したいのは、こうした公定ナショナリズム的なキャンペーンが、他方で出頭命令、メディア規制、不敬罪の適用などの強硬な言論統制に引き続いて、あるいは同時進行で行われたということである。ある意味、混乱に至る各派の主張が渦巻く中で、それらを強制的に断絶させた上で、つまり、それまでの主張や経緯をいったん忘却させた上で、和解と団結という大々的なキャンペーンを進めて行ったのである。この点に関してもアンダーソンが「悲劇を不断に『思い起こし』そして『すでに忘れ去ってしまって』いなければならない、これがやがて国民的系譜を構成する特徴的なからくりとなった」(アンダーソン　二〇〇七、三二八頁)と指摘したことと重なってくるのである。現代タイにおける軍主導政府は、徹底的な統制によってそれまで対立してきた各派の主張をまずは忘却させ、その上で、自らの意向に沿った古い価値観を復活させることで国王の下におけるコミュニティの系譜を強制的にかつ不断に演出しようとしていたと考えることができるだろう。

三　北タイにおける赤シャツ系政治・社会運動と地方コミュニティラジオ局

前節では、全国的なレベルでの対立や分断、そして統制へといたる背景と概況を各派の言説に着目しながら簡潔に跡づけてきた。そこで次には、タイにおける地方部の位置づけを概観し、この間の対立、分断から統制へとむかう過程において地方部がどのように対応してきたのか、コミュニティラジオ局の事例から具体的な実態の一端を検討してみたい。

1　北タイという地方とコミュニティラジオ局の背景

まずは、地方部としての北タイの位置づけと、次項で検討するコミュニティラジオのタイにおける背景を紹介しておきたい。近年の政治的な対立の中では、北部と東北部はタクシン派の住民が多く、バンコクを中心とする首都圏に多い反タクシン派に加えて、長らく民主党の地盤だった南部にもどちらかと言えばタクシンとは距離を置く住民が多いと言われてきた[11]。北部と東北部は、首都バンコクから離れて、一部の都市部を除いて農業を主としながら首都圏に出稼ぎ住民を多く輩出する地域でもあり、首都圏との経済的格差が大きい地域である。タクシンは二〇〇一年に首相になって以降、それまで首都圏の発展から取り残されがちであったそうした地方農村部を対象とする振興策を積極的に導入することで、地方住民からの支持を獲得してきた。具体的な振興策には、農民の負債返済一時猶予、一村一〇〇万バーツを支援する村落基金、一律三〇バーツで全国民が医療サービスを受けられる健康保険制度の創設などがあげられる。反タクシン派からは人気取り政策のポピュリズムとも批判されるが、それまで十分に顧みられてこなかった地方農村部に実質的な支援をおこなったことで、確実な支持を得ることにつながっている。

ここで直近の二〇一一年七月の下院総選挙における結果からタクシン派側の地方部における勢力地盤を見てみたい。当時反タクシン派の民主党アピシット政権下でも地方農村部や中下層住民の票を取り込むべく積極的に地方振興策を導入して選挙に備えていたが、結局タクシン派側のタイ貢献党が半数を超える勝利をおさめた。タクシン派系の政党は、二〇〇一年以来の総選挙でいずれも第一党となっており、これはタイの選挙史上初めてのことであった。ここで注目したいのはタクシン派タイ貢献党と反タクシン派民主党の地域ごとの議席獲得状況である。つまり、タクシン派のタイ貢献党が東北部と北部で強さを見せ、反タクシン派の民主党が南部と首都バンコクの特に中心部で強さを見せたのである[12]。このことは近年の一貫した傾向で、地域的な分断が顕著に見られると言えるだろう。

次に、次項で注目するタイにおけるコミュニティラジオ局[13]の背景を確認するために、全国一一〇箇所のコミュニティラジオ局の調査を二〇〇九年に行ったブンラートの調査結果（Boonlert 2011）からその概要を見てみたい。まず、コミュニティラジオがどのような場所に設置されているかに関して、村落の行政施設、学校、病院などの公的な場所が五三パーセントと最も多かった。次に各コミュニティラジオ局を中心的に運営する委員会の構成については、地元の一般住民以外にも、全五五二人の調査対象のうち地域組織の代表、地方の役人などが四二パーセントと、ここでも公的役職者が多数を占めていることがうかがえる。また資金に関しては、コミュニティ内外における政治家や影響力がある人物からの資金提供が二四パーセント、独自に立ち上げた資金が二四パーセントなどとなっている。ここでは資金提供も多い一方で独自の資金も目立っている。

このコミュニティラジオ局に関するブンラートの調査からは、公的な場所や組織が多く関与し、資金的には政治家などの影響力が色濃く見える一方で、多数ではないものの住民グループも参加し、独自の資金を得て運営をしている事例も一定数存在していることがうかがえる。このような現代タイにおける地域的な状況とコミュニティラジオ局をめぐる背景の中で、本章では北タイ、チェンマイ県において政治・社会的な運動にも関与してきたコミュニティラジオ局に注目してみたい。それらは、ブンラートの調査の中に位置づければ、主に私的な所有地に設置され、地域の知識人や住民グループが主導し、有力者からの資金提供のほか、独自の資金でも運営を行ってきたコミュニティラジオ局ということになり、全体の傾向からみれば、必ずしも典型的とは言えないコミュニティラジオ局である。しかしながら、近年の政治的な対立や分断、その後の統制へと向かう激動の過程の中で、地方部の地域社会において全国的な動きの影響を最も直接的に受け対応を迫られてきたのが、地方部における政治・社会運動に関与してきたコミュニティラジオ局でもあると言えるだろう。

２　チェンマイ県における政治・社会運動とコミュニティラジオ局

ここでは北タイ地方のチェンマイ県において特にタクシン派赤シャツ系の政治・社会運動に関与してきたコミュニティラジオ局の一断面に着目する。取りあげるコミュニティラジオ局は、チェンマイ市内中心部のラジオ局Ａ、市郊外のラジオ局Ｂの二つである。[14]

（１）チェンマイ市内中心部のラジオ局Ａ

チェンマイ市中心部のラジオ局Ａは、市を中心に県内の多くの地域にも電波が届き、全国的にもその名を知られたタクシン派赤シャツ系の政治・社会運動に関係していたラジオ局である。当初はチェンマイ県における運動拠点のひとつと認識されていた。[15]

その原型は二〇〇六年の軍によるクーデターでタクシン政権が失脚させられたことに反対した運動にひとつの端を発している。後にラジオ局組織として正式に設立されたのは二〇〇八年のことである。バンコクで当時のタクシン派政権に対して反タクシン派のＰＡＤが攻撃をしかけ非常事態宣言が発せられたことが契機となり、チェンマイのラジオ局としてタクシン派の主張を住民に伝えることを主眼としたという。特に当初はタクシンからの資金援助もあったというが、それ以外にラジオ局が設置されている市中心部の施設が提供された事例をはじめとして、タクシン派支持者からの寄付や物品提供、独自資金などによっても運営されてきた。

放送に関しては、二〇一三年当時、朝六時から深夜零時までの一八時間、土日も休みなく行われていた。曜日によって放送内容は多少違っていたが、歌謡曲を中心とする音楽を随時あいだに挟みながら、全国レベルのニュース、地方チェンマイ県のニュース、カフェ議会と称される政治談義、知識人による地方文化に関する解説、法律や環境に関する専門家の意見解説、僧侶による仏教講義などが主となっていた。特徴的なのは、おおかた二時間単位でタイ語でもＤＪと呼ばれる進行役が交代しながら連日放送が続けられていくことである。各ＤＪは各曜日の決められた時間に定期的に番組の進行を行い、自らの知識や見解をまじえた放送を行う。地方文化に詳しい知識人がＤＪとなることもあれば、弁護士がＤＪとなって法律知識の解説を行うこともある。他方で路上で屋台を商う一般の住民がＤＪとなって日常生活を話題としながら政治談義を行うこともあった。そうした一般住民がＤＪとなってその目線から意見を述べていく番組を楽しみにしている視聴者も多く、一般住民ＤＪがコミュニティラジオを通して有名となった例もあるという。

特にここで着目しておきたいのは、このタクシン派の政治・社会運動を支援するラジオ局ＡにＤＪを含めて積極的に関わり運営してきた人々が、非常に多様性に富んでいるということである。中心となって運営や活動に関わった人に限ってみても、全国レベル、県レベル、市レベルのタクシン派系の政治家以外に、施設や資金を提供する県内外の事業経営者、経営者ではないが企業の先端で働くビジネスマン、個人でも開業している弁護士や医師、教育に関わる教員や学生、仏教僧といった人々ばかりではなく、ソンテウと呼ばれる乗合タクシーの運転手、市場や路上で屋台を出している人、近郊の土産物工場などで働く人、家庭の主婦、さらには市街でゴミを拾って生活している人まで、まさにあらゆる階層の多様な人々がこのラジオ局の運営に積極的に関わっていたのである。また、仏教徒に限らずキリスト教を信仰する人も合わせてラジオ局の運営に関係していた。

ここでは中でも積極的に関わっていた一般住民二人を簡単に紹介したい。一人は屋台の商いをしていた人物で、ＤＪとしてこのラジオ局に積極的に関わっていたアロム氏（仮名）である。アロム氏はパキスタン出身の父とチェンマイ出身の母との間に一九五四年に生まれた。小学校を卒業してからはチェンマイ市内の市場周辺で雑貨を売る仕事に携わり、その後は主に路上の屋台でローティというクレープ菓子を売って生活をしていた。かつてタクシンが最初に選挙に出馬した際に、知り合いの紹介でその選挙運動に協力したことがあるというが、タクシン派の運動に自発的に関わるようになったのは大病を二回患ったことがきっかけだったという。彼によれば、以前であれば大病の治療費に数十万バーツが必要となり、それを払えずに治療を受けられなかったものが、タクシン政権時の三〇バーツ医療政策のおかげで、治療を受けることが可能となり生きながらえることができたと言う。この経験をきっかけにアロム氏はラジオ局Ａに関わっていくことになるが、ここでは、病気というある種の偶然がラジオ局に関与していく契機となっている。

またアロム氏は、ＤＪとしてラジオの電波を通じて日常的にその声を視聴者に届けているだけではなく、逆に視聴者からも電話やショートメッセージをもらい、時にはその視聴者の声をラジオで紹介している。こうした見知らぬ人との新たな出会いがあるために、それを糧に大病を患った身でもＤＪを続けていると言う。まったく知らない未知の視聴者ともラジオを介して双方向的につながっていく契機がここに見いだせるだろう。

もうひとり紹介するのは、自転車に荷台をつけて街中をまわり、ゴミを収集して換金する生活をしているバン氏（仮名）である。バン氏はラジオ局A周辺でタクシン派の集会が行われた際にゴミを集めている過程で、ラジオ局の人々と知り合い、頻繁に出入りするようになったという。次第にラジオ局の小間使い的な仕事もするようになり、代わりに仕事に応じた食事の提供や賃金も支払われるようになった。また、二〇一〇年のタクシン派によるバンコクでの大規模抗議集会では、他のメンバーと共に長期間路上で寝泊まりし、デモに参加したことで、結果として二ヶ月間バンコクで投獄された経験も有している。こうした経緯によって、周囲の人も自らもタクシン派の運動を担う存在として認識するようになり、現在ではゴミを収集する自転車を真赤に染め、荷台にタクシンの写真を飾るほど熱烈な支持者となっている。また、バン氏はかつてゴミを収集して市内を転々としていたが、ラジオ局に頻繁に出入りする中で顔見知りも増え、ラジオ局を訪れる政治家や弁護士などとも日常的な関わりを持つことができるようになったと言う。

このように、ラジオ局Aでは、政治家やビジネスマン、弁護士など以外に、当初は政治的な運動に関与するつもりもなかった一般の人々も、偶然ともいえるきっかけの中で、ラジオ局に参加し、多様な人々の間で運動に関与していく過程の一端が見てとれるだろう。その過程では、ラジオ放送の声を通じたラジオ局から視聴者への一方向的なつながりだけではなく、視聴者側からの声を通じた双方向的な新たなつながりも生じていた。ラジオ局を取り巻く日常的な対面的接触を介して、通常は接点が少ない未知の者同士が偶然に出会い、活動を共にしていく状況が生まれていたと言えるだろう。

しかし、こうした状況は二〇一四年の軍部によるクーデターとその後の言論統制下で大きな影響を受けた。軍部に一時機材を没収され封鎖させられることとなったのである。約一年間の放送停止期間を経て、政治的なことは一切放送しないという条件の下に、一時は場所も移転し新たに放送を開始したが、そのほとんどは歌謡曲と地元企業の広告、軍主導政府による検閲を経たバンコクからのニュース放送となっている。ラジオ局AのDJのひとりによれば、不本意ながらでも現在は甘んじて放送を継続することで、とにかくはラジオ局の声を届け、関連する人々のつながりを途絶えさせないことの方が重要であると言う。

こうした戒厳令の統制下で、ラジオ局Aは放送だけでなく関連する活動も封じられたが、他方かつてラジオ局に関与していた人々の関係を何とかつなぎ止めようと一計を案じた策も講じられた。つまり、政治的な集まりが全て禁じられていた状況下で宗教的な儀礼を利用してラジオ局に関係していた人々の参加を募ったのである。具体的には、二〇一四年七月一〇日、仏教的な儀礼である入安居を祝うことを理由として、かつてのラジオ局のメンバー六〇人程がピックアップトラックに分乗して市内の九つの寺を訪問し各寺で僧侶に寄進を行った。あくまで入安居の寄進という宗教的な目的を前面に出していたため、軍によってそれを阻止されることはなかった。参加したかつてのラジオ局顧問によれば、ラジオ局の活動を封じられている中で、宗教的な儀礼を利用してメンバーのつながりを保つ機会としたかったと言う。ここでは、統制下での限られた回路ではあるが、可能性のある機会をとらえてメンバー間のつながりを何とか維持しようとする意図が見うけられるだろう。

（２）チェンマイ市郊外のラジオ局Ｂ

次にチェンマイ市郊外のコミュニティラジオ局Ｂの事例を取りあげたい[16]。チェンマイ県はタクシンの出身地であるが、ここで取りあげるラジオ局Ｂは中でもその支持者が非常に多いチェンマイ市の郊外に位置している。ラジオ局Ｂの中心となっているのは一九六二年生まれの女性チャーム氏（仮名）である。チャーム氏は地元で生まれ育ち、市内の観光客向け土産物店で働いていたが、バンコクで繰りひろげられていた反タクシン派の運動に反感を覚え、二〇〇八年にラジオ局Ａが設立された時にＤＪとして参加することとなった。二〇一〇年のバンコクでのタクシン派による抗議集会にはラジオ局Ａの関係者と共に参加し、その際に負傷もしたという。

しかし、その後ラジオ局Ａから離れ、二〇一二年に市郊外の地元で新たにラジオ局Ｂを開設した。チャーム氏はチェンマイ市郊外出身のタクシン一族と遠い親族関係にあり、タクシンと二人で写された写真を自宅に飾っていた。また夫はタクシンの警護の職に就いていた時期もある。こうした経緯もあり、実家を改築してラジオ局Ｂを開設した折には資金的な援助をタクシンから得たという。チャーム氏自身も中心的なＤＪとしてラジオ放送に出演するほか、二〇一四年三月時点で計六人のＤＪがおり、連日一四時間ほどの放送を行っていた。ラジオ局Ｂに中心的に関わっていたのは、チャーム氏のほか、地元の村落議員、教員、市内で観光業に関わる人、農民などがおり、多様な背景を持っている人々であった。

当時の放送内容はラジオ局Aとほぼ同じようなプログラムだったが、特にチャーム氏がＤＪとなる時間帯では、視聴者からよせられた電話やショートメッセージの紹介が多く、電話による視聴者の声をそのままラジオ放送にのせることも多く目立っていた。この点に関して、チャーム氏は、「バンコクから発せられるニュースや情報を一方的に視聴者に届けるのではなく、民衆の声を届け拡げる」ことが重要であると説明した。しかも、視聴者とＤＪとの会話は時に北タイの言葉でなされ、視聴者側からすれば、自らの声が自らの語る言葉のままで電波にのせられていくという魅力があるという。

また、ラジオ局Ｂで特徴的なことは、地元住民やコミュニティとの日常的なつながりを積極的に創り出そうとしていたことである。ラジオ局が設置されていた自宅でチャーム氏は、観光客向けの民芸品を製作する小さな作業場も合わせて設置していたのである。そこでは、恒常的な職についていない地元の若者を集め、民芸品を製作する作業に従事させていた。当時は合計で十数名の若者がその作業場に通っていた。民芸品は市内の土産物店で販売することで、若者には一人あたり月五〇〇〇バーツほどの労賃を支払うことが可能だという。チャーム氏は、「地域の村人を助ける」ことがひとつの目的だと説明した。同様の目的で、チャーム氏のラジオ局Ｂは、地元の貧困層の子供たちに対して、一人五〇〇〇バーツの学習支援寄付を二〇人に対して行っており、また、老人らに対しては寒季に毛布を計二〇〇枚配るということも行っていた(17)。

このようにラジオ局Ｂは、二〇一四年五月のクーデター以前において、地域住民との交流の場所ともなっていた。つまり、ラジオ放送以外に、民芸品の製作という活動が、ラジオ局関係者や地元住民との対面的交流の機会ともなっていたのである。ラジオ局のＤＪや運営に関わる人、地元のタクシン派政治家や運動員、近隣の住民、土産物を製作する人、土産物を市内の店舗で販売するために立ち寄る商人など、多様な人々が集まり、対面的な交流を行うたまり場的な存在ともなっていたと言えるだろう。

こうしたラジオ局Bの活動も、二〇一四年五月のクーデターで全てが封じられることとなった。チャーム氏は、クーデター当日、武装した軍が三〇人ほどラジオ局にやってきたのを目にし、恐ろしくなって自宅の裏口から逃走したというが、結局は軍に出頭し、政治的な運動には関わらない旨の念書（ＭＯＵ）にサインをさせられた。ラジオ局はクーデター当日から封鎖、機材も全てが軍に押収され、後日返却された機材は使い物にならない状況となっていたという。その約一年後には政治的なことには一切触れないという条件でラジオ局を再開することができたが、その放送内容は二〇一七年八月時点でほとんどが歌謡曲や広告で占められている。

おわりに

本章では、まず全国レベルにおける国家の分断からクーデター後の軍主導政府による統制へと向かう過程を、特にそこで語られる言説から浮き彫りにすることに焦点を当てた。その上で、分断から統制へと向かう全国レベルでの動きに対して、地方部ではどのように対応していったのか、北タイ、チェンマイ県における二つのコミュニティラジオ局の事例からその実態の一断面に光を当てようと試みた。そこで、まずは地方ラジオ局の事例における注目点をいくつかの論点にまとめてみたい。

第一に、全国レベルでの分断へと向かう過程の中で、地方北タイのチェンマイでは、コミュニティラジオ局の放送、つまり声を核としながら、その活動を通して見知らぬ者同士のつながりが新たに生まれていたことが指摘できるだろう。ラジオ局Aにおける一般住民ＤＪのアロム氏やバン氏は、もともと政治的な運動に関心がなかったが、病気や偶然近くでゴミを拾っていたことによってラジオ局とのつながりが生まれ、そのコミュニティの活動に参加することとなった。特にアロム氏の場合は、ＤＪとしてその声を伝えることを通して、視聴者との声を介した双方向的やりとりも生まれ、更なる新たなつながりを獲得していくことになっていたのである。

更に、ラジオ局Ｂのチャーム氏が積極的に取り入れていた視聴者の語る声をラジオで直接届けるという手法は、見知らぬ人の肉声がその言葉のままラジオ電波に乗せられていくということでもあり、そのことを通してラジオを聞いている視聴者の間を電波の声が新たにつないでいく契機にもなっていた。つまり、ＤＪの声のみならず視聴者の声も、ラジオの電波を介して不特定多数に開かれていくことによって、見知らぬ者同士を相互につなぎ、その相互につながれた声のやりとりがまたラジオを介して見知らぬ視聴者に伝えられていくのである。そうした交錯する双方向の声を通じて、「民衆の声を届け拡げ」ていくことで、ラジオ局への魅力と人気が視聴者の間で生みだされていた。ここに声を核としてつながるコミュニティが生まれてくるひとつの可能性を見いだせるだろう。

第二に、ラジオの声を核としてつながっていく地方の新たな動態の背後には、日常における対面的接触や交流をも同時に介しながら関係性が築かれていく側面があったことを忘れてはならないだろう。アロム氏はＤＪとしてラジオ局に日常的に出入りする過程で、そこに集まってくる人々と新たに出会い、ゴミを拾っていたバン氏も頻繁にラジオ局の雑用を請け負う過程で、それまで接点がない人々とも顔見知りになり、言葉をかわす関係を築いていったのである。チャーム氏の場合は、民芸品製作の作業場などをラジオ局に併設し、地域のコミュニティでより積極的に日常的な対面的交流を創り出そうとしていた。そのことによってラジオ局Ｂは、声を核に電波でつながる拠点としてのみならず、多様な人々が集まり、対面的に交流する場所ともなっていった。これらのように、声と対面という双方の回路が相まって、それぞれのラジオ局に関係する人々の間をより密接につないでいくことにもなっていたのである。

第三に、声を核とするラジオ局に集まることで関係性が紡がれていく人々が、非常に多様性に富んでいたという点に着目しておきたい[18]。取りあげた二つのラジオ局において、両者ともあらゆる階層とあらゆる職業、宗教的背景を持った多様な人々がラジオ局に積極的に関わっており、そこに集まって来る人々も実に多様であった。そこでは、通常であれば接点が少ない未知の多様な者同士が、ラジオの声やその活動を介して偶然に出会う。つまり、日常生活の対面的関係を超えた多様な人々と、不特定多数に開かれたラジオの声をきっかけとして出会い、同時に対面的なラジオ局に関わる活動を共にしていく状況が生まれていくのである。

最後に、本章における議論の参照点として挙げたアンダーソンの視点にも言及しながら、コミュニティラジオ局の事例を考えてみよう。本章では首都バンコクでの全国的な動きに加えて、地方において多様性を含みながら中央への差異化へと向かって新しく生みだされていくコミュニティの動きに着目してきた。つまり、想像されたコミュニティ全体に焦点を当てたアンダーソンの視点に加えて、地方部において微細な差異化へと向かい、コミュニティを想像／創造していく新たな動きにも注目しようとしたのである。特に、出版資本主義という書かれた文字とは別の視点、つまりラジオの声を介したコミュニティが地方で差異化へと向かっていく新たな動きに着目したと言える。

本章の事例で見たように、地方のラジオ局では、開かれた電波を介してその地方に全的、面的に声が届けられ、視聴者が即時に個的にそれを聞くと共に、時を置かずして他の多様な視聴者からの声も同時に双方向性をもって伝えられていたのである。この点が文字とは異なる特性であろう。こうした多様な声が即時かつ双方向的に重なること、いわば双方向的な同時多声性がラジオの声を介するつながりの背景に存在していると考えられるのである。多様な声の即時、双方向的な重なりは、コミュニティラジオ局における多様な人々の関与を可能とし、多様性を保持したままでコミュニティとして新たにつながっていくという動態の可能性を生みだしていたのではないだろうか。

こうして、地方部において声と対面的な行為を相互に介するコミュニティラジオという視点に注目することによって、微細ではあるが、多様性を保持した新たなコミュニティを想像／創造し、差異化、さらには分断へと向かっていくその始点の契機を捉えることが可能ともなると考えられるのである。さらにその先には、ラジオ局というコミュニティで多声的に紡がれる声と行為の更なる細部に着目して究明することが求められるだろう。

注

（1）Nelson（2010）、Pavin（2014）、重冨（二〇一〇）、柴田（二〇一〇）、高橋（二〇一五）、玉田（二〇一〇）、村嶋（二〇一〇）などを参照。

（2）高城（二〇一四a）では、「想像の共同体」をコミュニティの象徴的構築という文脈で位置づけた。

（3）この点に関して Tanabe（2008 : 1-5）は、想像／創造するコミュニティを Imagining Communities と概念化している。高城（二〇一四b、一四一頁）も参照。

（4）この項での記述は、高城（二〇一五）での整理をもとにより簡潔に略述している。

（5）二〇〇八年九月発表のＰＡＤ声明（*Phucatkan*, 8 Sep.2008）を参照。Nelson（2010）、重冨（二〇一〇）なども参照。

（6）ステープはかつて民主党のアピシット政権下で副首相をつとめ、二〇一〇年五月の赤シャツデモの強制排除を指揮した。

（7）Nostitz（2014）、村嶋（二〇〇九）などを参照。

（８）詳細は高城（二〇一五、一七〜二二頁）も参照。
（９）二〇一四年七月一七日のバンコク首相府広報局ホールでの筆者調査による。
（10）*Prachatai*, 15 Sep. 2014、朝日新聞　二〇一四年一〇月三日などを参照。
（11）南部に関しては、タクシン派と対立する民主党の地盤となっていたこと、また、二〇〇〇年代初頭の南部における一部イスラム系住民らによるテロに対して、タクシンが強硬な制圧策をとったことで住民の反感をかったことなどにより、タクシン派と距離を取る住民が多い。
（12）Nelson（2012 : 96）を参照。
（13）本章で取りあげるラジオ局は二〇〇八年改訂の公共放送法による厳格な意味で言えばコミュニティラジオ局には該当しないが、当初の規定を重視してコミュニティラジオとする。この点はArinya（2013）においても同様である。
（14）本章におけるコミュニティラジオ局の事例は、筆者の調査によっている。ただし、現在は軍主導政府の統制下におかれている情勢も考慮し、ここでは所在地、局名などを仮名とし、周波数も明示しないこととする。
（15）ラジオ局Ａに関する記述は、主に二〇一三年三月と八月、二〇一四年三月と七月、二〇一六年二月の筆者調査による。
（16）ラジオ局Ｂに関する記述は、主に二〇一四年三月、一二月、二〇一五年三月、二〇一七年八月の筆者調査による。
（17）これらの資金源に関して、チャーム氏はタクシンからの援助もあるとした。
（18）こうしたそれぞれ異質な勢力、制度、個人、モノや自然など多種多様性の組み合わせによって構成される動的な編成をアセンブレッジとして着目したのが、Tanabe（2016）である。そこでは、多種多様なものがアセンブレッジ内外で互いに出会い、それぞれの潜在力を顕在化させていく過程をコミュニティ運動として概念化している。本章で検

討したコミュニティラジオ局の事例においても、それぞれ個々の多様性をある程度保持したまま相互につながってい
た。また、つながった者同士も各自の新たな可能性や力を獲得しながら活動を共にしていく点において、ひとつのコ
ミュニティ運動へと向かう過程と考えることができるだろう。

参考文献

Arinya Siriphon (2013) "Witthayu Chumchon kap Kankhayaitua khong Khabuankan Prachachon Su'a Daeng (コミュニティラジオと赤シャツ運動の拡大)", in Pinkaeo Luangramsi ed. *Becoming Red: Kamnut lae Phatthnakan Su'a Daeng Chiang Mai* (赤シャツになる――チェンマイ赤シャツの誕生と形成), Chiang Mai: Chiang Mai University.

Boonlert Supadhiloke (2011) "Creating Citizenship Through Community Radio in Rural Thailand", *Journal of US-China Public Administration,* Vol. 8, No. 3.

FIDH (International Federation for Human Rights) (2017) "Number of Post-coup lèse-majesté Arrests Surges to over 100" (https://www.fidh.org/en/region/asia/thailand/number-of-post -coup-lese-majeste-arrests-surges-to-over-100) Accessed 31 May 2017.

Nelson, M. (2010) "Thailand's People's Alliance for Democracy: From 'New Politics' to 'Real' Political Party?", in Askew, M. (ed.), *Legitimacy Crisis and Political Conflict in Thailand*, Chiang Mai: Silkworm Books.

Nelson, M. (2012) "Thailand's Election of July 3, 2011: An Overview", Research Report Submitted to the King Prajadhipok's Institute.

Nostitz, N. (2014) "The Red Shirts from Anti-Coup Protesters to Social Mass Movement", in Pavin Chachavalpongpun (ed.), *"Good Coup" gone Bad: Thailand's Political Development since Thaksin's Downfall*, Singapore: ISEAS Publishing.

Pavin Chachavalpongpun (ed.) (2014) *"Good Coup" gone Bad: Thailand's Political Development since Thaksin's Downfall*, Singapore: ISEAS Publishing.

Tanabe,S. (2008) "Introduction: Imagined and Imagining Communities", in Tanabe,S. (ed.), *Imagining Communities in Thailand: Ethnographic Approaches*, Chiang Mai: Mekong Press.

Tanabe,S. (2016) "Introduction: Communities of Potential", in Tanabe,S. (ed.), *Communities of Potential: Social Assemblages in Thailand and Beyond*, Chiang Mai: Silkworm Books.

アンダーソン、B.（二〇〇七）『定本　想像の共同体――ナショナリズムの起源と流行』白石隆・白石さや訳、書籍工房早山。

重冨真一（二〇一〇）「タイの政治混乱――その歴史的位置」アジア経済研究所HP（http://www.ide.go.jp/library/Japanese/Research/Region/Asia/Radar/pdf/20100524.pdf）二〇一七年五月三一日閲覧。

柴田直治（二〇一〇）『バンコク燃ゆ――タクシンと「タイ式」民主主義』めこん。

高城玲（二〇一四a）「コミュニティの象徴的構築」国立民族学博物館編『世界民族百科事典』丸善出版。

高城玲（二〇一四b）『秩序のミクロロジー――タイ農村における相互行為の民族誌』神奈川大学出版会。

高城玲（二〇一五）「タイの政治・社会運動と地方農村部――一九七〇年代から二〇一四年までの概観」『神奈川大学　アジア・レビュー』第二号。

高橋徹（二〇一五）『タイ　混迷からの脱出――繰り返すクーデター・迫る中進国の罠』日本経済新聞出版社。

玉田芳史（二〇一〇）「タイ政治混迷の構造的要因」『タイ国情報』四四（五）　日本タイ協会。

村嶋英治（二〇〇九）「タクシン支持赤シャツＵＤＤ派の大攻勢、パタヤーＡＳＥＡＮサミットの流会――二〇〇九年三月～四月のタイの大政争」『タイ国情報』四三（三）　日本タイ協会。

村嶋英治（二〇一〇）「二〇一〇年三月～五月赤シャツ派（ＵＤＤ）のバンコク市街占拠闘争――準備された政変・革命の挫折」『タイ国情報』四四（三）　日本タイ協会。

第6章　フィリピン革命史研究再訪

――近年のフィリピンにおける研究潮流を背景として

永野善子

はじめに

近年フィリピンでは、歴史研究の分野で再びフィリピン革命史に関する研究書が陸続と公刊されている(Richardson 2013, May 2013, Cullinane 2014, Guerrero 2015, Mojares 2017, Hau 2017)。これらの一連の著作にみられる特徴とは、世紀転換期のフィリピン独立革命の主たる担い手を一般民衆とするのではなく、むしろ社会の中間層もしくはエリート層に焦点をあててその階層の役割や特徴を検討し、より多角的な観点から革命のダイナミズムに接近することをめざしているところにある。このような研究史の流れに一定の弾みをつけた代表的労作としては、フィリピン革命の国際性に光を当てたベネディクト・アンダーソンの著書（Anderson 2005）と革命期の有産知識階層（イルストラード）の役割に新たな知見を与えたレシル・B・モハレスの大著（Mojares 2006）の二点を挙げることができよう。

広く知られるように、フィリピン歴史学界では、独立国家建設における国民表象としてフィリピン革命が重要な文化的意味をもってきた。とくに一九六〇年代以降になると、フィリピン革命を「未完の革命」として位置づけるかたちで、大筋の議論が定着したとみることができよう[(1)]。フィリピンは一九世紀末にいったんスペインから独立を達成したもののアメリカの軍事的介入により革命が挫折し、新たな宗主国としてのアメリカの支配を受け入れることになったからである。この「未完の革命」論のなかでは、アメリカの軍事的介入に屈服しつつ革命政府を率いたエリート層は、「革命の裏切り者」であり、「革命を持続する民衆」の「敵」として理解されることになる。

こうした独立革命をめぐる言説においては、冷戦時代のナショナリズムや社会主義旋風が吹き荒れフィリピン国内の反体制運動が高揚するなかで、民衆運動の側面に大きな関心が向けられることになる。この結果、テオドロ・A・アゴンシリョ（Agoncillo 1956/1996）、レナト・コンスタンティーノ（Constantino 1975; Constantino 1978）、そしてレイナルド・C・イレート（Ileto 1979）などによって、一般民衆の役割に軸を置いた革命史研究が展開されていった。このような独立革命の見方は、アメリカ植民地期に構築されたエリート層を主たる担い手とするフィリピン革命史観とは相容れないものであったことはいうまでもない。フィリピン革命史研究において、その担い手がエリート層であるのか、あるいは一般民衆であるのかについて、多くの場合、前者がアメリカ人の歴史学者たちによる見解として、後者がフィリピン人の代表的歴史学者の見解として、相対立する二つの見解が存在することになった。こうした状況のなかで、今から二〇年ほど前にフィリピン革命史研究をめぐって、アメリカの歴史学者とフィリピンの歴史学者の間で激論が交わされる事態が起きたことは、いまだ私たちの記憶に新しい。

その歴史論争とは、一九九六〜九八年にフィリピンで「フィリピン革命百年」を祝う行事が続くなかで、アメリカ人の歴史学者グレン・A・メイが、その著書でアゴンシリョやイレートの革命史を真っ向から批判したことに始まった（May 1997）。メイによる批判はフィリピン人の歴史学者たちとの大論争に発展し、それは、文字通り、帝国アメリカと旧植民地フィリピンの歴史学者たちが対峙する、フィリピン革命史をめぐる言説レベルの権力闘争の様相を呈したのである。この論争についてはすでに筆者が拙著で詳しく分析しているのでここでは詳述は避けたい。メイの批判がフィリピン人歴史学者たちの実証を覆すことはできなかったため、新たな研究の視座が提示されることなく論争が終わったことをひとまず確認しておこう（永野　二〇〇〇、永野　二〇一六、第2章）。

他方、この数年間のフィリピン革命史についての新しい研究成果をみると、過去一〇年あまりのフィリピン社会の変化を反映して、従来の「未完の革命」論に代わる新たなパラダイムの模索が始まっているように思われる。国際的には、一九九〇年代に第二次大戦後長らく続いた冷戦時代が終結しグローバル化時代が始まる一方、フィリピンでは一九八六年の二月政変を経てマルコス大統領による強権政治の時代が終わり、社会の民主化への道を模索する道筋をたどってきた。一九八〇年代に「ＡＳＥＡＮのお荷物」とまで呼ばれたフィリピンであったが、今日ではグローバル化の波にのって海外出稼ぎや国内のアウトソーシングなどのサービス産業が好調で、高い経済成長率を維持し、中間層も厚くなっている[2]。そうしたなかで、「未完の革命」論ではともすれば軽視されてきたエリート層の特徴とその役割に再度関心が向けられ、フィリピン社会における国民表象としてのフィリピン革命の歴史的位置も徐々に変化しているように思われる。

本稿では、上記の問題意識のもとに、完成から四〇年もの間未刊行のままであったミラグロス・Ｃ・ゲレーロのフィリピン革命に関する博士論文『ルソン島における戦争――フィリピン社会の諸矛盾、一八九八～一九〇二年』（ミシガン大学、一九七七年）（Gurrero 1977）の近年における刊行書（Guerrero 2015）を手がかりとして、フィリピンの革命史研究の最近の潮流に接近することにしたい。以下では、本論に入るまえに、あらかじめフィリピン革命史を概観しておこう。

一　フィリピン革命史概要

フィリピン現代史におけるフィリピン独立革命の意義はきわめて大きい[3]。フィリピンでは一六世紀半ば以降スペインの植民地支配下に置かれていたが、一九世紀後半になるとスペインの植民地支配に対する批判や抵抗運動がさまざまなかたちで噴出し始めた。なかでも、一八九六年の独立革命勃発への大きな流れをつくったのは、ゴメス、ブルゴス、サモラの三人のフィリピン人神父が処刑された、一八七二年の「ゴンブルサ事件」であった。この事件は、スペインの人種差別と圧制を象徴する事件となり、フィリピン各地に衝撃の波紋を広げていった。他方、植民地政府はその後監視体制をいっそう強め、体制に批判的なフィリピン人を「フィリブステリスモ（反逆者）」の烙印を押して国外に追放した。こうしたなかで、一八八二年にフィリピンの有産知識階層（イルストラード）によるフィリピン統治改革を求める言論運動として「プロパガンダ運動」（啓蒙改革運動）がフィリピンとスペインで開始された。ホセ・リサールはスペインでこの運動に参加したフィリピン人留学生のひとりであった。

ホセ・リサールはスペインでこの改革要求運動に関わるかたわら、一八八七年に最初の小説『ノリ・メ・タンヘレ（われに触れるな）』を出版した。リサールはこの小説でこれまでタブーとされてきたカトリック教会のフィリピン住民に対する抑圧の実態をあからさまにし、大きな波紋を巻き起こした。さらに一八八九年には彼らの活動の機関誌として『ラ・ソリダリダード（団結）』がスペインで発刊され、本誌は植民地政府の検閲網をかいくぐってフィリピンに届けられた。

しかし、改革要求運動の参加者のなかには、この穏健的な運動に限界をみる人々も生まれた。リサールもそのひとりであった。彼は一八九一年に発表した二番目の小説『エル・フィリブステリスモ（反逆）』では、穏健な改革運動は不毛との認識を深め、フィリピン人としてのあるべき反逆のかたちを問いかけた。そして一八九二年六月には決死の覚悟でフィリピンへ帰国し、翌七月にはフィリピン人としての民族思想の実践をめざして、「フィリピン民族同盟」を結成した。しかし、「同盟」結成後わずか四日後にリサールは反逆罪で逮捕され、ミンダナオ島のダピタンへ流刑された。リサールはその後四年ほどの幽閉生活ののち、みずから志願して一八九六年にスペインの従軍医としてキューバに向かった。しかし、同年八月にマニラでアンドレス・ボニファシオらが率いる秘密結社カティプーナンが武装蜂起し、対スペイン独立戦争の火蓋が切って落とされた。こうしたなかで、リサールは革命扇動者の容疑を受けてスペイン到着と同時にマニラにつれもどされ、一八九六年一二月三〇日にマニラで処刑された。

リサールの処刑はフィリピン各地の独立革命軍に大きな衝撃となって伝わった。しかし、この頃スペイン軍は本国からの援軍を得て猛反撃を展開し始め、革命軍は各地で苦戦を強いられていった。マニラ周辺諸州を基盤とする革命軍の間では、アンドレス・ボニファシオとエミリオ・アギナルドとの間の主導権争いが激化し、一八九七年五月にボニファシオがアギナルド勢力によって処刑されるという事件が起きた。その後、独立革命は主導権を掌握したアギナルドを中心として展開し、一八九八年六月に革命軍が独立宣言を行い、一八九九年一月にはフィリピンではじめての独立国家であるマロロス共和国が発足してアギナルドが大統領に就任した。

ところが、この時点で、フィリピン革命をめぐる国際情勢はすでに大きく変化していた。一八九八年四月に米西戦争が勃発し、アメリカがフィリピンへ軍隊を派遣するにいたったからである。アメリカは同年八月にマニラを独力で無血開城し、フィリピン全域を対象として軍政を宣言した。さらに、同年一二月にはパリ講和条約によって、フィリピンの領有権がスペインからアメリカに移譲された。かくして、一八九九年一月にマロロス共和国を発足させた革命政府軍と国際法上フィリピン領有権を獲得したアメリカ軍が同年二月に激突し、一八九六年に対スペイン独立戦争として始まったフィリピン革命は、フィリピン・アメリカ戦争へと転化した。以後、軍事的に圧倒的優位を誇るアメリカ軍がフィリピン各地をつぎつぎと制圧し、一九〇二年七月に平定作戦完了を宣言を行い、アメリカはフィリピンでの植民地統治体制を確立していったのである。

一八九六~九八年の対スペイン独立戦争とそれに続く一八九九~一九〇二年のフィリピン・アメリカ戦争は、フィリピン全土に及んだ戦争で、一般に、フィリピン人の死者は二〇万人程度と推計されているが、当時の人口七〇〇万人の一割にも及んだという推計すらある、という(Gates 1984: 367; May 2013:91)。

次節以降では、近年ようやく出版されたミラグロス・ゲレーロの博士論文を取り上げるが、まず、同論文刊行にあたってゲレーロ自身が執筆した刊行の辞を紹介し、ついで、フィリピン文化史の研究者として著名なビセンテ・L・ラファエルの序文を検討することにしたい。

二　ミラグロス・ゲレーロによる刊行の辞

ミラグロス・C・ゲレーロ(一九四一~　)は、フィリピン革命史研究の重鎮テオドロ・A・アゴンシリョの弟子のひとりとして、長らく国立フィリピン大学社会科学・哲学部歴史学科教授職を務めた、フィリピンの第一級の歴史学者である。ゲレーロは一九七七年にミシガン大学でフィリピン革命史をテーマとする論文で博士号を取得したが、『ルソン島における戦争』と題するこの博士論文(Guerrero 1977)は、二〇一五年にビセンテ・L・ラファエル(4)の序文付きでマニラのアンヴィル出版社から刊行に漕ぎ着けるまで、未刊行のままであった。

フィリピン革命史研究として卓越した内容をもつこの博士論文を、著者ゲレーロがこれほど長らく未刊のままにしておいた理由については、これまでさまざまな推測がなされてきた。ただし、未刊行であっても、アメリカの大学の博士論文はユニバーシティ・マイクロフィルム社（ＵＭＩ）を通してプリントアウトを入手できるので、すでに多くの研究者たちによって引用されてきた。筆者も、本博士論文を、今回の刊行以前にＵＭＩからコピーを入手していたひとりである。ＵＭＩ版（Guerrero 1977）と今回刊行されたアンヴィル出版社版（Guerrero 2015）とを比較すると、内容はまったく同じでありながら、アンヴィル版の方が活字の大きさがやや大きいために、ＵＭＩ版より頁数が多くなっている。(5) 以上の点を踏まえたうえで、ここでは、新たに刊行されたアンヴィル出版社版へのゲレーロ自身による刊行の辞を読み解くことにしたい。

ゲレーロの刊行の辞は簡潔にまとめられ、全文八頁である（Guerrero 2015:v-xii）。そこで述べられていることはふたつあり、第一に、彼女が博士論文でふんだんに史料として利用した「フィリピン革命文書」（"Philippine Insurgent Records: PIR"）についてであり、第二には、博士論文でゲレーロが最重要課題としたことが何であったのかについてである。

そもそも「フィリピン革命文書」とは、どのような史料なのだろうか。ゲレーロによるように、この文書は、アメリカがフィリピン革命期に押収した史料で、一八九六年の革命勃発から一九〇一年三月の革命政府大統領のアギナルド降伏までを対象時期として、全三トンからなる膨大なものである。本文書は、米国陸軍第一四歩兵部隊大尉ジョン・メイグス・テイラーが現地で収集したもので、アメリカはこの史料を一九五八年にフィリピンに返還した。史料の返還前に撮影されて作成されたマイクロフィルムは六四三巻に及んだ。(6) 現在、同史料は、新たに"Philippine

Revolutionary Papers: PRR" と命名されてマニラの国立図書館に所蔵されている。この史料のほとんどは、アギナルドの革命政府の構成メンバーによる文書であり、彼らによる同政府の運営に関するものである。

テイラー大尉は、一九〇二~〇六年に米国陸軍省島嶼地域担当局(Bureau of Insular Affairs: BIA)に勤務する間にこの史料を整理して、一万二〇〇〇点をとくに選択し、彼自身の歴史叙述を含めて五巻本に編集した。しかし、この五巻本は校正ゲラが出たにもかかわらず、アメリカで出版されずに終わった。最終的に出版されたのは、それから六〇年以上ものあとの一九七一年になってからのことであった。出版元はマニラのロペス博物館であり、急進的な批評家であり歴史家として著名なレナト・コンスタンティーノが同館長を務めていたときであった。ゲレーロは当時、国立フィリピン大学の歴史学科教員として五巻本の校正ゲラの校閲を担当した。それは、彼女がミシガン大学に留学し、アメリカで革命文書の全容に触れる一年前のことであった、という。

では、なぜテイラーが編纂した五巻本がアメリカで刊行されなかったのだろうか。当時、アメリカでは、政府の意向に沿ったかたちでジェームズ・ルロイがフィリピン革命史をまとめており、その成果が一九一〇年代初頭に『フィリピンにおけるアメリカ人』(*The Americans in the Philippines*)として刊行された。ルロイは、テイラーの五巻本がアメリカのフィリピン植民地支配に対する国内の批判に利用されることを恐れて、公刊に反対した。テイラーは一九三〇年代まで上記史料の公刊を懇願したが果たされることはなかった。

ゲレーロは、以上のように「フィリピン革命文書」を位置づけたあと、博士論文執筆の意図を語っている。その内容は、博士論文の序章と重複するところがあるので、ここではさしあたり以下を確認するにとどめたい。すなわち、本博士論文の主要なねらいとは、革命期におけるフィリピンのエリート層の権力と持続力を浮き彫りにすることにあった。なぜなら、エリート層が各州もしくは各町のレベルの統治に関与していなければ、革命政府(マロロス共和国）が各地域の統治形態の再編成を行うことはほとんど不可能だったからである。

こうした視角のもとに、ゲレーロは、博士論文で、「フィリピン革命文書」を丹念にあたり、第一に、フィリピン革命期、とりわけアギナルドが主導した革命政府のなかの全国レベルのエリート層の行動様式を明らかにし、第二に、アギナルド政府が農民をはじめとする一般民衆とどのような関係にあったのかについて議論し、フィリピン革命期におけるフィリピン社会（とりわけルソン島）のエリート層と農民層との対立の構図を明らかにすることをめざした、という。このため、ゲレーロは、刊行の辞において、スペイン植民地支配下に構築された地方行政組織にもとづき革命政府が組織されていった点を強調するのである。

次節では、上記のゲレーロの刊行の辞を念頭に置きながら、本論文に対するビセンテ・Ｌ・ラファエルの序論を検討することにしよう。

三　ビセンテ・ラファエルによる序文

ビセンテ・ラファエルの序文付きでマニラのアンヴィル出版社からゲレーロの博士論文の刊行が決まったのは、本書が出版される一年ほど前のことであった。偶然にも私は、二〇一四年九月に国立フィリピン大学アジア研究センターのレストランでミラグロス・ゲレーロ、ビセンテ・ラファエル、そして当時アンヴィル出版社の編集長であったカリーナ・ボラスコらと博士論文出版に向けたインフォーマルな会合に参加する機会に恵まれた。本論文刊行にあたって新たに執筆されたラファエルの序文は、はじめに、その会合でのゲレーロの語らいを紹介したうえで、一九五〇年代から七〇年代におけるフィリピン人研究者たちのアメリカの留学状況などを背景として、ゲレーロが博士論文を執筆した経緯を追跡している。

ついで、ラファエルは、ゲレーロがアメリカで「フィリピン革命文書」を丹念にあたって論文を仕上げた結果、彼女の師匠であったアゴンシリョの名著のひとつである『マロロス――共和国の危機』(Agoncillo 1960/1996) の研究水準を超える論文として結実した意義を、つぎのように議論している。

ラファエルは、まずゲレーロが博士論文の表題に「戦争」(war) という用語を用いたことに着目する。なぜなら、従来のフィリピン革命期の研究では、ゲレーロが考察の対象としたマロロス共和国の成立と崩壊の時期 (一八九八~一九〇二) は、革命の第一段階、すなわち「大衆の反乱」(revolt of masses) 期 (一八九六~九八) に対して、革命の第二段階として位置づけられてきたからである。その上で、「フィリピン社会の諸矛盾」(contradictions in Philippine society) という副題が付与され、この時期の革命軍とアメリカ軍との対立、共和国内部の指導部間の対立、各地域の革命指導層と一般民間人との対立を描写したことを評価している。

重鎮アゴンシリョの革命史研究以来、ほぼ定説となってきたことであるが、ラファエルにとって、従来のフィリピン革命史研究のなかで超えるべき大きな壁となっていたことのひとつは、一八九六~一九〇二年のフィリピン革命期を上記のように二つの時期に区分することであった。このように革命期の第一段階を「大衆の反乱」期と位置づけることは、いうまでもなく、独立革命が大衆もしくは一般民衆の蜂起によって開始されたことを意味するからである。さらに一八九八~一九〇二年を第二段階とすることは、第一段階の大衆による革命の主導権を反革命的なエリート層が掌握したため、革命の挫折をもたらしたというものである。しかし、このように革命期を「革命的」対「反革命的」として二つに区分することは、独立運動を遂行した指導力とイデオロギーが一貫して持続した点に照らして考えると、きわめて不適切な見解であり、ゲレーロの博士論文はそうした従来の革命史研究における欠落点を補い、かつ新しい視野を提供している、という（Rafael 2015: 4–5）。

このようなラファエルによるゲレーロ論文の今日的評価は、近年、新たに刊行された革命史研究の潮流と合致するものである。ラファエルは、近年のジム・リチャードソンらの議論に賛同し、フィリピン革命の火蓋を切ったアンドレス・ボニファシオは、一般大衆ではなく、中間層であるという議論を支持している。一九世紀半ば以来のマニラなどの都市部を中心としたフィリピン社会の変容（輸出経済への転換）のなかで、商人・印刷業者・教員などが増加したが、革命結社カティプーナンの創設者たちの多くは、こうした新興の中間層であった（Ibid.: 5–6）。[7]

革命結社カティプーナンは、千年王国的伝統をひく住民の反植民地抵抗に対して決して無関心ではなかったものの、リサールなどエリート層が主導した「フィリピン民族同盟」に内在する自由主義思想を取り込んだものであり、キリスト受難詩やカトリックの儀式よりも、むしろヨーロッパ的なフリーメーソンに近かった。ラファエルによれば、革命結社は、第一義的に体制変革（regime change）を希求したのであって、社会変革（social change）を意図したものではなかったのである（Ibid.: 7–8）。

革命組織は一八九七年五月に深刻な対立を起こし、ボニファシオ兄弟が粛清され、その後、アギナルドが革命運動の主導権を握った。革命組織のなかでマロロス共和国創設の段階になると、一八九八～九九年に内部対立が激化し、農民組織や都市労働者たちの動きが先鋭化してゆく。そうしたなかで、ゲレーロが指摘するように、革命政府は資金や兵士獲得のために税金の徴収を必要とするようになったが、そのためには地方エリート層からの協力が欠かせなくなった。この結果、地方では、革命兵士となった農民たちの千年王国的蜂起や地方の革命政府に対する反乱が巻き起ったとする（Ibid.: 8–10）。

このようにゲレーロの博士論文を読んだ結果、ラファエルはつぎのような結論を引き出している。すなわち、従来のフィリピン人歴史家によるフィリピン革命論（二段階説）と異なり、フィリピン革命は、結社カティプーナンの蜂起からマロロス共和国の創設まで、エリート層が主導していた一貫したものであって、「革命的」から「反革命的」への流れへと変貌したのではない。フィリピンでは一九世紀後半に輸出経済が活況を呈するなかでフィリピン社会が変容し、都市部ではエリート層が台頭した。スペインはこうした社会変化に対応しながら植民地体制を維持するにあたり、改革に乗り出したが、フィリピンのエリート層は革命運動によってより大きな政治的権力の獲得をめざした。アメリカが植民地統治をとおして、彼らに与えたものはこの政治的権力であった、と（Ibid.: 10-13）。

この意味で、フィリピン革命は、ラファエルによると、社会革命を内在したフランス革命とはその性格が異なっていた。むしろ、類似しているのは、一七七六年のアメリカのイギリスからの独立革命だという。フィリピン革命を主導したヨーロッパ的な自由思想は、独立戦争時にアメリカ社会で生まれた自由思想に類似したものであり、それはメスティーソであるエリート層が主導したものであり、東南アジアに元来伝統的に存在した土着化した思想ではない。このため、フィリピン革命における中心的思想は、クレオーレ・ナショナリズムということができるだろう。そうだとすれば、フィリピン人が追求すべき「未完の革命」とはどのような革命になるのだろうかと、ラファエルは問うのである（Ibid.: 13-16）。

以上がラファエルによるゲレーロ論文の解説である。以下では、筆者自身がゲレーロの博士論文を読み解き、ラファエルがゲレーロ論文の解説で語ったフィリピン革命論とゲレーロ自身が博士論文で実際に展開したフィリピン革命論との間にどのような齟齬があるのかを明らかにしてゆきたい。

四　ミラグロス・ゲレーロ論文を読み解く

ゲレーロの博士論文は全五章からなっており、その構成は「第1章　序論――革命史研究の検討」、「第2章　政治体制の再編成」、「第3章　挫折した希望」、「第4章　革命のなかの農民」、そして「第五章　要約」である。以下、各章ごとにそのおもな内容をまとめてゆこう。

1　第1章　序論――革命史研究の検討

本章では、まずフィリピン革命の研究史が概説される。ゲレーロは、一九〇〇～三五年のアメリカ植民地期(8)にアメリカ人研究者たちによってフィリピン革命史が描かれたが、彼らは一様に、「革命はスペイン支配に対する広範な抵抗によってもたらされたが、それはフィリピン人エリートの自発力と指導力によるものだと断言している」(Guerrero 2015: 2) 点を批判的に捉えている。このような見解においては、民衆や「教養のない」反乱の指導者たちの役割が軽視され、有産知識階層などのエリート層のナショナリズムの発展やフィリピン革命とフィリピン・アメリカ戦争における彼らの役割により多くの関心が向けられることになるからである。

引き続きゲレーロによれば、アメリカ人によるフィリピン革命史の叙述には、一般的にこのような共通性が確認されるものの、それらはその政治的立場によって「帝国主義派」と「反帝国主義派」に二分され、前者が主流派であった。主流派をなした「帝国主義派」の見解のなかでは、フィリピン革命はスペインの植民地支配に不満をもったマニラ周辺地域（タガログ語圏）の州や町の地方エリート層が主導した反乱であり、一般大衆は彼らに追随したにすぎない。全国レベルでその名を知られるような超エリート層はあとから革命に参加し、革命の方向性を示す役割を担うにとどまった。こうしたなかで、アメリカ植民地支配のもとで展開された「恩恵的同化」政策は、宗主国としてスペインが実施できなかった地方自治への機会を地方エリート層に与えた（Ibid.: 3–10）。

これに対して後者の「反帝国主義派」によると、地方エリート層の主導によるものであれ、より富裕なエリート層によるものであれ、革命はマニラ周辺地域に限定されることなく、全国レベルで展開された。アメリカの革命への介入は帝国主義的であり、決して容認されるものではない（Ibid.: 4）。総じてフィリピン人の研究者たちは、アメリカ植民地期において上記の反帝国主義的見解をもっていたものの、フィリピン革命について詳細な研究を行うことはほとんどなかった。フィリピン革命について後世に引き継がれるような研究がフィリピン人の歴史学者たちによって展開されるようになったのは、第二次世界大戦後にフィリピンが独立したのちのことであり、その先駆的業績は、テオドロ・アゴンシリョの『大衆の反乱』（Agoncillo 1956/1996）と『マロロス――共和国の危機』（Agoncillo 1960/1997）であった（Ibid.: 10–11）。

『大衆の反乱』でアゴンシリョは、フィリピン革命は少数のエリートによるものではなく、「プロレタリアート」的性格をもっていたと主張する。こうした視点から、結社カティプーナンは、一八八〇年代後半から九〇年代初頭のプロパガンダ運動を引き継ぎながら、一般大衆的（plebian）運動を展開したと位置づけられる。他方、『マロロス――共和国の危機』では、革命政府の指導権を掌握したアギナルドを中心とする地方エリート層とイルストラードと呼ばれる、より富裕な有産知識階層との間に生起した革命の遂行をめぐる対立・抗争が追跡され、アメリカによる介入後のマロロス政府の崩壊過程が明らかにされた（Ibid.: 11–16）。

アゴンシリョによるフィリピン革命史研究は、その後多くのフィリピン人研究者に大きな影響を与え、一方では、政治・経済・社会などさまざまな角度からのフィリピンのエリート層の特徴についての研究へと発展していった。他方で、その影響は、一九六〇年代以降に歴史研究の新しい視座として登場した、「底辺からの歴史」へと受け継がれ、植民地期の農民反乱のなかの千年王国運動的性格についての研究が活発に行われるようになり、レイナルド・C・イレートによってフィリピン革命期の民衆運動についての博士論文（Ileto 1975）がまとめられた（Guerrero 2015: 16–30）。

以上のようにフィリピン革命史研究を検討したうえで、ゲレーロは本博士論文のねらいとは、「フィリピン革命文書」（ＰＩＲ）を渉猟して、革命政府のなかで展開したさまざまな階層対立や矛盾を具体的に明らかにすることにあるとする。そして考察の対象とする地域をルソン島に限定し、革命政府の税金制度や農地所有問題（小作制度）や革命の重要部分を担った農民運動にも言及する。さらに、考察の対象時期は、アギナルドが亡命していた香港から帰国した一八九八年五月からマロロス共和国が崩壊した一九〇二年四月までとされる。この「フィリピン革命の第二段階」における重要な歴史的出来事としては、一八九八年六月一二日のフィリピン独立宣言、同年六月二三日における革命政府樹立、同年八月一三日のアメリカ軍によるマニラ占領、同年一二月一〇日のスペインによるフィリピンのアメリカへの譲渡、そして一八九九年二月四日のフィリピン・アメリカ戦争の勃発が挙げられる（Ibid.: 30–35）。

2　第2章　政治体制の再編成

ついで第2章では、本論文が考察の対象とした時期の革命政府のルソン島各地域における組織編成とその変容が詳述される。

まず、一八九八年六月二三日にマニラ周辺のタガログ語圏でアギナルドによって革命政府が樹立されると、各地域で革命政府への賛同が広がり、およそ一カ月でカビテ、ラグナ、バタンガス、ブラカン、パンパンガの各州や、マニラ郊外のほとんどの町が革命政府の支配下に置かれるようになった。こうして、スペイン軍に対する革命軍の優勢が続くなかで、中部・北部ルソン地方でもアギナルドは、各州の町レベルにおける革命政府の組織づくりを推進していった（Ibid.: 42–49）。

各州・各町で革命政府が樹立されたあとは、それらの地域における税金の徴収が必要となったほか、治安の回復が急務とされた。各州・町での革命政府の組織にあたり、各地方の有力者たちが革命政府の重要ポストを独占し、州議会や町議会の選挙でも不正が乱発したからである。さらに、多くの町では革命軍将校たちが町議会議員よりも強力な権力を行使するようになり、地域によっては、混乱のなかで革命軍と町議会の双方が住民から税金を徴収する場合すらみられた。こうしたなかで、地方の革命政府における文民統制がきかなくなり、一八九九年二月以降になると、バタアン州、タヤバス州、ラ・ウニオン州、イロコス州などでは、革命政府に対抗するグループや、山賊・匪賊（tulisanes）、盗賊（ladrones）と呼ばれる反乱グループが登場し、一般大衆の革命政府や革命軍に対する不満が高まった。中央の革命政府を統率するアギナルドは混乱した事態に対する対処を試みるものの、事態が好転する見通しはなかった（Ibid.: 52–91）。

3　第3章　挫折した希望

本章では、革命政府の経済政策、とくにスペイン植民地支配下で一般大衆が不満を抱いた税制と土地所有問題について、革命政府がどのような取り組みを行ったのかについての分析が試みられている。

アギナルド政府は、一八九八年六月にスペイン植民地政府と同様に人頭税徴収令を公布した。ところが、人頭税だけでは革命政府の維持ができないため、同年末までにその他の税金の徴収を開始し、一八九九年二月に人頭税を廃止し新たに住民税を所得に応じて徴収することになった。しかし、革命政府におけるエリート層のねらいと一般大衆の願望には大きな行き違いが生じていった。そもそも結社カティプーナンが初期に掲げた目標は、スペイン政府による人頭税拒否だったからである（Ibid.: 110–126）。

独立革命の遂行とその後アメリカ軍との戦闘が続くなかで、農村の経済状況が悪化していった。一八九八年一〇月には、マニラのイギリス系タバコ会社でストライキが発生し、その後、鉄道会社などの労働者によるストライキが相次いだ。彼らのなかには結社カティプーナンの会員もいたが、革命政府がストライキに理解を示すことはなかった（Ibid.: 129–132）。

一八九八年一二月にはルソン島中部のタルラック州で、地方エリート層が税金の廃止を要求したが、アギナルド政府はこれを拒否したため、農民反乱が発生し、革命政府が武力でこれを鎮圧する事態となった。また、革命政府はカビテ州、バタンガス州、ラグナ州のカトリック修道会の大農園（アシエンダ）の接収を宣言したものの、実際にはほとんど土地の収用が行われることはなく、大農園における借地・小作制度の改革は無策に終わり、農民の間で不満が高まった。この結果、地域によっては農民が地主の土地所有の制限を要求することもあった。他方、革命政府が没収した土地を地主が返還要求する動きもあり、革命政府の土地所有に対する政策が混乱した。こうして各地で農民運動が高揚するなかで、アギナルドは、それを侮蔑的にも「もうひとつのカティプーナン」と呼んだ、という（Ibid.: 133–164）。

4　第4章　革命のなかの農民

以上のようにフィリピン革命の推移を追跡すると、その社会運動としての意義を理解するには農民運動の性格の検討が不可欠となる。このため、本章では、独立革命の原動力のひとつであった農民運動の社会的性格とその展開過程が議論される。

ゲレーロの議論の特徴は、革命期の農民運動は散発的な千年王国運動ではなく、全国的な革命運動として展開されたとしている点にある。従来の研究では、一八九八年五月から一九〇二年四月の時期を「マロロス共和国の危機」として捉え、革命政府内部の権力闘争に焦点を当てて議論されることが一般的であった。しかし、ゲレーロによれば、この時期におけるより深刻な事態は、革命政府が農村における社会問題を掌握することができず、各地でアギナルドが主導する革命政府とは別個の枠組みとして、農民運動の指導者たちが革命組織としてカティプーナンを組織し、持続的に社会変革を求めた。そして、こうした運動のなかで農民層が希求したものは、愛国心や国民性といった近代的かつ革命的な志向であり、西欧世界が時代錯誤とみなすような、古い伝統やメシア信仰にもとづくものではなかった、という（Ibid.: 182–186）。[9]

かくして、亡命先の香港から帰国したアギナルドらが直面した事態は、革命運動がタガログ語圏はもちろん、ルソン島中部、そして同島北部イロコス地方、さらにビサヤ地方へと広範に拡大し、そのなかで農民層の動きが急進化し、彼らが独立運動のなかで社会改革をめざすという状況であった。農民たちがエリート層と協力して、社会改革の遂行を求めることもあったが、地方エリート層はむしろそれを恐れた。地域によっては、カティプーナンの農民組織とアギナルドの革命軍が鋭く対立し治安が悪化した。こうして地方エリート層と農民層とが乖離し、各地で農民たちが山賊・匪賊（bandits）化する事態が多発し、千年王国的蜂起もみられるようになった。このような状況のもとで、アギナルドは中央の革命政府を維持するために周りを側近で固めることになる（Ibid.: 186–220）。

さらに、一八九九年二月以降には、アギナルドの革命軍はアメリカ軍との戦闘に関心を奪われるようになり、各地方における農民反乱に対応する余裕すらなくなってしまう。このため、各地で革命軍と農民とのゲリラ戦が展開されることになった。フィリピン・アメリカ戦争期には、フィリピン各地で革命軍対アメリカ軍、革命軍対農民反乱、そして農民反乱対アメリカ軍の、三つ巴のゲリラ戦争が続いたのである（Ibid.: 221–239）。

5　第5章　要約

本章は、本論文の結論部分である。ここでゲレーロは、まずフィリピン革命が当初からフィリピン社会のなかの階層対立を内包していたことを強調する。政治的独立のための闘争は、「地方の社会経済的状況に対する大衆による挑戦」であり、スペイン植民地期における搾取に対する抵抗だった。当初、エリート層の多くは、スペインからの分離独立よりも併合もしくは改革を望んでいた。したがって、独立革命を推進することは、エリート層がそれまで享受してきた社会的・政治的地位を脅かす危険性をはらんでいたのである（Ibid.: 256–262）。

しかし、エリート層によるスペインへの併合や改革運動は失敗し、一八九六年に「真に大衆を中心とする分離独立をめざすカティプーナン（the truly mass-based separate Katipunan）」の蜂起により革命が勃発する。革命の主導権は一八九七年にタガログ圏の地方エリート層が握り、九八年になるとマニラとその周辺地域におけるより富裕なエリート層に委譲された。当初、独立革命は、エリート層による主導権のもとで大衆の心情と願望を体現することをめざしていた。ゲレーロは、この意味で革命における一般大衆もしくは農民層の役割の重要性を確認しなければならないとする。しかし、革命運動の遂行過程で革命政府と一般大衆（農民層）との利害が衝突したため、一般大衆は最終的に革命の犠牲者になってしまった、という（Ibid.: 256–265）。

かくして、四〇年間のアメリカ植民地期と三〇年間の独立時代を経たあとにおいても、今なお農民たちの要求が続き、農民組織がフィリピン社会で広がり続けていることは、「一八九六～一九〇二年の革命に内在し約束された社会的再生が依然として実現されていないことを農民が確信している」(Ibid.: 265) ことの証であると、ゲレーロは結ぶのである。

おわりに

以上のようにゲレーロの博士論文の内容とその特徴をまとめると、ラファエルがこの博士論文に寄せた序文は、ゲレーロの博士論文出版の意義を認めながらも、同博士論文の内容を解説したものというよりは、むしろ近年のフィリピン革命史研究の潮流を踏まえて、ラファエル自身のフィリピン革命史観を述べたものだといえよう。

ラファエルが序文において提起したことを再びここで整理すると、以下のようになろう。すなわち、一八九六～一九〇二年のフィリピン革命期において、革命の主導者は一貫してエリート層であって、民衆ではない。民衆（大衆・農民）はそのなかで副次的役割を担ったにすぎない。したがって、フィリピン革命は、「民衆革命」ではなく、「クレオーレ革命」であり、既存の社会構造を変革する社会変革の動きを伴うものではなかった、というものである。

これに対して、ゲレーロの博士論文では、フィリピン革命期を二つの段階に分けて位置づけている。第一段階は一八九六～九八年の「大衆の反乱」の時代であり、第二段階は一八九八～一九〇二年のマロロス共和国の時代である。本博士論文では、第二段階のみを扱っており、第一段階についてはほとんど議論されていない。しかし、ゲレーロは、フィリピン革命は大衆の反乱で始まり、エリート層が革命の主導権を掌握するにつれ、革命政府は一般大衆が当初希求したものではなくなったという見解を維持している。

したがって、ラファエルは序文の冒頭で博士論文の表題に「戦争」という用語を用いたことに着目し、ゲレーロの論文が、フィリピン革命を二つの段階に分け、前者を大衆が主導した時代、後者をエリートが主導した時代と分けてきた既存の研究の枠組みを超えていると述べているが、それはゲレーロの博士論文が意図するところではなかったことになる。実際、ゲレーロは博士論文のなかで、革命の「第一段階」という用語を使った箇所はないが、「最初の反乱」期（the "first insurrection"）という言葉でこの時期を表現している（Ibid.: 195）。他方、革命の「第二段階」という用語は数箇所で使用されており（Ibid.: 35, 257）、ゲレーロ自身はアゴンシリョ以来のフィリピン革命史研究における時期区分に従って、博士論文を執筆していたことを跡づけている。

とはいえ、ゲレーロの博士論文は、ラファエルが語るように、アギナルド革命政府と一般大衆（農民）との関係について、一次資料に基づき詳述し、革命政府内の、とくに州・町レベルにおける政策の遂行にあたり、エリート層と一般大衆の間の対立を具体的に追跡した研究である。この点では、ラファエルが評価するように、ゲレーロ論文はアゴンシリョの『マロロス――共和国の危機』を超える研究であることに間違いない。しかし、ここでも、フィリピン革命の評価については、ラファエルとゲレーロの見解は異なっていた。ラファエルにとって、独立革命は社会構造の変革を求めないエリート層による独立運動だったのに対し、ゲレーロは、独立革命の性格を階級対立が内包する社会変革運動と規定しているからである。

このように、ゲレーロの博士論文とそれに対するラファエルの序文との間には、フィリピン革命の担い手とその社会的性格に対する解釈に基本的な違いがある。しかし、聞くところによれば、ゲレーロは、ラファエルが序文を書くことで、四〇年もの間未刊行であった博士論文の刊行を認めたという。そうであれば、上記のようなフィリピン革命に関する解釈の違いを背負ったまま、ラファエルの序文付きでゲレーロ論文がフィリピンで刊行された意義を理解することが重要であろう。とすると、その意義とは何だろうか。おそらく、ゲレーロ論文がアギナルドの主導した革命政府を軸に議論を展開し、一次資料をもとにして革命期のエリート層の動態を克明に追跡したことにあるのではないだろうか。この点でゲレーロ論文は、近年のフィリピン革命史研究がエリート層に焦点をあてて展開している潮流と合致するからである。

そうだとすれば、近年のフィリピン革命期の研究が、従来の研究では多くの場合、「革命の裏切り者」としてのレッテルを貼られたかたちで、なかば否定的存在として理解されてきたエリート層の実像をより多面的に再現しつつ、エリート層と一般民衆がときに植民地支配への抵抗で一致し、しかし他方では革命政府の運営において対立しながら、フィリピン各地で展開した反植民地運動としての独立革命像を再構成する道筋へとつながることを期待せざるをえない[10]。さらに加えれば、そのようなかたちで独立革命像が豊かになることが、フィリピン社会の発展の裏づけとなることを望んでやまない。

注

（1）「未完の革命」論については、Ileto（1998: 181-182）、永野（二〇一三、八二頁）をみよ。
（2）近年のフィリピンの経済成長と社会変化の概説として、井出（二〇一七）を参照。
（3）フィリピン革命の全貌についての優れた日本語の研究として、池端（一九八七）を参照。なお、以下の革命史概略については、永野（二〇一六、三二～三四頁）を参照。
（4）ビセンテ・ラファエルの文化史研究の特徴については、永野（二〇〇四、三七一～三七四頁）を参照。

（5）ＵＭＩ版は全文二六一頁であるが、アンヴィル版の博士論文の頁数は二九五頁である。

（6）本マイクロフィルムは、日本では東京外国語大学アジア・アフリカ言語文化研究所が所蔵している（池端 一九九四、一三五頁）。

（7）詳しくは、Richardson（2013）をみよ。同書の出版により、グレン・メイ（May 1997）によって疑義が提示されたものの、フィリピン人歴史家たちが依拠してきたボニファシオ関係の史料には問題がないことが、丁寧な史料考証によって確定した。しかし、リチャードソン自身は、同書でも、ボニファシオは、アゴンシリョらが主張してきたような最下層のマニラの住民ではなく、外国商社に勤務した経験をもつ中間層であると主張している。こうした観点から、アゴンシリョ以来、フィリピンの歴史家によって展開されてきた「民衆史としてのフィリピン革命論」には真っ向から異議を唱えている（Richardson 2013: 452-465）。

（8）一九三六〜四一年もアメリカ植民地期であるが、この時期はコモンウェルス政府（独立準備政府）期であり、それ以前の時期と政治体制が異なっていた。

（9）この農民運動の理解をめぐっては、一九八〇年代初頭にゲレーロとイレートによる激烈な論争が展開された。ゲレーロは、フィリピン革命のなかの農民運動は、一九三〇年代に社会主義の影響を受けて組織的に展開する労働・農民運動の原初的形態ととらえた。これに対して、イレートは、この農民運動は、植民地支配下に置かれた東南アジア社会で一八〜一九世紀に散発的に生起した、千年王国運動の流れで捉えるべきであり、社会の単線的発展の延長線上で歴史的変化を理解することへの異論を提示したのである（Guerrero 1981; Ileto 1982）。

（10）アメリカのフィリピン独立革命への介入とその後の植民地化を批判的に捉えた近年の研究として、Shaw and Francia（2002）と Ileto（2017）を参照。

参考文献

Agoncillo, Teodoro A.（1956/1996）*The Revolt of the Masses: The Story of Bonifacio and the Katipunan*, Quezon City: University of the Philippine Press.

Agoncillo, Teodoro A.（1960/1997）*Malolos: The Crisis of the Republic*, Quezon City: University of the Philippines Press.

Anderson, Benedict（2005）. *Under Three Flags: Anarchism and the Anti-Colonial Imagination*, London: Verso（ベネディクト・アンダーソン著、山本信人訳『三つの旗のもとに――アナーキズムと反植民地主義的想像力』ＮＴＴ出版、二〇一二年）.

Constantino, Renato（1975）*The Philippines: A Past Revisited*, Quezon City: Tala Publishing Services（レナト・コンスタンティーノ著、池端雪浦・永野善子、鶴見良行ほか訳『フィリピン民衆の歴史　Ｉ――往時再訪（１）（２）』井村文化事業社、一九七八年）.

Constantino, Renato, and Letizia R. Constantino（1978）*The Philippines: The Continuing Past*, Quezon City: Foundation for Nationalist Studies（レナト・コンスタンティーノ、レティシア・Ｒ・コンスタンティーノ著、鶴見良行ほか訳『フィリピン民衆の歴史　Ⅲ、Ⅳ――ひきつづく過去（１）、（２）』井村文化事業社、一九七九、八〇年）.

Cullinane, Michael（2014）*Arenas of Conspiracy and Rebellion in the Late Nineteenth-Century Philippines: The Case of the April 1898 Uprising in Cebu*, Quezon City: Ateneo de Manila University Press.

Gates, John M.（1984）"War-related Deaths in the Philippines, 1898-1902," *Pacific Historical Review*, vol. 53.

Guerrero, Milagros Camayon（1977）"Luzon at War: Contradictions in Philippine Society, 1898-1902," Ph.D Dissertation,

University of Michigan.
Guerrero, Milagros C.（1981）"Understanding Philippine Revolutionary Mentality," *Philippine Studies*, vol. 29, no. 2.
Guerrero, Milagros Camayon（2015）*Luzon at War: Contradictions in Philippine Society, 1898-1902*, Mandaluyong City: Anvil Publishing.
Hau, S. Caroline（2017）. *Elites and Ilustrados in Philippine Culture*. Quezon City: Ateneo de Manila University Press.
Ileto, Reynaldo C.（1975）"*Pasión* and the Interpretation of Chang in Tagalog Society（ca. 1840-1912）," Ph.D. Dissertation, Cornel University.
Ileto, Reynaldo C.（1979/1989）*Pasyon and Revolution: Popular Movements in the Philippines, 1840-1910*, Quezon City: Ateneo de Manila University Press（レイナルド・C・イレート著、清水　展・永野善子監修、川田牧人・宮脇聡史・高野邦夫訳『キリスト受難詩と革命――一八四〇～一九一〇年のフィリピン民衆運動』法政大学出版局、二〇〇五年）.
Ileto, Reynaldo C.（1982）"Critical Issues in 'Understanding Philippine Revolutionary Mentality'," *Philippine Studies*, vol. 30, no. 1.
Ileto, Reynaldo C.（1998）*Filipinos and their Revolution: Event, Discourse, and Historiography*, Quezon City: Ateneo de Manila University Press.
Ileto, Reynaldo C.（2017）*Knowledge and Pacification: On the U.S. Conquest and the Writing of Philippine History*, Ateneo de Manila University Press.
Mojares, Resil B.（2006）*Brains of the Nation: Pedro Paterno, T.H. Pardo de Tavera, Isabelo de los Reyes, and the Production of Modern Knowledge*, Quezon City: Ateneo de Manila University Press.

Mojares, Resil B.（2017）*Interrogations in Philippine Cultural History,* Quezon City: Ateneo de Manila University Press.
May, Glenn Anthony（1997）*Inventing a Hero: The Posthumous Re-Creation of Andres Bonifacio,* Quezon City: New Day Publishers.
May, Glenn Anthony（2013）*A Past Updated: Further Essays on Philippine History and Historiography,* Quezon City: New Days Publishers.
Rafael, Vicente L.（2015）"Introduction: Revolutionary Contradiction," In *Luzon at War: Contradictions in Philippine Society, 1898-1902* by Milagros Camayon Guerrero.
Richardson, Jim（2013）*The Light of Liberty: Documents and Studies on the Katipunan, 1892-1897,* Quezon City: Ateneo de Manila University Press.
Shaw, Angel Velasco, and Luis H. Francia（2002）*Vestiges of War: The Philippine-American War and the Aftermath of an Imperial Dream, 1899-1999,* New York: New York University Press.
池端雪浦（一九八七）『フィリピン革命とカトリシズム』勁草書房。
池端雪浦（一九九四）「東京外国語大学アジア・アフリカ言語文化研究所のフィリピン関係コレクション」『東南アジア――歴史と文化』第二三号。
井出穣治（二〇一七）『フィリピン――急成長する若き「大国」』中公新書。
永野善子（二〇〇〇）『歴史と英雄――フィリピン革命百年とポストコロニアル』（神奈川大学評論ブックレット11）御茶の水書房。

永野善子「解説」(二〇〇四)、レイナルド・C・イレート、ビセンテ・L・ラファエル、フロロ・C・キブイェン著、永野善子編・監訳『フィリピン歴史研究と植民地言説』めこん。

永野善子(二〇一三)「抵抗の歴史としての反米ナショナリズム――レナト・コンスタンティーノを読む」、永野善子編著『植民地近代性の国際比較――アジア・アフリカ・ラテンアメリカの歴史経験』(神奈川大学人文学研究叢書31)御茶の水書房。

永野善子(二〇一六)『日本／フィリピン歴史対話の試み――グローバル化時代のなかで』御茶の水書房。

第7章　米国帝国下のフィリピン・ミンダナオ島開発とフィリピン人エリート

――一九二〇年代のゴム農園計画を中心に[1]

鈴木伸隆

はじめに

二〇世紀初頭から実質的に始まる米国のフィリピン植民地政策は、一般に「慈悲深い同化」として知られる。フィリピン植民地支配を決断したマッキンリー大統領はその基本政策について、一八九九年に米国議会で、「フィリピンは我々のものだが、搾取するためではない。自治政府の科学に従って、発展させ、文明化させ、教化し、訓練させるためである」と述べている（Harrison 1922: 36）。この「白人の責務」を正当化するイデオロギーの源泉が、パターナリズム（保護者意識）である（木畑　一九八七、七二頁：Go 2011: 57）。米国と英国の帝国比較研究を行ったゴーによれば、帝国としての米国の支配形態は、「リベラルな例外主義」と呼ばれている（Go 2011: 68）。[2]帝国でありながらも、暴力ではなく、民主主義や自由を提供したというのが、その理由である。

一方、米国に領有されたフィリピンの植民地経験は、広範かつ甚大だった。三権分立、大統領制、普通選挙などの民主的な政治制度、地方自治、学校教育、公衆衛生、英語、インフラ整備といった近代的な諸制度が移植され、フィリピン人エリートはその最大の受益者となった（永野　二〇〇三；Cullinane 2003; Owen 1971）。当時、地方を拠点とする地主階級のフィリピン人エリートにとっても、砂糖、マニラ麻、ココナッツなどの原材料供給先としての米国市場は、魅力的だった。フィリピン輸出総額の約八割が一九三〇年代後半にアメリカ市場向けとなり、植民地下の保護貿易によってフィリピンの対米従属的依存は一層強化された（Allen 1938: 52）。[3]

従来の先行研究は、米国の帝国建設とフィリピンの植民地化にみる相互依存関係を「コロニアル・デモクラシー（colonial democracy）」（Paredes 1989）、あるいは「コンパドレ・コロニアリズム（compadre colonialism）」（Owen 1971）と定義し、植民地国家の特徴を活写してきた。この枠組みは、今日でも帝国米国下で建設された植民地国家と戦後独立国家の連続性を考える上で、多くの示唆を与えている。ところが、帝国米国と植民地フィリピンにみる相互連関を大胆に析出する試みに対して、フィリピン南部辺境という文脈で、その枠組みの妥当性が十分に論じられてきたとは言い難い。ここでいう辺境とは、具体的には非キリスト教徒、すなわちムスリムと非キリスト教徒少数民族が居住するミンダナオ島およびスールー諸島を指す。

本研究の主題に即して言えば、等閑視されてきたのは、植民地国家建設に大きな役割を果たしたフィリピン人キリスト教徒エリート（以下、フィリピン人エリートと略）の辺境への関与である。米国によるフィリピン植民地支配以降、フィリピン人エリートのミンダナオ島とスールー諸島への政治的権限は著しく制限されただけでなく、民政移管されたルソン島やビサヤ地域とは対照的に、一九一三年まで米国陸軍軍政が敷かれた。しかしながら軍政廃止後、ミンダナオ島行政の実権は首都マニラに移譲され、辺境ミンダナオ島は植民地国家に一元的に統合された。とりわけ一九一六年以降は、フィリピン人エリートが二院制立法府で多数派を占めるなど、政治機構の「フィリピン化」が加速した。にもかかわらず、自己権益の擁護を最大の目的としたフィリピン人エリートが、辺境ミンダナオ島の開発・発展にどのように関与したのか、必ずしも明らかにはされていない。

本章で取り上げるのは、米国資本のゴムタイヤ製造会社ファイヤーストーン（本社、米国オハイオ州アクロン）による、一九二六年代に具体化したフィリピン・ミンダナオ島でのゴム農園計画をめぐる政治的交渉過程とその結末である。英国が自国の植民地で天然ゴム（以下、ゴムと略）の供給過剰による価格低迷に対応するため、生産量を抑制したことで、米国は大打撃を受けた。その危機を乗り越えるために、米国は自前でゴム生産を検討せざるを得なくなった。それに名乗りを上げたのが、ファイヤーストーンであった。ところが、その交渉が進展する最中の一九二六年、米国議会にゴム農園候補地であるミンダナオ島とスールー諸島をフィリピン本土から切り離そうとする法案がロバート・ベーコン上院議員から上程され、ゴム農園計画に好意的だったフィリピン人エリートの反感を買う結果となった。そのため、この計画はとん挫を余儀なくされる。

この一連の出来事が示唆する点は、帝国の経済的思惑を隠ぺいした米国政治家の巧妙さがフィリピン人エリートによって暴かれるという、二項対立的なストーリーではない。むしろ、自己権益の拡大を目指すフィリピン人エリートが、国民からの同意調達に心血を注ぎ、国益を擁護するナショナリストとしての姿勢を堅持しつつも、同時に帝国米国の危機さえも権力の源泉とし、外資系企業に向って打算に満ちた駆け引きを繰り返す姿が浮き彫りとなる。[4]とくに、外資との交渉を終始一貫リードしながら、世論を巧みに操作し、国民を巻き込んで合意形成を図る姿勢からは、国内の反対や異論を封じ込め、辺境の政治的主導権を確立しようという思惑が透けてみえる。[5]本章では米国公文書館や米国議会図書館での一次資料、ゴムに関する雑誌記事、さらにはフィリピンの日刊英字新聞記事などを手がかりに、ゴム農園計画をめぐる帝国米国と植民地フィリピンの政治状況、法案化の過程、それに対するフィリピン国内の反応などの分析を通して、帝国間の連鎖が、辺境であるミンダナオ島の開発にどのような影響を与えたのか、フィリピン人エリートに着目しながら論じてみたい。

一　帝国からみた植民地フィリピン

スペイン植民地時代のフィリピンは、英国の圧倒的ヘゲモニーのもと、英国中心の経済圏の一部に組み込まれており、米国の影響力は極めて限定的だった（永野　二〇〇三、七二頁）。ところが一九世紀後半から二〇世紀初頭にかけて、衰退する大英帝国に代わって、米国が世界経済で主導的な役割を果たすことで、フィリピンは転換期を迎える。当時、米国は国内の余剰生産物を吐き出す海外市場の開拓が喫緊の課題だった。一九一四年に完成された新パナマ運河の開通は、アジア市場への近道を提供することになり、フィリピン貿易は飛躍的な伸びを示した。一九〇九年にペイン＝オルドリッチ関税法（Payne-Aldrich Tariff Act）、一九一三年にアンダーウッド＝シモンズ関税法（Underwood-Simmons Tariff Act）がそれぞれ成立することで、両国間で関税が免除される互恵的な自由貿易体制が確立され、フィリピンの対米貿易依存は決定的となった[6]。米国との保護関税貿易により関税収入を失ったフィリピンは、恒常的な歳入不足に直面することになった。経済発展のためには、海外とりわけ米国資本による投資が不可欠だった。ところが米国の資本家や投資家の中には、インフラ整備のためにフィリピン植民地政府が発行した債券購入や、小売・卸売といった商業に投資するものはいたものの、農業、製造業といった生産部門への投資はごく僅かだった。

植民地フィリピンへの投資が伸び悩んだ原因は、公有地法による制約、労働力不足、植民地フィリピンの政治的地位の不安定さの三つである（Cameron to Rafferty, September 29, 1917, BIA 200/after-52, RG 350; "General McIntyre at the meeting of rubber men at the New Willard," February 27, 1923, BIA 200/69, RG 350）。一つは、一九〇三年の公有地法による公有地の払下げが、民間で一六ヘクタール、企業で一〇二四ヘクタールと、他の東南アジア諸国と比較しても極めて制限されていたことである。(7) 公有地法（The Public Land Act）の主旨が、スペイン植民地支配下の大規模プランテーションの再来を警戒し、小規模農業事業者の創出を狙いとしたため、大きい制約とならざるを得なかった。二つめは安価な労働力の恒常的不足である。労働者の受け入れでは、フィリピンに米国本土と同様の「中国人入国禁止条例（Chinese Exclusion Act）」（Elliot 1917: 252-3）が適用されていたため、中国人労働者の受け入れが制限され、国内で調達する必要があった。三つめは、植民地フィリピンの政治的地位の不安定さである。前述のとおり、フィリピンは自治能力次第で自治権や独立の付与が期待されていた。とりわけ共和党政権下の一九一六年に策定されたフィリピンの憲法に相当する新自治法（通称、ジョーンズ法）の前文に、将来の独立が明記されることで、フィリピン人エリートの独立要求は今まで以上にかまびすしくなり、米国投資意欲は益々減退した。

両国間の経済関係は緊密にはなったものの、経済市場としての植民地フィリピンは依然魅力に欠けるものだった（Callis 1976: 10-1; Jenkins 1954: 38）。一九三六年の時点で、東南アジア地域における米国の投資総額は約八億ドルと推定され、その内フィリピンには二五パーセントに相当する二億ドルが投資されていた。しかし、その額は海外での全投資総額からすると、わずか一パーセント強に過ぎない。米国から見た海外市場としてのフィリピンの商業的価値は、原材料の供給地であること、米国の工業製品の消費市場であることの二つに限定されていた。ところが植民地フィリピンの位置づけを大きく変化させたのが、一九二二年に生じたゴム生産をめぐる帝国間の緊張であった。

二　フィリピンのゴム生産と帝国間の緊張

東南アジアにおけるゴム生産は、一八七六年での英領マラヤが始まりとされている。二〇年後の一八九六年には、ゴム商業生産がすでに始まっていた（Whitford 1924: 614）。一方、後発のフィリピンでは小規模農業従事者だけでなく、資本家による商業的なゴム生産も一つの農園を除いて、成功することはなかった。一九〇五年になって初めてゴム栽培が開始されたミンダナオ島では、同島に軍政を敷くモロ州政府が、ゴム生産の商業化にむけてシンガポールから取り寄せた種子を、農園事業者あるいは個人に配布し、栽培実験を呼びかけていた（Rubber Planters' List, August 25, 1906, BIA 200/18, RG350）。しかし確実な成長が見込めるココナッツやマニラ麻を生産する彼らにとって、ゴム生産は副次的な商品でしかなかった。

ミンダナオ島でのゴム生産の主導的役割を担ったのは、バシランゴム農園（Basilan Rubber Plantation）を開設したジェームズ・ストロングであった（Carpenter to McIntyre, July 24, 1917, BIA 5075/122, RG350）。一九一五年に同農園が初めて、五・九トンのゴム採取を実現した。翌一九一六年には一五トンへと急増するなど、ゴムの商業的生産に大きな期待が集まった。ゴム栽培と軌を一にして、フィリピン政府は外資招致に余念がなかった。一九一二年に米国ニューヨーク州で開催された国際ゴム展覧会で、サンボアンガ商工会はミンダナオ島広報誌として、『フィリピン諸島モロ州』を配布している。一方、ロンドンやニューヨークの企業から、ミンダナオ島でのゴム生産に関する照会が、フィリピン植民地経営を担当する米国陸軍島嶼局に届くなど、フィリピンのゴム生産の世界的な期待は高まりつつあった（Scott to Bureau of Insular Affairs, August 25, 1909, BIA with-200/15, RG350; Director of Forestry to the Manhattan

表1：バシランゴム農園のゴム生産量とフィリピンからのゴム輸出量

（キロ）

年	バシランゴム農園	フィリピンからのゴム輸出総量（A）	米国へのゴム輸出量（B）	米国への輸出割合パーセント（A/B）
1915	5,865	33,001	33,001	100
1916	14,960	13,256	13,026	98.2
1917	28,175	29,829	29,279	98.2
1918	47,628	34,485	34,070	98.8
1919	61,560	86,804	86,135	99.2
1920	64,559	59,965	57,233	95.4
1921	–	40,627	22,330	57.4
1922	–	–	–	–

出典：Vance（1925: 16）

Rubber Manufacturing Co., July 29, 1911, BIA 200/31, RG350)。

表1はバシランゴム農園の生産量、フィリピンからのゴム輸出総量、さらに米国への輸出量をまとめたものである。一九一五年に最初の採取を終えたバシランゴム農園のゴム生産量は、一九二〇年まで順調に推移している。とはいえ、同農園の成功は、フィリピン、とりわけミンダナオ島でのゴム生産の実態を、正しく反映したものではない。なぜなら、バシランゴム農園以外では、商業的にゴム採取が達成できておらず、フィリピンのゴム生産は苦境に立たされていたからである。一九二二年の時点で商業的に栽培を行っていた四つのゴム農園の総作付面積は、一一四三ヘクタールにすぎない。ちなみに一九一〇年までに英領マラヤでの作付面積はすでに推計で一五万ヘクタールに達し、その当時の一〇年前の英領マラヤと比べても、フィリピンの実績はその一パーセントにも満たないものだった(Voon 1977: 9)。

それでは一体、フィリピンにおけるゴム生産が商業的成功を収めることが出来なかった理由は何であろう。最大の障害は、予想以上に労賃が割高だったことである。サンボアンガ商工会が作成した前述の『フィリピン諸島モロ州』は、労働者の賃金が一日当たり二〇セントから四〇セントと、スマトラ島や英領マラヤと比較しても安価と宣伝していた。しかし現実はその二倍もかかるものだった。そうした状況にも拘わらず、帝国間でのゴム生産をめぐる緊張関係から、突然フィリピンがゴム生産候補地として注目を集めることになる。

当時アメリカは世界で生産されるゴムの最大の消費者であった。一九二〇年代になると消費社会が浸透し、自動車産業の成長に比例して、ゴムの消費量も拡大の一途を辿った。一方、ゴム生産を実質的に支配していたのは、ゴム生産地を植民地支配する英国だった。一九二四年に農園から生産されたゴムの内、九五パーセントが英領、蘭領、仏領の東南アジア植民地およびその周辺国からのものだった。全四二〇万エーカーの作付面積の内、英国領植民地が六九パーセントを占め、中でも英領マラヤとセイロンはそれぞれ五三パーセント、一〇・五パーセントだった（Whitford 1924: 613）。ゴム農園への総額七億六五〇〇万ドルの投資の内、英国が四億八九〇〇万ドル（六四パーセント）となるなど、実質的にゴム市場を独占していた。ところが、米国は三二〇〇万ドル（四パーセント）に過ぎなかった（Whitford 1924: 614）。植民地フィリピンの貿易関係から英国を排除したものの、米国本国へのゴム供給は完全に英国に依存したものだった。

農園拡大に伴い加熱したゴム生産は、生産過剰を招き、一九二一年のゴム価格が一九一〇年の一〇分の一になるなど、市場は危機的な局面を迎えた（Whitford 1924: 616）。悪化する経済状況を前に一九二二年一〇月一日に導入されたのが、いわゆるスティーブンソン制限計画（the Stevenson Restriction Plan）である（Whitford 1924: 617）。これは英国のゴム生産者協会の意向を受け、実施された生産量調整策である。一九二〇年一〇月三一日の時点での生産量をもとに、農園の標準生産量を決定し、実質的なゴム単価を引き上げることが狙いだった。事実五年以上にわたり、ゴムの価格は上昇し、一九二五年七月には同計画実施前の水準を上回る一ポンド当たり一ドル二三セントの高値に達した（Whittleysey 1931: 35）。高値で推移するゴム価格に加えて、輸入に全面的に頼る米国自動車産業界にとって死活問題だったのは、輸出量の制限だった。一九二八年には生産過剰ではなく、消費拡大を理由にゴム不足が生じるとの予測が示され、米国の危機感は一層煽られたもののなす術がなかった（Whitford 1924: 620）。

これに対して、米国の自衛策を積極的に考案し、大々的なキャンペーンまで展開したのが、ゴムタイヤ製造会社ファイヤーストーン（Firestone Tire & Rubber Company）である。同社社長ハーベイ・ファイヤーストーンの運動は「米国人は自分達でゴムを生産すべきだ」というスローガンで知られ、米国の植民地や自国の影響力が及ぶ地域での自国資本によるゴム農園産業の育成を叫んだ（"American Should Produce Its Own Rubber," BIA 200/67, RG350; Hotchkiss 1924: 136）。ここで注目すべきは、この運動が単なる一ゴムタイヤ製造会社のスローガンで終わらず、帝国内での資本家、米国議会、連邦政府間の相互連携により、植民地フィリピンでのゴム生産計画へと具体的に発展したことである。それまで植民地フィリピンの経済活動に無関心であった米国が、国益擁護の観点からフィリピンに白羽の矢を立てた背景には、植民地フィリピンの地政学的位置づけの大きな転換があった。

多様なアクター間での利害調整や情報交換の橋渡し役に最も奔走したのが、フィリピン植民地経営を所管する米国陸軍島嶼局の局長フランク・マッキンタイヤーだった。彼は同じ陸軍出身の軍人であり、当時植民地フィリピンの最高権力者の地位にあったレナード・ウッド総督とはゴム生産計画をめぐって、公有地法改正や外資導入などで意見交換するなど、帝国米国と植民地フィリピン間で頻繁に利害調整を図る間柄だった。それでは、なぜ米国資本家と陸軍がゴム生産をめぐる危機感を共有しえたのだろうか。それは陸軍自身が、国内でゴムの消費者であったからに他ならない。米国の一ゴムタイヤ製造会社ファイヤーストーンのプロパガンダが、米国政府、米国議会、米国陸軍、そしてフィリピン植民地政府を巻き込みつつ、ゴム農園計画という帝国プロジェクトへと急展開を見せた背景には、植民地経営を実質担当する陸軍島嶼局自身の強い危機感があった。

ファイヤーストーンから強い要請を受けた米国議会は、自前での生産の可能性を模索し、事実上外国の管理下にあるその他の消費財についても調査すべく、財政的資金援助を決定している（Firestone 1932: 85）。当初、その調査対象地区は植民地フィリピンのみならず、メキシコや中南米も含むものだった（Hotchkiss 1924: 136）。しかし、一九二五年に米国商務省は、『フィリピン諸島におけるパラゴム生産の可能性』を刊行し、「フィリピンの気象条件は中東地域のそれと酷似し、ゴム生産に最適である。……（略）……ゴム生産に利用されるならば、現在世界の主要なゴム生産地区として知られるスマトラ島とマラヤの新しい農園が取得している土地以上に、素晴らしい広大な土地が存在する（Vance 1925: vii）」と結論づけた。

米国による自国ゴム生産計画がフィリピンで具体化する背景には、スティーブンソン制限計画による輸出量制限と、それに伴うゴム価格上昇があった。しかし世界情勢がますます流動化する中、原材料の供給中断や輸出に対する高い関税障壁は国益を揺るがしかねない深刻な課題となっていた（India Rubber World, November 4, 1916）。その意味でゴム農園計画は、米国にとって単に産業界やゴム消費者によるスティーブンソン制限計画への対抗策という受動的な問題ではなく、米国の国益を左右する安全保障上の重要課題に発展していたのである（Whitford 1924: 621）。

三　米国ファイヤーストーンによるゴム農園計画

帝国と植民地の利害関係者、すなわち外資とフィリピン人エリートの接近が、どのようにフィリピンのゴム農園計画へと具体的に展開するのか、植民地フィリピンへの外資導入という文脈で考察してみたい。フィリピン総督レナード・ウッドがフィリピンに赴任した一九二一年は、ゴムの輸出規制を狙いとするスティーブンソン制限計画が導入される以前のことで、フィリピン経済開発はまだファイヤーストーンによるゴム生産計画と連動していない。一九〇三年に非キリスト教徒統治のために設置されたモロ州初代知事として赴任したウッドは、フィリピン植民地開発のためには、外資が不可欠との意見の持ち主だった。一九〇五年に「我々は大規模かつ持続的に労働力を雇える資本を持っている人を連れてくる必要がある」と語っている（Wood to Forbes, March 20, 1905, General Correspondence, Box 36, Wood Papers）。外資を呼び込むために魅力ある投資環境を準備する必要があるとの認識から、ウッドは農園経営のために五万エーカーの土地の二五年間の借地権を認める公有地法改正を自ら準備する一方、フィリピン人エリートにゴム生産がもたらす見返りの大きさを訴えていた（Wood to Weeks, February 28, 1923, BIA 200/64, RG350; "Convention of Provincial Governors," February 20, 1924, General Correspondence, Box 170, Wood Papers）。

しかし、一九二一年の着任翌年に、英国によるゴム輸出量制限策が導入されてから、一九二七年にウッドが米国帰任中に不慮の死を遂げるまで、ゴム生産関連法案はフィリピン人エリートの協力が得られなかったため、何一つ実現しなかった。とはいうものの、ウッドの外資奨励策が全てのフィリピン人エリートに受け入れられなかったわけではない。フィリピン議会議員のゲバーラやアラグレのように外資によるゴム生産計画に賛同を示すものも少なからずいたので、一九二三年にウッドが召集した臨時会期での法案通過が期待された。ところが、当時上院議長であり、最高実力者であるマニュエル・ケソンがウッドの推奨するゴム生産計画に反対したため、事態は膠着状態に陥った（The Evening Star, June 22, 1923, BIA 200A/30, RG350）。

一方、米国陸軍島嶼局の対応は、フィリピン人エリートの非協力的な姿勢とは対照的であった。同局長マッキンタイヤーは、一九二五年の商務省調査報告書『フィリピン諸島におけるパラゴム生産の可能性』の刊行以前より、米国内のゴム需要に応えるため、フィリピンでのゴム生産の可能性について水面下で検討を重ねていた。それによると、ミンダナオ島七州（アグサン、ブキドノン、コタバト、ダバオ、パラワン、スールー、サンボアンガ）の余剰地九九〇万ヘクタールの一〇分の一でゴム栽培することで、当時の米国のゴム消費量全てが供給可能との試算まで行っていた（McIntyre, February 27, 1923, BIA 200/69, RG350）。マッキンタイヤーは、この試算結果を、ファイヤーストーン主催のゴム製品製造業者に向けた講演会で明らかにするなど、ファイヤーストーンをフィリピン投資に引き込もうと積極的だった。

それと同時に、マッキンタイヤーはフィリピンにおける外資導入のための腹案も構想していた。植民地フィリピンの憲法に相当するフィリピン新自治法（通称、ジョーンズ法）第九項（「公有財産と公有地、木材と鉱山に関する立法化」）の中にある「米国の大統領が定める米国政府の軍用あるいはその他の保留地」を適用して、ゴム生産のために農業保留地を準備しようと計画していた（McIntyre to Wood, March 5, 1923, BIA 200/67, RG350）。具体的には、ミンダナオ島とスールー諸島に二万ヘクタールから一〇万ヘクタールの農業保留地を一〇ヶ所程度用意するというものだった。極めて興味深いのは、計画にある農業保留地の推定総最大面積が先に述べた米国のゴム生産に必要な栽培地面積である九九万ヘクタールとほぼ同等である点である。この秘策を練っていたマッキンタイヤーの狙いは、米国のゴム消費量をすべて自前で供給できる可能性を模索することにあった。

こうした中、社長ハーベイ・ファイヤーストーンはフィリピンでのゴム生産の具体的な可能性を模索し、かつフィリピン政治家と直接交渉するため、翌一九二六年二月一四日に御曹司ファイヤーストーン・ジュニアーをフィリピンに派遣している。その際、ウッド総督と共にフィリピン議会上院議長マニュエル・ケソンと会談し、ゴム生産の必要性を訴えた。フィリピン人エリートのゴムに対する関心は高く、驚くべきことにケソンは、フィリピン議会へ提出する法案作成まで依頼している（Lief 1951: 162）。その交渉の成果が、一九二六年八月九日にミンダナオ・スールー区選出の下院議員ペドロ・デ・ラ・ラナから提案された「ゴム土地法（Rubber Land Act）」である。[8] 同法案は、ゴム生産のために最大で二〇万ヘクタールを超えない公有地の借地権を容認する内容だった（"200,000 Hectare Rubber Estates Urged in Bill," The Manila Times, August 9, 1926, BIA 200/A-100, RG350）。しかし、この法案も審議未了のまま廃案となり、ファイヤーストーンによるゴム生産計画は水泡に帰した。

ファイヤーストーンとフィリピン人エリートの協力により、法案まで準備されたゴム生産計画はなぜ頓挫したのだろうか。その背景には、同時期に米国議会に上程されたある法案が大きく関わっている。その法案の立法者は、上院議員ロバート・ベーコンである。彼はその法案（通称、ベーコン法案）により、ミンダナオ島とスールー諸島をフィリピン諸島から切り離そうとしたのだった。将来的に米国領に組み入れることを期待し、法案を上程した。この法案にフィリピン人エリートは驚愕した。なぜなら植民地フィリピンは、憲法に相当する一九一六年ジョーンズ法の前文で、「米国国民の目的は、安定した政府が建設され次第、フィリピン諸島の主権を譲渡し、彼らの独立を認める」と独立を明確に約束していたからである。フィリピン人にとって、フィリピン分断を狙うベーコン法案上程は、ジョーンズ法で約束した精神を自ら裏切る背信行為であった。ベーコン法案の真の狙いは、広大かつ肥沃な土地のあるミンダナオ島が米国領となり、公有地法などの規制から自由になり、米国資本の投資環境が整備されることにあった。しかし結局、民主党の理解が得られずベーコン法案は委員会に送付されたまま、審議未了のため廃案となった。

実のところ、ベーコン法案はウッド総督自身以外にも、フィリピン植民地行政に関わった多くの関係者が、フィリピン国内での政治的不安定さを高めるとして、否定的な見解を持っていた（"Memorandum for the Secretary of War," January 1932, BIA 5075/185, RG350）。こうしたことを考えると、議会での法案可決の見込みは極めて少なかった。外資によるゴム生産計画を積極的に推進する立場であっても、一九一六年のジョーンズ法の前文で謳われた独立の約束を反故にすることは現実的でないとの判断が、大勢を占めていた。にもかかわらず、このベーコン法案上程は、フィリピン人エリートにとって、ファイヤーストーンによる農園計画を反故にする以上の影響があった。

四　米国議会ベーコン法案とフィリピン人エリートの対応

廃案を余儀なくされたベーコン法案は、一九二七年までフィリピン国内に多くの波紋を投げかけた。国政は言うまでもなく、米国議会にオブザーバーとして派遣されている駐米委員、さらには地方レベルの政治家までを巻き込んだ一大反対運動がフィリピンで展開された。これを見る限り、フィリピン人エリートはミンダナオ島開発の千載一遇の機会を犠牲にして、国益を擁護するナショナリストとしての名声を維持しようとしたと言える。しかし、これは表面的な解釈でしかない。フィリピン人エリートは外資によるゴム生産に強硬に反発、抵抗したわけではなかった。それどころか、一方でケソンがリーダーシップを発揮して、国内世論の巧妙な操作を行い、異論を封じ込めながら、他方でファイヤーストーンと協調して受入可能な法案を用意しようとしていた。

ゴム生産計画に見るフィリピン人エリートの姿勢は、四つの段階を経て大きく変化した。具体的には、非協力期（一九二二年～一九二三年）、協調期（一九二四年～一九二五年）、熱狂期（一九二六年頭から一九二六年六月一〇日）、対立期（一九二六年六月一一日～一九二六年一〇月二三日）である。前述の通り、ウッド総督とフィリピン人エリートとの関係は、「内閣危機」の事案からも判断できるように、フィリピン政府をめぐる主導権争いが顕在化するなど非協力的であった。ウッドによる植民地政府の財政強化策に対しては、一部のフィリピン人エリートからの賛同は得られたものの、ケソンは一顧だにしなかった。ケソンをはじめ多くのフィリピン人エリートは、ウッド総督の介入を拒み、非協力的な姿勢を貫いていた。

ところが、米国とりわけ議会が一九二三年にゴム生産のための調査費として五〇万ドルを配分した頃から、フィリピン人エリートやフィリピンのマスメディアの中から、ゴム生産地としての自国フィリピンを意識した発言が相次ぐようになる。例えば、米国議会での動向を知りうる状況にある駐米委員ゲバーラは、調査最終報告書が刊行される前の一九二四年一月に、「我々はアメリカに投資してもらいたいと考えている」とすでに秋波を送っている。それに続いて、国内紙「エル・ディベイト（El Debate）」が「フィリピン人は本国の天然資源、とくにゴムを開発するために米国資本投資を歓迎する」（一九二四年一月五日）とゴム生産に好意的な社説を掲載するなど、米国投資呼び込みの積極さが顕著になる。ウッド総督の頭越しに、フィリピン植民地政府の介入を排除しながら、米国議会に直接秋波を送るフィリピン人エリートの姿勢は、非協調期とは好対照である。そして、さらに一九二五年米国商務省がまとめた『フィリピン諸島におけるパラゴム生産の可能性』（Vance 1925）の中で、フィリピンが最大のゴム生産地であると結論付けられた途端、米国を新たなゴム市場として意識するフィリピン人エリートの姿勢が一層鮮明となる。一例を挙げれば、一九二五年一一月一四日に、フィリピン法三二三〇号がフィリピン議会で可決され、商務省の推奨案に対応するかのように、パラゴム種子購入のために六万五〇〇〇ペソの予算配分を決定している。

協調期に続いて、外資をフィリピンに取り込もうとする姿勢が一気に加速するいわゆる熱狂期は、一九二六年上半期のことである。同年一月に上院議員アラグレが、英国への対抗措置、すなわちスティーブンソン制限計画に対するゴム生産を支持し、米国にフィリピン投資を呼びかけた。それを受けて、最高実力者のケソンが一月二三日からミンダナオ島バシラン島を視察すると、「フィリピンをゴム生産国にする」とゴム生産の重要性を強調した。植民地フィリピンが、突如帝国米国のゴム危機の救世主と認識されることで、「ラバーフィーバー（Rubber Fever）」と呼ばれる熱狂と高揚感に、フィリピンは一気に包まれた。具体的には、購入したパラゴム種子を植える試験農場設立、農場で育てたゴムの苗木を地方の道路、農園、菜園で植樹することを呼びかけている。一方、ゴム生産に不可欠な労働力供給に対しては、労働局がハワイでの砂糖キビ農園から戻った労働者を、ゴム農園労働者として再雇用する計画を検討するなど、国内の関係機関が連携を模索し始めた。フィリピン人エリートのみならず、地方を巻き込んだ「ラバーフィーバー」が突如展開される背景には、ファイヤーストーンとの投資に向けた直接交渉が佳境を迎えていたことが深く関わっている。さらにミンダナオ島が近い将来ゴム生産拠点になることを見据えて、上院議員スムロンは「南部を目指せ」と労働者に南部ミンダナオ島への移住にエールを送るなど、中央と地方を巻き込んだゴム農園計画案受入れを歓迎する雰囲気がフィリピンを覆い始めていた。

ここで注目すべきは、フィリピン人エリートが固執したのが、ファイヤーストーンとの直接交渉という点である。事実、ケソンは終始一貫外資との交渉の主導権を握り、国益に合致する法案作りに余念のないことをアピールした。さらにマニラ訪問中のファイヤーストーンの渡航日程を変更させるまでして、ゴム生産計画の成案を得るべく積極的に働きかけていた。フィリピン人政治家による巧妙かつ慎重な世論操作を背景に、ファイヤーストーンのゴム生産受け入れに向けた法案は同年、八月九日にフィリピン議会に上程されることになる。

しかしながら、この「ラバーフィーバー」は米国議会でベーコン法案が上程された六月一一日を境に、急速に収束し、ゴム生産に対する姿勢は対立期へと転換する。上程から二週間後の六月二七日には、マニラでベーコン法案に対する大規模な抗議集会が開催され、参加者は一万人にも達した。二四の州政府、九四の町政府、計一一八に及ぶ地方政府の立法議会が、反対表明のために米国クーリッジ大統領と米国議会向けに決議文を送付している（P.I. Resolutions & Protests, BIA with 4325/380, RG350）。一貫してゴム生産を最初期から支持してきた上院議員アラグレでさえ、「我々には外資は必要ない」、「もし本国を開発するとするなら、フィリピン資本で行うべきである」と発言するなど、ファイヤーストーンのゴム農園計画は、フィリピン議会上程以前にすでにその成否が決していた。同年九月には、ケソンが「ゴム土地法」に対して反対を表明し、ファイヤーストーンがゴム生産案の取り下げを正式に決定したのは翌一〇月二三日のことであった。

この一連の出来事から判断すると、国家の分断を容認しないフィリピン・ナショナリズムが米国議員から帝国主義的暴力と私利私欲に唆された狡猾さの本質を見抜き、かつフィリピンの領土的一体性を擁護し、そして勝利したという構図が浮かび上がる。植民地フィリピンの生殺与奪の権を握る米国議会からの法案上程だっただけに、事態を深刻に受け止め、フィリピン人エリートは態度を硬化させざるを得なかった。しかし肥沃な大地と天然資源に恵まれたミンダナオ島のフィリピンからの分離、独立という構想は何も新しいものでない。フィリピン南部のミンダナオ島とスールー諸島の分離案は、一九〇七年のフィリピン議会の設置を挟んでの一九〇五年から一九〇六年にかけて、一九〇九年から一九一三年にかけてのそれぞれ二回展開されている（Suzuki 2013: 284-6）。これに対して、フィリピン人政治家は、領土的一体性の擁護を武器に攻撃的かつ長期間に及ぶ反対運動を展開した。

これに過去の事案と重ねあわせると、帝国米国下でのフィリピン人エリートの領域意識は経済的恩恵と切り離せないことが浮かび上がる。ミンダナオ島のフィリピンからの分断とは対照的に、一九二〇年代に在マニラの米国実業家で組織される在フィリピン・アメリカ商工会が、提案した「フィリピンの準州化」案（Golay 1997: 225）に関して、エリートは米国への統合の前提となる準州化案には必ずしも反対ではなかった。米国の国内市場に商品を供給する多大な経済権益を手中に収めたフィリピン人エリートは、その喪失を恐れることはあっても、準州化による経済機会の拡大は大歓迎のはずであったことは想像に難くない。

フィリピン人エリートが、帝国米国とりわけ米国農務省やファイヤーストーンの出方を慎重に見極めながら、段階的かつ時間をかけて、受入れ可能なゴム農園計画案を模索し、なおかつ法案成立に向けた歓迎ムードを演出した理由は、二つの国内事情が関係していると考えられる。まず一つめだが、当時フィリピンの国内政治では、ケソンがライバルのオスメーニャを抑え、ナショナリスタ党での支配を確立していたことが知られている（永野 二〇〇三、五二頁）。前述のとおり、ケソン率いるフィリピン立法府はウッド総督との主導権争いをするまでに発展していた。ウッド総督の提案は完全に無視しつつ、しかし対米依存という基本的な枠組みを堅持しながら、外資との直接対話に乗り出し、経済開発の機会を模索しようとしていた。

さらにもう一つは、国内世論の高まりを背にゴム農園計画を推進することは、ミンダナオ島で大多数を占めるムスリムや非キリスト教徒からの異論や反論を封じ込めるためにも、大きな効果があったと考えられる。ファイヤーストーンのゴム農園計画は、商業資本しかも外資による公有地法の規制を超えた案件で、辺境とりわけミンダナオ島の今後の経済開発の命運を握る重要な選択肢であった。それゆえ、ムスリムや非キリスト教徒がマジョリティーであるミンダナオ島の政治体制にくさびを打ち込み、外資をテコに同島の経済開発を一気に主導・推進しようとしたのではないだろうか。フィリピン人エリートがファイヤーストーンとの直接交渉にこだわったのは、帝国米国との協調関係がムスリムや非キリスト教徒への最大の牽制にもなることを十分承知していたからに違いない。内憂外患の中で、ファイヤーストーンを土俵に上がらせ、さらに自陣に引き込むことで、ムスリムを政治的に孤立させることができる、と考えたとしても不思議でない。

この見方が十分説得的であるのは、二〇世紀初頭から帝国米国の最大のパートナーであったダトゥ・ピアンを始めとするムスリムエリート多数が、ベーコン法案への賛成を表明したことからも判断できる（"English Translation,"

June 28, 1926, BIA 4315/390-A, RG350; "Bacon Bill Accepted with Reservations," The Manila Times, August 6, 1926, BIA with 4325/A-34, RG350)。スールーのスルタン（The Sultan of Sulu）も、インタビューの中で「私はベーコン法案の基本的原理に賛同する」、「モロは米国政権を必要とする」と述べ、ベーコン法案への賛成の態度を明らかにするなど、対立の構図が浮き彫りになっていた（"Sultan Wants Promise Kept," The Philippines Herald, August 31, 1926, with 4325/A-34, RG350)。もっともダトゥ・ピアンの息子の一人を始め、ラナオのムスリム指導者がベーコン法案に反対するなど、ムスリム社会も一枚岩ではなかった（"Remarks on the Present Moro-Filipino Relations," September 12, 1926, BIA with 4325/390, RG350; "Moro Opposition to Bacon Bill Voiced by Sultan sa Ramain," July 24, 1926, The Philippines Herald, BIA with 4325/A-34, RG350)。しかし裏を返せば、ムスリムエリートもゴム農園計画に組織的な抵抗を起こすことすら出来ず、事態を静観する他はなかった。帝国米国がフィリピン人エリートに取り込まれた以上、ムスリムにはなす術がなく、ベーコン法案に賛成という形でしか意思表明を出来ないところにまで追い込まれていた、と解釈するのが適当である。ファイヤーストーンのゴム農園計画をめぐる政治的な駆け引きから、米国の安全保障上の危機さえも自らの力へと転換する用意周到さ、したたかさが浮かび上がる。同時に、それをテコにして、国内辺境の政治へゲモニーを確立しようとするフィリピン人エリートの思惑が浮かび上がってくる。

しかしながら、ゴム農園計画からベーコン法案をめぐる一連の攻防がフィリピン人エリートに与えた影響は、予想以上のものだった。それは米国議会から初めて上程されたミンダナオ島とスールー諸島の分断案に、大きな危機感を募らせたからに他ならない。ベーコン法案への対抗措置として、同法案上程後わずか一一日後に、コタバト州選出のフィリピン人政治家ホセ・メランシオがミンダナオ島へ交通網と通信施設の整備、さらに総合的な入植計画を行う用意があると発表している（"Melancio Is Against Bacon Bill," June 22, 1926, The Philippines Herald, BIA with 4325/A-34,

RG350)。メランシオは、ベーコンの言うミンダナオ島分断は「モロ問題」すなわちムスリムの国家統合問題の根本的解決策にはなり得ず、それよりフィリピン人主導で経済開発を加速化させることこそ必要だと訴えたのだ。ムスリムがベーコン法案に同調することを防ぐための懐柔策であった。しかし、ムスリムエリートはそれを公然と拒絶し、米国支配の継続を求めた。すなわちファイヤーストーンのゴム農園計画は、ベーコン法案という思わぬ横槍が入ったことで頓挫しただけでなく、フィリピン人エリートの抱えるアキレス腱を思わぬ形で露呈することになった。フィリピン人エリートにとって、ミンダナオ島の政治的主導権は確立されておらず、今後も米国議会やムスリムから揺さぶられかねない脆弱なものであることを、図らずも示したのである。

おわりに

本章は、帝国間の錯綜する関係と植民地フィリピン、とりわけ辺境ミンダナオ島におけるフィリピン人エリートの関与という重層的関係を解明する試みであった。多様な当事者を繋ぎ止める結節点にあったのが、帝国の注目を集めたゴムである。自国の経済発展のためにゴムを自給しようとする帝国の欲望は、植民地フィリピンの地政学的位置づけをも転換させた。米国が直面した「ラバークライシス」が、植民地フィリピンで「ラバーフィーバー」と読み替えられ、ミンダナオ島発展の最大の好機と見なされたことは、帝国と植民地の関係がより複雑で、倒錯したものであることを示している。

以上の分析から、次の二つの結論が指摘できる。まず一つめは、ファイヤーストーンの「ゴム土地法案」の策定をめぐる一連の動きは、対米依存を強化しながら、フィリピンの国益を擁護するというフィリピン・ナショナリズムのねじれを、浮き彫りにしている点である。フィリピン人エリートはファイヤーストーンのゴム生産計画を外資であることを理由に排除するどころか、実際には積極的に招致しようとしていた。大衆を動員しての大がかりな抗議集会開催、ホワイトハウスへの嘆願書や決議文送付といった大胆な行動さえもが、米国への経済的依存への抵抗ではなく、むしろ民主主義の実践的な学びの結果であるため、米国と同調する作用を持った。一方、それは国内政治での対マニラ総督府、そして対ミンダナオ行政での政治的主導権を強化、確立しようとする戦略でもあった。ここに帝国の危機さえも、自らの力の源泉とし、エンパワーメントされるフィリピン人エリートの「植民地ナショナリスト」としての特徴が浮かび上がる。木畑の表現を借りるならば、植民地下で醸成されたフィリピン人エリートの「受益者意識」（木畑　一九八七）が、領域的拡大をして、フィリピン南部辺境までを覆う結果を生んだと言うのが適当である。

もう一つは、ゴム農園計画が思わぬ形で、対米依存関係の中で形成されてきた植民地体制の限界を露呈したことである。ベーコン法案にムスリムエリートの多くが賛成し、米国統治の継続を希望した。それはフィリピン人エリートによる政治的主導権の拒絶のみならず、ムスリムエリートの協力を得て、形成されてきた植民地秩序が臨界点に達していたことを示唆する。ムスリムエリートが伝統的なダトゥ社会の崩壊を容認しながら、植民地体制への統合を受け入れたのは、圧倒的に強大な軍事力を誇る米国への恭順を選択したからである。ところがミンダナオ行政に「フィリピン化」という名を借りたキリスト教徒支配が進行する結果となり、公然と反旗を翻すことのできないムスリムエリートは、ベーコン法案賛成という形で不満を表明し、抵抗した。急激な「フィリピン化」が、植民地体制に埋めがたい溝をもたらしたと言える。

このように植民地フィリピンの中でも辺境に位置するミンダナオ島は、キリスト教徒がマジョリティーを占めるルソン島やビサヤ地域とは異なり、国内外の多様な偶発的要因から形成されるという流動性を帯びていた。植民地フィリピンの統治体制は、当初より民政と軍政が混在する一国家二政治体制であった。しかし一九二〇年代の半ばを経ても、その亀裂は埋まることはなかった。そのことにフィリピン人エリートが無自覚、無関心であったはずはない。ファイヤーストーンによるゴム農園計画に彼らが積極的だったのは、アキレス腱であるモロ問題、すなわちムスリムの国家統合問題の解決に大きな期待を寄せていたからではないだろうか。しかし、辺境にみる植民地体制のひずみや亀裂を、マイノリティーであるムスリムや非キリスト教徒少数民族の植民地国家への統合問題に帰することは適当ではない。むしろ対米依存を強化してきたフィリピン人エリート主導の植民地体制に内在する矛盾が、中央からの監視が一番及びにくい辺境に転化され、米国帝国下の被支配者間の非対称な力関係を生み出していたのである。

注

（1）本章の構想段階で、永野善子先生と太田和宏先生から大変貴重なコメントを頂戴した。記して謝意を表したい。

（2）この詳細な議論については、ゴー（Go 2011: 68）を参照。

（3）永野はこうした経済システムを「地主主導型輸出経済」（永野　二〇〇三、七二頁）と呼んでいる。

（4）米国植民地期の金融システムや銀行融資におけるフィリピン人エリート層の積極的関与とそこにみる自己権益拡大の思惑については、Nagano（1997）を参照。

（5）アビナレス（Abinales 2000: 35）は、フィリピン人エリートがフィリピン南部辺境の政治支配体制を確立する意図を持っていただけでなく、自らの政治的影響力を高める狙いがあったと指摘する。

（6）永野（二〇〇三、七三頁）は、こうした米国とフィリピンの貿易関係を「互恵的自由貿易」と呼び、これによりフィリピンは完全に米国の海外市場圏に編入されたとしている。

（7）詳細は、フィリピン委員会法第九二六号の公有地法を参照のこと。

（8）この法案の正式名称は、下院法案第九五四号である。

参考文献

Abinales, Patricio（2000）*Making Mindanao: Cotabato and Davao in the Formation of the Philippine Nation-State.* Quezon City: Ateneo de Manila University Press.

Allen, James（1938）“Agrarian Tendencies in the Philippines,” *Pacific Affairs*, vol. 11, no.1.

Bureau of Insular Affairs, Record Group 350, National Archives and Record Administration, College Park, Maryland. United States of America.（本文中は BIA, RG350 と略記）

Callis, Helmut（1942）*Foreign Capital in Southeast Asia.* New York: Institute of Pacific Relations.

Cullinane, Michael（2003）*Ilustrado Politics: Filipino Elite Responses to American Rule, 1898-1908.* Quezon City: Ateneo de Manila University Press.

Elliot, Charles（1917）*The Philippines to the End of the Commission Government.* Indianapolis: The Bobbs-Merrill Company.

Firestone, Harvey Jr.（1932）*The Romance and Drama of Rubber Industry.* Akron: Firestone Tire & Rubber Company.

Go, Julian（2011）*Patterns of Empire: The British and American Empires, 1688 to the Present.* New York: Cambridge University Press.

Golay, Frank（1997）*Face of Empires: United States-Philippine Relations, 1898–1946*. Quezon City: Ateneo de Manila University Press.

Harrison, Francis（1922）*The Corner-Stone of Philippine Independence*. New York: The Century Co.

Hotchkiss, H. Stuart（1924）“The Evolution of the World Rubber Situation,” *Harvard Business Review*, vol. 2, no. 2.

Jenkins, Shirely（1954）*American Economic Policy toward the Philippines*. Stanford: Stanford University Press.

Lawrence, James（1931）*The World’s Struggle with Rubber 1905–1931*. New York and London: Harper & Brothers, Publishers.

Leonard Wood Papers, Division of Manuscript, Library of Congress, Washington, D.C., United States of America.（本文中は Wood Papers より略記）

Lief, Alfred（1951）*The Firestone Story: A History of the Firestone Tire & Rubber Company*. New York: Whittlesey House.

Kramer, Paul（2006）*The Blood of Government: Race, Empire, the United States, & the Philippines*. Chapel Hill: The University of North Carolina Press.

Nagano, Yoshiko（1997）“The Agricultural Bank of the Philippine Government, 1908–1916,” *Journal of Southeast Asian Studies*, vol. 28, no. 2.

Owen, Norman ed.（1971）*Compadre Colonialism: Studies on the Philippines under American Rule*. Ann Arbor: The University of Michigan Center for South and Southeast Asian Studies.

Paredes, Rudy ed.（1989）*Philippine Colonial Democracy*. Quezon City: Ateneo de Manila University Press.

Suzuki, Nobutaka（2013）“Upholding Filipino Nationhood: The Debate over Mindanao in the Philippine Legislature, 1907–1913,” *Journal of Southeast Asian Studies*, vol. 44, no. 2.

Vance, Charles（1925）*Possibilities for Para Rubber Production in the Philippine Islands*. Washington, D.C.: Government Printing Office.

Voon, Phin-Keong（1977）*American Rubber Planting Enterprise in the Philippines 1900-1930 with a Bibliography*. Occasional Papers. Department of Geography, London: School of Oriental and African Studies, University of London.

Whitford, Harry（1924）“The Crude Rubber Situation,” *Annals of the American Academy of Political and Social Science*, vol. 112.

Whittlesey, Charles（1931）*Governmental Control of Crude Rubber: The Stevenson Plan*. Princeton: Princeton University Press.

Zamboanga Chamber of Commerce（1912）*The Moro Province Philippine Islands and A Few of Its Resources*. Zamboanga.

木畑洋一（一九八七）『支配の代償――大英帝国の崩壊と「帝国意識」』東京大学出版会。

早瀬晋三（一九九九）「近世国家の終焉と植民地支配の進行」『新版　世界各国史6　東南アジア史II』山川出版社。

早瀬晋三（二〇一二）『フィリピン近現代史のなかの日本人――植民地社会の形成と移民・商品』東京大学出版会。

永野善子（二〇〇三）『フィリピン銀行史研究――植民地体制と金融』御茶の水書房。

第8章　キプシギス人の「ナショナリズム発見」
――ケニア新憲法と自生的ステート＝ナショナリズムの創造

小馬　徹

はじめに

ケニアでは、二〇一〇年八月二七日、待望久しかった新憲法が公布された。そして、（新制度による）四二の自治県（Counties）が新たに置かれ、中央政府から地方政府への各種権限の大幅な委譲が実現した。知事は公選されて組閣し、県議会は二院制を採る。こうして地方分権が実現してその真価を実感することができるようになると、従来は一貫してエスノ＝ナショナリズムを鼓吹してきたキプシギス人が、その動向を大きく抑止し、ステート＝ナショナリズムを優先する政治姿勢を俄に鮮明にした。

本章は、このキプシギス人による「ステート＝ナショナリズムの発見」とも言うべき現象の展開に焦点を当て、ケニアのナショナリズムを巡る現今の言説の布置を見直し、その現在を再考するものである。

一　キプシギス人とケニアの現代史

南西ケニアの高原サヴァンナ地帯に住むキプシギス人は、二〇世紀初頭の英国による植民地化以前は、他の小さくて雑多な人間集団と様々な地点で時折邂逅しては、離合集散を繰り返しつつ、今日の南スーダン方面から幾世紀もかけて徐々に南下し続ける牛牧民だった。英国植民地政府は、彼らの二〇世紀冒頭の居住地域でも最も豊かなその約半分に相当する部分を英国王領地（Crown Land）とし、白人を大量に入植させた。その土地は、白人が入植して独占した（ほぼ赤道直下でありながら）冷涼多雨なケニアの高原地帯（通称ホワイト・ハイランズ）の最西部に当たる。

植民地政府は、小屋税や人頭税等の取り立てと労役への呵責無い徴用を梃子として、キプシギス人の定住化＝農牧民化政策を強力に推し進めた。またそれと軌を一にして、王領地内全域に白人入植者たちが切り拓いた（茶園等の）大農場の労務者を確保するために、遠近の農耕諸民族を家族単位、或いは個人単位で、大量に住み込ませたのである。

キプシギス人は、将来それらの農園労働者に父祖の土地を奪われるという危機感を募らせて行く。そして、キプシギスの北に隣接して住む、同系で、同じ危機感を共有していた少数牧畜民族群、つまり植民地政府がナンディ語諸民族（Nandi speaking peoples）と呼んで一括した人々と手を結んだ。彼らは、一九四〇年代半ばから、キプシギス語の「カレンジン」（*Kalenjin:*「君に告げる」の意）を自称する連合民族形成運動を始め、“Kalenjin”という週刊一枚新聞を発行するなど、限定的ながらも印刷・電波メディアも用いて、盛んに自己主張を繰り広げた。この民族運動は、カレンジン現象（Kalenjin phenomenon）と称される程活発な展開を見せたことで広く知られている。

第二次世界大戦後間もない一九四七年にインドとパキスタンが、翌年にはスリランカが英国から独立する。ケニアでも一九五〇年頃に中央州のギクユ人によるホワイト・ハイランズ奪還闘争（「マウマウの反乱」）が起き、それは次第にナショナリズム運動の様相を呈して行く。

カレンジン現象は、一面では、その反動形成という性格を持っていた。つまり、独立を機にギクユ人がケニアの国政を牛耳ることになれば、王領地に大量に雇い入れられていたギクユ人等の農耕民族がカレンジン人の土地も恣にするという危機感に激しく突き動かされていたのだ。しかも、遙か遠くの首都（のアライアンス高校）で教育を受けたごく少数のエリートたちを別にすれば、或るキプシギス人行政首長がマウマウを（スワヒリ語で複数の石を意味する *mawe* と混同して）マウェマウェと呼んでいたように（Korir 1974: 170）、一般に国政に酷く疎かったのである。

現代ケニアの政治史は、大局的に見れば、農耕民族群と牧畜民族群の土地争いを機軸とする歴史という感がある。カレンジン民族群、特にキプシギス人は、マウマウ闘争を展開したギクユ人に対してよりも、むしろギクユ人の弾圧に努めた植民地政府に宥和的だったとさえ言える。キプシギス人は、「マウマウの反乱」をナショナリズム運動とは認めず、逆に敵視し、自らの忠誠心を専らカレンジン人のエスノ＝ナショナリズムへと収斂させて行ったのである。

ケニアの植民地時代末期、一九六〇年一月にロンドンのランカスター・ハウスで、英国植民地大臣が主催する、英国人とケニア植民地のアフリカ人による合同の「ケニア憲法会議」（通称、ランカスター・ハウス会議）が開催され、アフリカ人多数支配によるケニア政府を樹立することを前提とした選挙を近々実施することで合意を見た。

そこで、同年五月、（共にバントゥ語系の民族である）ギクユ、カンバ、ならびに（西ナイル語系の民族である）ルオというケニアを代表する農耕大民族を支柱とする共和主義政党である、ケニア・アフリカ人民族連合（KANU : Kenya African National Union）が結成された。その一方、（後の）リフトヴァレー州に住む少数牛牧民であるカレンジン諸民族は、カレンジン政治同盟（Kalenjin Political Alliance）総裁ダニエル・アラップ・モイ（トゥゲン人）に率いられ、同年六月、同じく同州の牛牧民であるマサイ人や、北東ケニアの牧畜民であるソマリ人、それにインド洋沿岸部に住む（バントゥ語系の）少数民族群ミジケンダ等のマイノリティーと手を組んで、マジンボ主義（*majimboism*：連邦主義にほぼ等しい地域主義）を唱導するケニア・アフリカ人民主同盟（ＫＡＤＵ：Kenya African Democratic Union）を結成して、ＫＡＮＵへの政策的対抗性を鮮明にした。ＫＡＤＵは、それ故に少数民族の権利の擁護を強く主張し、広域的な諸「地域」（*majimbo*/Regions）への大幅な国家権限の委譲（devolution）を声高に叫んだのである。

ＫＡＮＵが、先述の合意に基づいて実施された一九六一年二月の選挙で大勝して第一党となる。ただし、同党の象徴的な指導者であるジョモ・ケニヤッタが釈放されるまでは組閣しないと、組閣を固辞した。そこでＫＡＤＵが、（アジア人やアフリカ人を含む）多人種協調主義を唱える白人穏健派の新ケニア党（ＮＫＰ）と連立内閣を組織する。そして、七つの「地域」とその個々の議会を制定し、文民長官（Civil Secretary）を長とする権力機構を整えた。しかし、ＫＡＮＵの強引な反対に合って、中央政府から「地域」への権限委譲は、実質上封じ込まれてしまったのである。

一九六一年八月、幽閉を解かれたケニヤッタがＫＡＮＵの総裁となる。一九六三年五月に次の国政選挙が実施され、一九六一年の選挙以上の圧勝を収めたＫＡＮＵの総裁であるケニヤッタが組閣し、一九六三年一二月一二日、ついにケニアが独立を達成する。同内閣は、翌一九六四年、最初の憲法改訂条例を制定して「地域」から主要な権限を剥奪した。さらに、翌一九六五年の憲法改訂条例によって「地域」を「州」（Province）に、また議会（Assembly）を評議会（Council）に名称変更してしまった。そして、マジンボ制は一九六八年に正式に廃止される。それは、短命に終ったという以上に、ほぼ流産に等しかったと言えるだろう。

ケニヤッタ等のＫＡＮＵ穏健派は、こうして単一の中央政府と国会を持つ中央集権的な国家体制を一旦樹立してしまうと、やおら豹変する。一九六四年、ナショナリズムへの傾斜を強めていた急進派を党から締め出す一方、対抗勢力であるＫＡＤＵをほぼ丸ごと抱き込んで牙を抜き、民族群を横断的する全国的な権力基盤を固めたのだ。かくしてＫＡＮＵは、当初パンアフリカニズムに呼応して高く掲げていたアフリカ・ナショナリズムの理想とは程遠い、新植民地主義のエリート独裁政治路線を歩み始める。他方、カレンジン人等の唱えるマジンボ主義は、その思潮の具体的な担い手となる政党を失なってしまった。このような手順を踏んで、ケニア植民地に特徴的だとされる「地方行政」制度（Provincial Administration）をジョモ・ケニヤッタが復活させ、その搾取構造がその後長く続くことになった。

「地方行政」とは、州（Province）、県（District）、郡（Location）、亜郡（Sublocation）が入れ子状に階層を成す、強力な中央集権的行政機構だ。それは、最末端に位置付けられた首長（chief）や副首長（assistant chief）を政府高官が意の儘に操って、あらゆる政治的介入と策謀や妨害工作を自在に弄することができる、万能の専制的抑圧装置だった。

さて、ＫＡＮＵ穏健派によるＫＡＤＵ吸収という政治的妥協によって、カレンジン諸民族は、父祖伝来の土地を或る程度までは温存することができた。ただし、ＫＡＮＵは幅広い国民を宥めるべく、一九七一年までに、約五万のアフリカ人家族に長期ローンを認め、彼らを百万エーカーを超える（ホワイト・ハイランズの）旧白人入植者農園跡地に再入植させた。無論、その「再入植者」の中には、カレンジン人の土地やマサイ人の土地にこの期に移り住むことになったギクユ人を初め、他州出身の「土地に飢えた」農耕民族の家族も数多く含まれていた。

すなわち、ＫＡＮＵによる共和主義とは、現実には、（少なくともカレンジン諸民族から見れば）マジョリティーである農耕諸民族による牧畜諸民族の広大な土地（放牧地）の蚕食を国家の名の下で合法的に推進する性格のものであり、農耕民族による農耕民族自身のためのエスノ＝ナショナリズムの異名だったとも言える。

ところが、歴史はもう一度ＫＡＮＵの内側で逆説的な展開を見せる。初代大統領ジョモ・ケニヤッタが一九七八年に没すると、カレンジン人の指導者であり、且つ（ギクユ人政治家たちの大派閥間の緩衝剤的な存在として）副大統領を務めていたダニエル・アラップ・モイが、漁夫の利を得てケニアの第二代目大統領に就任した。すると、翌一九七九年に実施された国勢調査では、調査票からも報告書からからも、カレンジン諸民族群の個々の民族名称が完全に姿を没してしまった。つまり、ここに彼らカレンジン人が、国家公認のケニアの大民族の一つになったのである。

以上の手短かな素描からだけでも、カレンジン人がステート＝ナショナリズムではなく、いわゆるエスノ＝ナショナリズム（カレンジン「超部族」形成）を専一に志向した事実の必然的ともいえる歴史的な背景、ならびにそれゆえに彼等が政治的な成功を収めてきた事情を、略々把握できるだろう。

二　「リフトヴァレー紛争」――「二〇〇七～〇八年総選挙後暴動」前史

ところで、カレンジン民族群のマジンボ主義は、モイ大統領誕生後も温存された。それは、モイ自身がカレンジン人のサブ＝ナショナリズムの熾火を消さず、むしろ時々巧妙な仕方で煽り立てたからだった。モイはその「マッチ・ポンプ」的な操作（後述）を駆使して、トライバル・キングとしてのみならず、ケニア大統領として長年君臨し続けたのである。

一般に、アフリカ東部や中央部の人々が西欧の発明した国民国家（nation state）を鋳型として多民族国家の建設を目指す場合、第一にぶつかる壁は、定住農耕民の価値観と、その農耕民から家畜を略奪することを伝統の生存戦略に構造的に組み込んできた牧畜民に固有の価値観を摺り合わせて何とか宥和させることの、想像を絶する難しさにあった。実は、英国植民地政府の統治上の最大の頭痛の種もまた、終始この厄介な問題との飽くなき戦いだったのだ。そして、その窮境は現在に到るも構造的にはほとんど変化せず、若い国々の行く手に大きく立ちはだかっている。

「二〇〇七～〇八年総選挙後暴動」（2007-08 Post-election Violences）以前、リフトヴァレー州（Rift Valley Province）に住む牧畜民族群、特に（キプシギス人がその最大で最南の一派となる）カレンジン諸民族と彼らに隣接する農耕諸民族の間で、局所的で比較的小規模の武力衝突（「リフトヴァレー紛争」）が間歇的に繰り返されてきた。その中でやや大規模なのは、テリック人（カレンジン人の一派）対マラゴリ人（ルイア人の一派）の闘争（一九四五年、一九六三～六四年）、テリック人・ナンディ人（共にカレンジン人の一派）対マラゴリ人・ティリキ人（共にルイア人の一派）の戦闘（一九七七～七八年）であろう。

だが、その当時、彼らの紛争観も他民族観も「伝統」の域を大きく踏み超えることがなかった。ただ、植民地化と共に導入された現金経済が商品的農業生産の普及に繋がり、それに伴う急激な人口増加も相俟って、土地不足がますます大きな問題になって行く趨勢は誰の目にも明白だった。農耕諸民族が牧畜民であるカレンジン諸民族の広大な放牧地へ様々な仕方で、確実に浸透し続けていたからである。

ホワイト・ハイランズ化された、雨量に恵まれた冷涼な白人入植地の西部は、元々キプシギス人やナンディ人の土地だった。ケニア独立（一九六三年一二月）が現実の日程に上ると、農耕民族の間に旧白人入植地への（再）入植の願望がいよいよ昂進し、彼らとカレンジン諸民族の間で武力衝突が益々頻繁に繰り返されるようになった。こうして両民族群の武力抗争は、ケニア独立前後に、その性格を構造的に大きく変質させたことを確認しておく必要がある。

ただし、両民族群の相剋が一気に危機的なものにまでなり、国家的な試練として急浮上したのは、何と言っても、一九九二年以降のことである。同年には、この時期までに既にカレンジン人やマサイ人の土地に住み込んでいたグシイ人、ギクユ人、ルオ人等の農耕民をカレンジン人（主にキプシギス人）が波状的に襲撃する事件がリフトヴァレー州各地で頻々と起こり、その都度、幾人かの死者と相当数の国内避難民が出たのである。

するとその内でも最も人口も被害も大きかったギクユ人は、カレンジン人の住む西ケニアと首都ナイロビを結ぶ国道の（必須の）結節点であるナクルの町の郊外で路線バスを次々に止めて、乗客一人一人にＩＤカードを提示させた。そして、カレンジン人だと知れる名前の男性乗客を逐一バスから引きずり下ろして集団で暴行・虐殺するという、報復行為に再三及んだ。

この時、カレンジン人側の恐怖感が急激に高まったが、（国法が携行を義務付けている）ＩＤカードに記載されたカレンジン特有の名前は、隠しようがなかった。何件かのバス襲撃事件でも、登録名が偶々典型的なカレンジン名でなかったがゆえに、危うく難を免れた者がいた。彼らのスリリングな経験談が巷間盛んに飛び交い、世上に流布された。すると、筆者のよく知る若い友人の或る中学校教師が、この機会にエスノ＝ナショナリズム批判に目覚めた。彼は、自らのカレンジン名を呪い、ケニアは民族的な名前を廃絶すべきだと主張した（小馬 二〇〇一、二三頁）。

三 ネガティブ・エスニシティー

「リフトヴァレー紛争」の本質は、まさしく土地争いにある。ただし、この一九九二年という時点で事態が俄に深刻化したのには、次に述べるごとく、大がかりで複雑な政治的背景があった。

一九八九年の「ベルリンの壁崩壊」を合図に、冷戦構造が一気に終焉に向う。すると、一九九〇年代初め、援助供与者（西側先進諸国やＩＭＦ・世界銀行等の国際金融機関）が、援助の不可欠の前提条件として、政治・経済・報道等の自由化をケニア政府に強硬に要求し始めた。やがてモイ大統領が（他の多くのアフリカ諸国の最高指導者たちと同じく）その外圧に抗しきれずに屈し、一九九二年末にケニア憲法が一部改正されて、漸く複数政党制が復活した。ケニア国内では、この前後から、野党連合であるＦＯＲＤ（Forum of Reinstallation of Democracy, 民主主義回復フォーラム）が欧米の人権保護諸団体とも呼応して、当時のモイ大統領ならびにＫＡＮＵ政権の圧政に対する声高な批判を繰り返すようになった。

これと同期するように、農耕民族の「再入植者」に対するカレンジン人側の積年の鬱憤が一斉に噴出し始めて民族紛争が本格化し、一気に広域化したのである。その後の一連の「リフトヴァレー紛争」に共通する顕著な変化の原点がここにある事を強調しておきたい。

実は、このカレンジン人（大概はキプシギス人）の俄な「暴発」には、それを誘発する政治・経済的な動機付けがあった。モイは、欧米の攻勢に対して徒らに手を拱いていたのではなく、一種の弥縫策も講じたのだった。つまり、カレンジン人の既得権益を擁護・拡大する、劇的な政策を急遽打ち出したのである。それは、マジンボ主義的な土地政策を実施することで広くカレンジン人大衆の歓心を買い、支持基盤を固めて防衛を図ろうとする、モイの老獪な策謀だった。

すなわち、（二つの「キプシギス人県（Districts）」の一つで北側の）ケリチョ県東部に位置する、マウ山塊中の土地を五エーカーずつ、政府が「土地なし」の住民に無償で与える、というのがその政策だ。そして、官撰の県令（Oistrict Commissioner）の命令を受けた行政首長の指図で、恩恵を受けるべき五家族がキプシギス人の各亜郡（Sublocation）ごとに選ばれた。これが、一九九二年末の総選挙が実に久しぶりに複数政党制下で実施される「危機的な現実」を睨んで講じられたモイによる利益誘導的選挙対策の切り札であることは、一目瞭然だった。モイは、国際政治場裡では欧米に膝を屈して多党制を復活させたが、同時に、マジンボ主義の亡霊を呼び出して新たな装いを凝らし、カレンジン人の間にエスノ＝ナショナリズムを煽り立てることを躊躇わなかったのである。

この件には、後日談がある。マウ山塊のマウ森は、ケニアの実に残り少ない集水地帯の一つであり、国内外の環境保護団体が声高にその保全の必要性を叫んできた。それを尻目に、この森に住んでさえいれば、将来さらに五エーカーの土地が同様に無償で手に入るという噂が渦を巻き、キプシギス二県の各地、分けても南側のボメット県から「土地なし」の貧しい人々が大挙してマウ森に押し寄せ始めた。しかも、「土地登記証」発給を巡る、真偽の文目も容易に分かちがたい、官民入り交じっての泥仕合とそれに伴う腐敗が高じて、キプシギス人内部でも、また他民族との間でも数々の悶着が頻発し、その挙げ句に深刻なモラル・ハザードを招いた。まさにこの事実こそが、後々再燃し続ける厄介で複合的な民族紛争の火種となった主たる遠因なのである。それればかりか、この時期に多くの人々が経験した諸々の暴力沙汰の生々しい記憶が、キプシギス人のもつ他民族観、中でもグシイ人観を根底から変えたのだ。無論、逆もまた真なりであり、グシイ人のキプシギス人観もこの時以来、甚だしく党派的で暴力的なものになってしまった。

実際、一九九二年の総選挙はモイにとって背水の陣だった。幾人かの有力候補に票が分かれ、僅か二〇パーセント台の得票率ながら、モイが薄氷を踏む思いの勝利を得た。しかし、この結果への国民の疑念と不満は大きく、この直後、いわゆる「五〇パーセント・ルール」が制定される。モイは、次の一九九七年選挙でも何とか勝利した。ただし、二〇〇二年には自らの後釜となるKANUの大統領候補として、初代大統領ジョモ・ケニヤッタ（ギクユ人）の息子、ウフル・ケニヤッタを押し立てて戦った。この「変節」がカレンジン人の離反を招き、野党「虹の連立国民連合」（NARC：National Alliance of Rainbow Coalition）の統一候補であるムワイ・キバキ（ギクユ人）に完敗した。こうした経緯から、待望久しかったケニアの改憲作業が、キバキ大統領と彼の内閣の手で推し進められることになった。

なお、モイはこの選挙戦を機に、マジンボ主義者の皮を被った新植民地主義のエリートに過ぎないことが端々で露呈して、支持基盤を失った。そして、カレンジン・エスノ＝ナショナリズムを強烈に唱えたNARCの若いリーダーであるウィリアム・ルート（ナンディ人、ただし母親はキプシギス人）にカレンジン人のトライバル・キングとしての地位を奪い去られてしまった。

一九九二年総選挙の場合は、上記の特殊な事情から、カレンジン人と農耕諸民族の武力衝突が「総選挙前暴動」として発生したのだが、五年周期でそれに続いた一九九七年、二〇〇二年、二〇〇七年の総選挙では、いずれもその開票結果を否とする「総選挙後暴動」として現象した。後者の形態の暴動の史上最悪の事態が、まさしく「二〇〇七〜〇八年総選挙後暴動」なのである。

「一九九二年総選挙前暴動」以来、キプシギス人を初めとするカレンジン人は、偏狭で排他的な自民族中心主義者として、ケニア国内のみならず、国際的にも厳しい批判に曝されることになった。そして、こうした他民族観の急激な悪化を鋭敏に映して、この時期、「ネガティブ・エスニシティー」の語がケニアのマスコミで頻用されたのだった。

四　「部族」と「エスニシティー」

一九九二年以来のマウ森とその近辺での民族紛争の悪化は、（筆者の中核的な調査地である）ボメット県での「キプシギス人－グシイ人関係」も、暴力的で刺々しいものへと大きく変貌させた。

筆者がキプシギスの土地で最初の参与観察調査を行った一九七九年七月から翌年三月までの九カ月の期間、（現在の）ボメット県南西部でも、グシイ民族の居住地であるニャミラ県との境界線までの距離が僅か数キロメートルの地点の村に住み込んだ。それ以来今日まで、ボメット県内で幾度か住居を移したが、それらのどの地点も皆、こうした地理的条件を逸していない。

筆者が実際によく知る、「一九九二年総選挙前暴動」以前の両民族関係は、遙かに寛いだものだった。確かに、県境の向こう側から時折グシイ人の牛が盗まれて来た。だが、寓居の近くのマーケット（特にそこで毎週金曜日に開かれる青空市）には、少なからぬグシイ人が交易に訪れた。グシイ人女性は、トマト、スクマウィキ（ケール）、オレンジ、グァバ等の新鮮な野菜や果物の供給者の主力であると共に、安価な古着や日用雑貨の旺盛な買い手でもあった。また、そのマーケットに定着してガレージを開き、人々に親しまれている若いグシイ人もいた。さらに、かなりの数のグシイ人の生徒が近くの小中学校へ通い、グシイ人の教師も時に一人、二人いた。ところが、「一九九二年総選挙前暴動」発生以来、長い期間、寓居近傍のマーケットから、彼らグシイ人の姿がすっかり絶えてしまったのである。

キプシギス人は、近隣の非カレンジン人民族を全て「敵」（*bunyot*）と呼んで彼らとの間で牛を略奪し合ってきたが、同じ牛牧民であるマサイ人との関係だけは、農耕民であるグシイ人やルオ人との関係とは大きく異なるものだった。初期の人類学者は、キプシギス人を「農耕マサイ人」に分類したが、植民地化以前の彼等とマサイ人は外見も物質文化もよく似通っていて、確かに一理あろう。両民族の間に限っては、アジール、降伏、助命嘆願、停戦、講和等に関して、伝統に裏付けられた取り決めがあり、その慣行がよく遵守されていたのである（小馬　一九八四、一〇頁）。

嘗て両者の間で戦闘が繰り広げられる様は、まるで牛を賞品とする冒険的な競技のごとく明かるく闊達だったと言われている（Orchardson 1961: 7）。また、キプシギス人の言語学者で（且つ民俗学者でも）あるT・トウェットは、マサイ人の一分派、オレスィアニがキプシギス人の周りから姿を消した時に、キプシギス人が、「マサイ人が戻ってきてキプシギス人の傍らに住み、また互いに戦い合えますようにと、彼らの全能の神に祈りを捧げた」と書いている（Toweett 1979: 23）。このように、キプシギス人とマサイ人は、牧畜民に固有な独特のルールを遵守する誇り高いライバル同士として敬意も抱き合い、牛を略奪し合いながらも、両者の間には「共生的」とさえも言える程の、不思議に構造的な均衡関係が存在していたようである（小馬　一九八四、一〇～一一頁）。

キプシギス人にとって、農耕民であるグシイ人との民族間関係は、マサイ人との関係とは異なり、それ程強く構造的化されておらず、もっと散文的なものだったと言われている。ただし、一九四〇年代半ばに始まるカレンジン現象以前の両民族関係の実相を精確に知るのは困難が多い。それでも、それが偏に暴力的で排他的な関係ではなかったことを、（英国人がキプシギスの土地を植民地化した）二〇世紀前半の歴史に徴するだけでも、ある程度確認できる。

キプシギス人の土地の北に接して住むカレンジン人の一派、ナンディ人は、キプシギス人と言語・社会・文化的に同系性の高い人々で、互いに「我々は一つだ」と言い合い、戦闘し合った経験も全くない（Komma 1998）。そのナンディ人は、一八九五年から一九〇六年までの一二年間、英国植民地政府に反抗を続け、或る時、ソト人がそのナンディ人に加担した。そこで、一九〇五年、英国植民地軍はソト人全体に対する懲罰遠征を行い、二千頭程の牛を押収する。ソト人がナンディ人に援軍を送って英国植民地軍に反抗したことへの、呵責ない報復であった。ソト人とは、（ナンディ人の居住地域の南に当たる「キプシギスランド」）北部のベルグート人、中部のブレット人と共にキプシギス人を構成すると当時植民地政府が仮に目していた、南部の人間集団である。

一九世紀後半、チェモイベンの戦い等でベルグート人に大敗して南に敗走したグシイ人の多くの氏族が、ソト人に分厚く包囲され、他のグシイ人たちから分断された。彼らは、その後ソト人に絶えず環視・制動される形でその地に居つき、徐々に吸収同化されて行った。それ以来、ソト人がグシイ人と強く混血したと（社会人類学的に）判断していた植民地政府は、彼らソト人をキプシギス人（ベルグート人〔狭義のキプシギス人〕とブレット人の総体）と一体の集団として遇するべきかどうかという疑念に囚われ、決定を暫く留保していたのだった。

英国植民地政府がケニア統治の開始に当たって先ず着手したのは、流動し、離合集散して止まないアフリカの種々雑多な人間集団を何らかの人類学的な基準によって分類し、個々の集団の輪郭を截然と確定することだった。そして、「○○部族」と命名し、県、郡、亜郡等、「地方行政」の構成単位の内から、人口規模に相応しい大きさの行政区画を適宜選んで与えることで領土を固定し、彼らの間から適任者を選び出して、行政首長や行政副首長に任命した。それは取りも直さず、彼らを植民地政府が独自の基準で分節して、植民地の支配体制に組み込むことを意味していた。この場合、キプシギス人という「部族」の確定と構築で勘所となるのが、まさにソト人の扱い方だったのである。

勿論、このような「科学」に基づく西欧特有の中央集権的な発想は、アフリカの人々自身の集団的な同一性や自他意識、またそれらに基づく日々の暮らしの実態からずれていて、飽くまでも「人工的な」ものだった。現住地、氏族、親族・姻族関係、年齢組、軍団等の、相互に横断し合う多重なアイデンティティーのあり方が同時併存的に見られ、そのモザイク状の分布と連帯のネットワークに自ずと生じる重なりの種々のグラデーションに従って、緩やかな「エスニシティー」が人々に臨機応変に感じ取られていた。そして、そこに局所的な忠誠の核が可塑的に作られ、少なくとも暫時保持されていたと言うべきなのだ。

だから、例えば、ナンディ人がキプシギス南部のソト地方の同氏族員を或る日突然遙々と訪ねてきて血償（殺人代償）支払いの分担を求める事が、少なくとも一九八〇年代初めまではまま起こっていた事実を、筆者は、フィールドワークの現場で経験的に確認している。

五　「母の里」としての他民族、グシイ人

ところで、「マウマウ」を *mauemaue*（石ころ〔ころ〕）と呼んだと第一節で紹介した件の人は、ソト地方の有名な

行政首長、アラップ・バリアッチだった。バリアッチ（*Baliach*）とは、舌が縺れて上手く発語できない子供の典型的な綽名である。一方、アラップ（*arap*）は「（誰それの）息子」を表し、「アラップ誰それ」とは、成年儀礼を終えた若者に授けられる「父称」、つまり正式の成人名である。だから、バリアッチは、彼の父親の（正式の幼名になった）綽名だと知れる。これは、恐らく彼の父親が少年時代に主にグシイ語を話してキプシギス語を流暢に喋れなかった事を揶揄する綽名であろう。その後も、土地不足に陥ったグシイ人が既にキプシギス人化されていた者のつてを頼って折々に来住した結果、ケニア独立後にも、ソト地方には「グシイ語しか話さないキプシギス人」が沢山いたと言う。

さて、話を戻そう。一九〇五年のソト人懲罰遠征の数年後、植民地政府は、ベルグート人とブレティ人に対して、ソト人もキプシギス人かと正面から尋ね、もしそうなら、ソト人と同罪と見做してお前らも懲罰するぞと強く警告した。そこで、ベルグート人とブレット人は、幾度か合同の民族会議を開いて議論を重ねたが、結局、相当の数の氏族を共有し、通婚関係を密に重ねてきたがゆえに同一部族だと結論し、甘んじて懲罰を受ける覚悟をした。すると、一九一三年、植民地政府はベルグートとブレット両地方の懲罰遠征を断行、約一万六千頭の牛を奪い去った。そして、その後長く尾を引くことになる、手酷い経済的打撃を与えたのだった。

規模の小さな多産多死社会では、人口維持の可否は集団の存続を左右する極めて重大な要件だ。そこで、キプシギス人戦士は、戦いの合間にグシイ人の幼い男児を見つけて連れ帰って養取することがよくあった。また、キプシギス人の（粗放な農耕も伴う）牧畜社会は、旱魃による牧草不足、種々の疫病の流行、敵や野獣の襲撃等で牛群を一気に失うこともしばしばで、民族の存立基盤は農耕民であるグシイ人以上に脆弱だった。だから、波状的に襲来する飢饉の時には、逆に幼い女の子をグシイ人に売って、シコクビエやコウリャン等の穀物の粉を交換に受け取ってきた。キプシギス人女性の色の浅い肌や筋肉質の華奢な体つきをグシイ人が昔から好んでいたと、キプシギスの人々は言う。

そうした女児は、成長すると往々キプシギスの生家へ逃げ帰って来た。時にはグシイ人の夫が、彼女を慕って追い駆けて来ることさえあった。その場合、当該のグシイ人男性は危害を加えられることなく、妻の氏族に養取され、帰化してキプシギスの一員となった。

実は、キプシギス人は、他のカレンジン諸民族の内でも最も親縁性が高く、しかも隣合って住むナンディ人の女性よりも遙かに数多くのグシイ人女性を妻に迎えてきた。その理由は彼らの次のような宗教的な信仰にある。同氏族員の犯罪が生み出すことになる「罪」(*tengekto*)という神秘力は、必ず罪人本人とその子孫を捕らえて罰する。しかも、「罪」は蔓草が地を這って伸びるがごとく、遠縁の者から順々に捕らえ、時間を掛けて当人に辿り着くと言う。同氏族員であれば決して累を免れないが、婚入した他民族出身の女性には累が及ぶことはない。そこで、グシイ人女性を二番目以下の妻に選ぶことが一部で好まれてきたのだ。「罪」は、彼女が産んだ子供を迂回すると信じられているからである。

恐らくこれら全ての事情とその結果の総和として、キプシギス人は、グシイ人を「母の里(の人)」(*kamama*)と呼ぶ。この語は、即座に「大好きだよ母さんのお里/大事な母さん生んでくれたよ/私の母さん口黒の雌牛/声は甘いよ黒ラマイの実/耳に優しい」(小馬 一九八三、三七頁)という、可憐な童謡の歌詞を想起させる。母親(人間)を自分の最愛の「口黒の雌牛」(牛)に、さらにその雌牛を黒くて甘いラマイの木の実(環境)に重ね合わせる時、牛牧民の子供たちの詩的想像力が翼を大きく広げて羽博き始めるのだ。母親のごとく優しく自分たちを抱擁してくれる環境世界に寄せる篤い信頼と深々とした感謝の念が、子供たちの浄福に満ちた安らかな心象風景を描き出しているのが、よく分かるだろう。

一九世紀終盤のモゴリ戦役では、連戦連勝に浮かれてグシイ人の土地へ奥深く侵攻したキプシギス人の軍団が何時しかグシイ人、ルオ人、クリア人の連合軍に囲繞されてしまい、歴史的な大敗を喫した。敗因は、二人の軍団の長の内、ソト人で、グシイ人を母に持つマラブン・アラップ・マキチェが、「母さんの里」（または「我が母を生んだオジたち」）と挨拶するまでは撤退しないと、頑強に言い張ったからだと言い伝えられている。すると、キプシギス人にとってグシイ人は、単なる「敵」であったとは簡単に言いがたいだろう。

なお、キプシギス人とグシイ人の関係のように、人類学の分類上、形質的にも言語・文化的にも別系統に属するケニアの諸民族間に独特の親和関係が形成される例が、他にもままある。例えば、西ナイル語系のルオ人と（それとは全く系統の違う）バントゥ語系のルイア人は相隣合い、各々ゴル・マヒア、ＡＦＣレオパードという歴史の古い強豪プロ・サッカーチームを持っている。両民族は、互いに相手の民族をスワヒリ語でシェメジ（*shemeji*）、つまり姻族と呼び合うので、両チームの対戦はシェメジ・ダービーと呼ばれ、今でも毎年ケニア国民の熱狂を呼ぶ。またケニア植民地政府が、カレンジン語系のテリック人とバントゥ語系のティリキ人とを、強引に分離して、別々の州へと組み入れた。すると、両民族は息の長い再統合運動を熱心に展開し続けたのである（小馬　一九九五）。

ところが、「二〇〇七〜〇八年総選挙後暴動」以来、キプシギス人とグシイ人は、文字通り最悪の「敵」同士になってしまった。同暴動は、コフィ・アナンの献身的な奮闘の御陰もあって（Annan 2012: 184-208）、二〇〇八年一月中にはケニア全土で終息した。その唯一の例外が、キプシギスとグシイ両民族間（とキプシギス＝マサイ間）の戦闘で、同年の三月末まで鎮静化せず、執拗に小ぜり合いが繰り返されたのである。

六　都市スラムの部族世界化

都市の重要な属性は、取り分け、個人の無名性と行動の自由さに見出されるだろう。ケニアの首都ナイロビの場合、高額所得者であればこの普遍的属性を確かに実感できると言える。だが、都心周辺から遠心的に広がっている数々のスラムの住民にとっては、今や人口三百万を越えたこの大都市も、ほとんど故郷の部族的な世界の延長なのだというのが、偽らざる実情だと言える。

今日、新興国の多くが教育部門を急速に拡大させてきた反面、それに見合う産業部門の拡充が困難で、その結果無職の若者を大量に生み出し続けている。ケニアでも、彼らがインフォーマル・セクター以外に職を得るには、首都に出るのがやはり王道である。だから、首都のスラムの粗末で狭く汚い貸し部屋はどこも、郷党を頼って上京した幾人もの若者が目一杯居候している。彼らは僅かな日銭を稼いで糊口を凌ぎつつ、定職に就く僥倖の到来を幾年も只管じっと待ち続けるのだ。

「二〇〇七〜〇八年総選挙後暴動」は、ナイロビ郊外のスラムにも即座に荒々しく波及し、その後、スラムの内部の隅々までも「ネガティヴ・エスニシティー」に合わせて、厳然と分断してしまった。有力英字紙『土曜ネーション』の特集記事「ナイロビのスラム、オタヤとボンドを部族が統治する」（二〇一五年八月二日）が、そのメカニズムを次のように巧みに読み解いている。

曰く、ナイロビの人口の六割以上がスラム住まいの低所得者層だ。「二〇〇七〜〇八年総選挙後暴動」では、彼らが部族ごとに政治動員され、襲い合い、殺し合った。その惨劇の生々しい諸場面がずっと脳裏を離れない住民たちは、自民族の人数が僅かな（スラム内の）「村」は剣呑だという思いが募り、今でも住める所どころではない。あの暴動の経験が、生き残り本能を研ぎ澄ましたのだ。日銭稼ぎで露命を繋ぐ彼らには、親類に頼る他に生きて行く術がない。この境遇こそが、選挙時、部族間の亀裂に乗じた部族的動員を政治家に許すものなのだ。あの暴動が計画的だったのか、自然発生的だったのか、未だに誰にも分からない。あの悪夢の後の二〇一三年の平和な総選挙ですら、不正操作を云々する輩がいたのだ。ナイロビ住民の六割以上が貧民だから、家賃の踏み倒し、示威行動、犯罪といった類の市民的無秩序へと、付き合い上、即座に動員される危険性が常にある。ケニアは、今も時限爆弾の上に居座っているのだ。実際、キベラ・スラムでは、あの暴動で退去した家主の家作の全てが即座に他民族に占拠され、それ以来ずっと不法な又貸しが罷り通ってきた。一度帰還した或る家主が袋叩きにあっても、警察は手も足も出せなかった。そして、その後スラムごとに部族的な自警団（ギャング）が生まれ、以後頑強に根を張っている。

この記事の社会心理学的な状況分析は、一九九二年以来の、リフトヴァレー州（のマウ森等）を初めとする全国各地の民族的土地紛争にもほぼそのまま妥当する。しかし、国民の多数を占める地方の庶民の政治的な覚醒は、後の新憲法公布まで今暫く待たなければならなかった（後述）。とは言え、首都ナイロビの現状は、それとは全く別物だ。そこでは、いわば「行く所まで行ってしまった」「二〇〇七〜〇八年総選挙後暴動」が、少なくとも庶民の目を大きく見開かせ、現実の冷厳さを直視させたのである。

五年ごとが通例のケニアの総選挙も、「二〇〇七〜〇八年総選挙後暴動」の余波を受けて、二〇〇七年の次は二〇一三年、その次が二〇一七年と、変則的に実施された。前者の前年、二〇一二年一月の或る日、ナイロビ都心に位置する市営市場の傍らの高い石の壁に、壮大なペンキ絵の落書き（写真１）が忽然と姿を現した。至近距離にある民芸品店ビル、通称「マサイ市場」で土産物の絵を売っている画工たちが一夜の内に総掛かりで一気呵成に描き上げたの

写真１　ナイロビ市営市場近くの石壁に描かれた部族主義批判の落書き（筆者撮影）

だという。当夜は野次馬でごった返したが、何故か官憲の介入は全くなかった。旧憲法下では到底成しえなかった「偉業」である。

画面左端には、土地横領、政治的殺人、部族衝突と個条書きし、次いで大疑獄の名称を十幾つも列挙する。その右隣の絵は強烈だ。国会議事堂前に屈んだアフリカ人女性を椅子にして、ガウンに全身を包んだしたり顔の禿鷲が踏ん反り返って座り、茶を楽しんでいる。その絵の吹き出しは、「（俺様は）部族指導者だ。（我が部族の）奴らは、俺様を守ろうとして略奪し、強姦し、焼き討ちする。俺様は奴らの税金を掠め、土地を奪うのよ。だが、（あの）薄のろ共は相変わらず俺様に投票するってわけさ」と、禿鷲の心中の本音を暴いている。そして、禿鷲の右下には札束を詰め込んだトランクが置いてあり、その把手と禿鷲の右手首が手錠と鎖で繋がっている。

一方、その絵の右側には、一斉蜂起したスラムの若者たちと市民の群像が描かれ、ケニアの国境を象った紙やプラカードには、「我が声、我が投票、我等が未来（スワヒリ語版では、我等が暮らし）」というスローガンが読み取れる。そして、右端には、「我等が望む指導者」と大書した下に、やはり個条書きで、先見性、愛国心、知性、真率さ、収入財産公表の用意、人々との接触、適性、勇敢（さ）、職務への専心、解決志向、公正さ、といった政治家が持つべき徳目が並べられている。その中には、「票を買うな、賄賂を断て」（英語）と、「解決策を持つべし、〝政府に乞う〟なんて真似はよせ」（スワヒリ語）とする警句も見えている。

　この絵で最も目ざましい効果は、ガウンに全身を包んだ禿鷹の出で立ちと着座姿勢が、ナイロビ都心の国際会議センター（ナイロビのランド・マーク）前に聳え立つ、コンクリート製の高い台座上の（「大統領の椅子」に腰掛けた）初代大統領ジョモ・ケニヤッタの銅像（写真2）を彷彿とさせることだ。そう気付けば、壁画の国会議事堂の絵の前面に書かれた「（ケニアが独立した）一九六三年以来ケニア人を搾取し続けている国会議員ども」の字句が、吹き出し内の禿鷹の内心の声と呼応し合っているのだと納得できる。また、禿鷹が左手に持つ紅茶のカップは、「二〇〇七〜〇八年総選挙後暴動」の調停が成った後、両陣営の巨魁たちが相集って、まるで何事も無かったかのごとく和かに談笑して茶を飲み交わす光景（TVや新聞の映像）が庶民に与えた激しい衝撃と怒りを象徴していよう。この前代未聞、恐れ知らずの落書きは、市民と民主主義の時代の到来を高らかに宣言していた。

写真2　ナイロビ市中心部にある「建国の父」ジョモ・ケニヤッタの銅像（筆者撮影）

　なおこの頃から、弱小国ケニアの国会議員が、既に世界最高水準と言われた俸給と手当てにさえ飽き足らずに増額を求めて止まない姿に憤激した国民が、彼らを公然喩として。

とＭＰ・ｉｇと呼ぶようになったのである――無論、Ｇ・オーウェルの小説『動物農場』の豚の独裁者ナポレオンの暗

七　地方分権の実現に到る経緯

さて、一九六四年（ケニア独立の翌年）に制定された新植民地主義的色彩の著しい旧ケニア憲法は、ＫＡＮＵのジョモ・ケニヤッタと後継のモイ両政権によって長年堅持され、彼らの独裁政治の「法的」基盤であり続けた。だからこそ、それに代わる新憲法の制定が、ケニアの心ある庶民にとって等しく宿願だったのだが、以下に述べる或る重大な政治的不祥事が呼び入れた窮境の最中、その夢を実現する突破口が思いがけない形で与えられることになった。

それには、二〇〇七年一二月末の総選挙の開票直後から翌年一月に掛けて、ほぼ一カ月間荒れ狂った「二〇〇七～〇八年総選挙後暴動」の惨状が、直に深く関わっている。同総選挙は、新たに「国民統一党」（ＰＮＵ：Party for National Unity）を作って臨んだキバキ大統領（ギクユ人）と、野党連合「オレンジ民主主義運動」（ＯＤＭ：Orange Democratic Movement）統一候補のライラ・オディンガ（ルオ人）の事実上の一騎討ちで、「ギクユ人対非ギクユ人（非国民）」が対立の構図だった。投票の集計では表面上大接戦だったが、現実には、前者が「州行政制度」と選挙管理委員会を使って「選挙を盗んだ」のである（Annan 2013: 159-208）。

その後、近隣諸国首脳とコフィ・アナン前国連事務総長（当時）による粘り強い調停の努力が実った。すなわち、キバキ大統領、並びに彼と鎬を削った野党統一候補ライラ・オディンガが、アナンの説得を最後の瞬間に受け入れ、その時に視界が一気に開けたのである。後者が前者の当選を認めると共に新設の首相職に就いて大連立政権を組織す

るという、壮大な政治的妥協が成立し、暫定憲法体制に移行したのだ。その結果、アナンの妥協案を呑んだ両陣営のどちらにも等しく、国民志向の新憲法の制定を支持する姿勢を即座に鮮明にして、自らの正統性を国民に印象付けるという戦略上の必要が俄かに生まれた。それが、新憲法に、図らずも理想的な属性を帯びさせる結果に繋がった。

両陣営が取り交わした調停合意文書には、①国民の困窮、②不公平な資源配分、③社会的な排他性、④歴史を遡る不公正等が根本的な原因となって今回の選挙後暴動が起きたのだという認識が、合意事項として具体的に明記された。④の柱は、まさしく土地を巡る問題である。

憲法の民主化を初めとする法制度の改革は合意文書では必須で且つ最優先の課題とされたが、暫定憲法体制においては、大統領（キバキ）は権力の行使に当たって首相と協議することが義務付けられていたし、大連立与党に属する国会議員は全体の80パーセントを超えていて、憲法改正に要する65パーセントの賛成票を難なく確保できた。その結果、上記の合意諸事項に沿った法制度の改革が、前例を見ない速さで円滑に進むことになった。

こうして、「二〇〇七〜〇八年総選挙後暴動」が終息したばかりか、理想的な新憲法案の現実に向けて環境要因の全てが一気に好転した。（二〇〇五年の初回に次ぐ第二回目となった）二〇一〇年八月の新憲法制定の是非を問う国民投票では、前回とは逆に新憲法案が大差で支持された。その投票結果も平和裡に公表され、国民に静かに受け入れられたのである。

ランニング・メート方式に変った二〇一三年の総選挙では、キバキが敗れて、ウフル・ケニヤッタ（ギクユ人）とウィリアム・ルート（カレンジン人、厳密にはナンディ人）を正副大統領とする、ジュビリー連合（Jubilee Alliance）政権が誕生し、様々な分野での地方への権力委譲が同政権下で始められることになった。この政権は、ケニア独立前後から常に激しいライバル関係にあったギクユ人とカレンジン人が政治的に公然と手を結んで成立した点で、実に画期的だった。しかしながら、それがそのままケニア国民の政治的な成熟を意味していたとは、少しも言えない。むしろ、次のように考えるのが妥当であろう。「ホワイトハイランドの再分配をめぐって長らく利害を対立させてきた『移住農耕民』と『専従牧畜民』の双方を包摂する組み合わせでもあり、また一方では、独立以来の歴代KANU政権下で行われた土地の不正分配で受益者を輩出してきた中央州とリフトバレー州双方の住民を包摂する組み合わせでもあった」（津田　二〇一七、二四四頁）

「二〇〇七〜〇八年総選挙後暴動」時に部族的な動員をかけ、襲撃を煽って深刻な犯罪状況を生み出した張本人として、国際犯罪裁判所（ICC）がウフル・ケニヤッタとウィリアム・ルートの二人を名指しにする。ところが、ICCの一連の極めて強硬な動きは、「内戦」で引き裂かれて大きく傷付いたケニア国民の神経を逆撫でして、自らをケニア国民の「共通の」敵役にしてしまった。というのも、両民族が逆説的にこれを機に政治的に連帯して、歴史上初めて団結したからである——二〇〇二年にモイ（カレンジン人）がウフル・ケニヤッタ（ギクユ人）をKANUの大統領候補に押し立てて大敗したことをここで思い合わせれば、今回ICCが自ら引き寄せてしまった皮肉な役回りが反照されて浮き彫りになると言えよう。

さて、新憲法制定の目的は国民志向の政治指導体制の具現化だが、その核心は地方分権（devolution）の達成にあった。独立以来、権威主義的な独裁政権が長く続いた結果、腐敗が極まって巨大スキャンダルが続発してきたケニアでは、地方分権は「絵に描いた餅」に終わるに違いないと大方が悲観的に予想していた。ところが、いざ蓋を開けてみると、移行期特有の種々の混乱はあったものの、各県民の地方政治を経由した国政への関心が大いに高まった。そして、多くの県政府がその民意を汲んで創意した一見大胆な新政策が予想外の支持を得て成功を収めつつある実情が、次々に浮上した。行政サーヴィスの身近さが、政府の積極的な存在意義を初めて人々に実感させたからである。

例えば、ケニアの英文日刊紙の一方の勇、『スタンダード』紙の「あらゆる危惧を尻目に地方分権は実働している」と題する社説（二〇一五年四月二二日）は、その進展の意外な順調さを次のように評した。「動き出してから二年になる地方分権制度は、かなり上手く行っている。国民の多様性を鮮やかに示し、国民主権の事実を強化して、一層確かな手応えがある国民的価値を導いた」。新憲法制定は、ケニアにとって、庶民の地に足の着いた政治意識を実際に覚醒させ、歴史の新たな一頁を開く画期的な事象となったのだった。

八　見いだされたステート＝ナショナリズム

ただ、各県の実情はそれぞれに複雑、且つ固有で、各県政府は国家政府や国会・県議会等との間にかなり深刻な確執と角逐を次々と経験している。ここでは、本章の標題に掲げたテーマ、「キプシギス人のナショナリズム発見」の観点から、各県政府が直面している困難の一般的な背景を概観してみよう。

国家政府は一旦県に委譲した権限でも、後にそれに関連した興望の大きさに遅蒔きながらも気付くと、その権限を取り戻そうと試みる。その典型的な例は、医療と土地利用の両部門だ。逆に、権限委譲を当初拒んだものの財源不足に陥り、強権的に県政府に押しつけを図る部門もある。その代表例が、教員組合が賃上げストライキを打ち、裁判でも国家に勝利した、初等・中等教育部門だと言えるだろう。

国家政府が権限を地方に委譲しても十分な予算を与えない道路行政等の部門では、国家・県両政府が往々競合する光景が見られる。四二の県政府全体で国庫の一五パーセントの交付を受け、さらに長年周縁化されていた諸県には、（二〇一三～一八年の）時限立法で、全体で国庫の五パーセントが追加配分される。後者の使途は、①道路、②医療、

③電気、④水道の四部門に限られるが、大概道路建設が最優先されて、予算も傾斜配分されている。ナロック県（マサイ人が名目的なマジョリティー）ではケニア独立以来道路一本も無かったディギル＝オルチョボセイ間に三本の道路が一気にでき、住民が地方分権の成果に目を見張って狂喜した。同県のような追加配分のない諸県も、大概、住民の期待が熱い道路建設にこぞって注力している。

ナロック県が、雨期に洪水で広く水没して多数の人々や家畜の命が奪われてきたモゴンド地区に、大型予算を組んでコンクリート橋を建設し始めると、国家政府はその橋を跨いで通る安価な砕石道路の建設を急遽決定した。限られた出費で人々の信頼の横取りを狙う、露骨な政治手法だ。また、国家政府による道路建設を喧伝する大看板が、道路沿線の要所に立てられて県のものと競い合う。新憲法は、国家政府と県政府が施政の成果を補完・競合し合う、新たな国家＝地方関係を生んだのである。"It's our turn to eat" 型、つまり民族ラインで国家を二分し、国庫の取り分を「全てか無か」で争奪する従前の選挙戦の構図が、既に相当程度陳腐化したのはこうした事からも明らかだろう。

ところで、キプシギス人二県の一つボメット県では、二〇一三年、雄弁と論争好きで鳴る、若いアイザック・ルート（以下ではアイザック）が初代知事に選ばれ、同年、全国知事会の初代議長にも就任した。県知事たちが正副大統領に次ぐ権力者として姿を確実に浮上させてくると、旧来型の権力との間で悶着が続々と生じて物議を醸し始めた。すると、それに乗じたかのような、各種メディアへのアイザックの連日の露出は暫時大統領を大きく凌ぎ、人々の熱い注視の中で、彼は一躍時の人となった。

そのアイザックが「金を田舎に」（*pesa mashinani*）運動を創唱した。県政府への国庫の一五パーセント配分は、新憲法の規定最低限度に過ぎない。仮に単純に四二県で割ると国庫の僅か〇・三六パーセント弱に過ぎないのだが、それでも基幹的な諸設備が刻々目に見えて充実して地元経済に巨大なインパクトを与え、その結果、県民は行政サーヴィスの恩沢の強い手応えを感じ出した。ならば、配分率四五パーセント実現を目指して「トライバル・キング」を排し、純粋にナショナルな視点で最も公明正大な人物を大統領に選ぶべし。これが、アイザックの豪胆な主張の骨子である。

四二県を単位とする地方自治形態では、中規模の民族なら単独で、少数民族の場合でも近縁の一、二の民族と合同で県を構成する形になる。アイザックは、各民族が国庫の分配を確実に得られ、独自の意思をそれによって着実に具現できる制度的保障を得た今、その基盤拡充路線こそが生命線だと力説するのである。

誠に近代的で合理的な主張だが、ケニア国民には驚天動地の豹変と映った。何しろ、キプシギス人は、新憲法案の是非を問う二〇〇五年と二〇一〇年の二度の国民投票で、他のカレンジン人と一枚岩の団結を見せ、否決に向けて奔走したのだから。ところが、地方分権が県民の意欲と能力を一斉に開花させて基幹的な諸々の設備が一新されて行く様に今やキプシギス人は瞠目し、大きく心を動かされたのだ。ただし、その豹変には無理からぬ面もある。先ず、専門的で酷く大部な憲法草案を実際国民は誰も熟読しなかったし、元来ケニアの選挙は何よりもトライバル・キングへの盲目的支持の表明機会であり、実際上、政策をほぼ度外視してきたからだ。

事実、「二〇〇七～〇八年総選挙後暴動」時、キプシギス人は露骨な反国家的な行動に走った。同暴動以前、ボメット県の国営チェパルング森に周辺の貧しい女性たちが侵入して、雑木を不法に炭に焼いて生計の足しにしていた。そして、周囲の副行政首長たちは彼女等から低額の賄賂を取って私腹を肥やした。ところが、同暴動が燃え盛ると、土地の有力者が我先に車で乗りつけ、大木を電動鋸で薙ぎ倒して板に引き、或る者は自家の、別の者は経営する学校等の施設の建設資材に充てるために持ち去り、同森林は瞬く間に完全に姿を消し去った。これらは、キプシギス人の国家に対する従前の面従腹背的な姿勢が一挙に発現した典型的な例で、その本質をよく窺わせる出来事だった。

思い合わされるのは、旧憲法下、ボメットの県庁に勤務するキプシギス人官吏に見られた行動様式の通則である。県の徴税吏が或る地域のマーケットを巡回して営業税を徴収する日程が決まると、その近辺の農地に家族をもつ県庁勤めの官吏が、即座に最新情報を地元に通報する。すると、一斉に店が閉まって徴税がほぼ不能になった。これは、県庁勤めの吏員の誰もが家郷の人々から求められ、忠実に実行した「社会慣行」だった。マジンボ主義を掲げるカレンジン・エスノ＝ナショナリズムの思考では、カレンジン人と政府（多数派農耕民族）は、国庫の「全てか無か」の取り分を命懸けで争うべき宿敵同士なのだ。だから、良いカレンジン人であることと良いケニア国民であることとは、原理的に相矛盾し合う、反対命題だと力説されてきた——モイ政権下でもキプシギスにはそうした気分が強かった。「金を田舎に」運動の犀利さは、四二県体制の新「マジンボ制」が、KADUの七地域編成の旧マジンボ制とは裏腹に、"It's our turn to eat" 型のエスノ＝ナショナリズム（＝カレンジン現象）に不適合だという逆説に逸速く勘付いて、即座に豹変して見せた点にある。

なお、二〇一三年の総選挙後、キプシギス人は悲憤慷慨し、それがカレンジン現象に深い懐疑の念を抱くことに繋がった。と言うのは、副大統領候補として大統領候補のウフル・ケニヤッタ（ギクユ人）と相携えて総選挙に立ち、カレンジン人の圧倒的な支持を得て当選したウィリアム・ルート（ナンディ人）が、その後間もなく（国際世論にも押されて）掌を返すようにカレンジン人（実際上ほぼ全員がキプシギス人）の「居座り人」(squatters) をマウ森から一斉に追いたてたからである。キプシギス人は、カレンジン諸民族の半数近い人口を誇りながらも、ナンディ人等、残余の北方のカレンジン諸民族たちによって絶えず動員されつつ、結局は周縁化され、自らの土地を蚕食されてきた——トゥゲン人であるモイ元大統領もそこに広大な茶園と製茶工場を保有している——という不審の念を抱き続けてきた。地方分権制の定着過程で、その鬱屈した思いがアイザックの掲げる「金を田舎に」運動と共振し、それに注入されたのは間違いない。

この場合、各県民は抽象的なケニア国民である前に、現実的に○○人（＝○○県民）であることになり、良き○○人であることが良きケニア国民であることをそのままの形で保証するのだ。また地方分権制下では、各県の発展の成否が県民自身の双肩に直に重く伸し掛かってくる以上、チェパルング森皆伐や店舗営業税不払い式のアノミー的な行動は、蛸の足食い（自殺行為）に他ならないことになるのである。人々は、即座にこの事実に気付いた。

キプシギス人の場合、そこで、カレンジン・エスノ＝ナショナリズムをステート＝ナショナリズム（上方）と「トライバリズム」（下方）の双方向へと同時に乗り越える圧力が生じた。そして、そのトライバリズムが有効に機能するためには、他の各民族に固有のトライバリズム（の具体内容）を排斥せず、逆に一致して自らの形態を相互に承認し合うという新たな原理を樹立する必要がある。それゆえに、その相互承認を担保する一元的なアンブレラとしてのステート＝ナショナリズム、しかも多元的で並立的な原理を持つ多文化的なそれが希求されざるを得ない。ここで（先述の）『スタンダード』紙社説が、地方分権制度が「国民の多様性を鮮やかに提示し、国民主権の事実を強化して、一層確かな手応えのある国民的価値を導いた」と評した事実を想起しよう。「金を田舎に」運動は、その評によく合致する方向へと現実を駆動することのできる新たな原理を内包しているのである。

しかしながら、「金を田舎に」運動が（仮にカレンジン・マジンボ主義を乗り越え得たとしても）一方では旧来の偏狭なトライバリズムを再活性化する恐れも同時に想定できる。事実、その兆候も見られた。例えば、県政府は、一定割合の県外出身者を吏員に任用する義務を負う。ところがボメット県は、もう一つのキプシギス人県であるケリチョ県や実際上人口の過半数がキプシギス人である（「マサイ人の県」とされている）ナロック県出身の者、つまりキプシギス人によってその「県外出身者」採用枠を埋めている——ただし、当座の措置だと県は説明する。

また、グシイ人の間で今もその存在が強く信じられている邪術者であるナイトランナーの告発騒ぎが、二〇一五年八月、ニャミラ県（「グシイ人の県」）に隣接するボメット県南西部で起きた。その内の一件は、同地に移住して長年平和に暮らしてきたグシイ人の一家族の排撃を結果した。ただし、ナイトランナー騒動はその後急速に鎮静化し、定着することはなかった。

一方、カレンジン・マジンボ主義に固執するキプシギス人の旧勢力も、まだ決して侮れない。またアイザック自身、縁故主義や贈収賄から自由だとは言えない弱点を持つ。それでもなお「金を田舎に」運動には、「キプシギス人のステート＝ナショナリズム発見」という、歴史的で、且つ原理的に重大な意味があることを、ここで強調しておかなければならない。

おわりに

自らの生存を保障する国家的な組織がなく、絶えず外部からの脅威に曝され続けているような、植民地化以前のケニアの自給的な小さな人間集団を「エスニシティー」と呼べば、それは移動を続けて絶えず離合集散を繰り返していたが、多少とも排他的な地域性を、移住した居住地域で持っていた。そして、（自己を起点に広がる）相互扶助の義務が存在して手前勝手に離脱できない親族組織と、その伸縮自在の連帯ネットワークであるエスニシティーへの忠誠心の共有こそが、人々の暮らしと安全を最低限ながらも保障していた、実際の社会結合の形態だったのだ。

ただし、植民地化後の「部族」（「民族」）は、そうした「エスニシティー」とは別物である。それは、植民地政府が言語・文化の共有を鍵とする「部族」概念に則って、現地民の一定の構造的な構成要素であると都合よく見做し、部族名と領土の明確な境界を与えて創設した、行政的単位としての「枠が固い」集団だからである。つまり、既存のエスニシティーの枠組みを無視し、それを超えて編成されたという点では、部族も植民地国家と同じなのである。植民地国家に包摂された人々は、自らのエスニシティーに対する忠誠心を再編成して植民地国家へと、即座に、待ったなしで再脈絡化するように迫られたのだ。こうして、アフリカ特有の「ナショナリズム」が生まれたのだと言える。

だが、アジアのような中世的国家体制と識字文明の長い経験がなかったアフリカでは、忠誠心の核となる共通の宗教や文化意識等、国民文化を形成する民俗的な基盤も元来存在せず、近代への即応は何処でも至難の業だった。その結果、人々の忠誠心が国家から部族へと大きく逸れて、複数のサブナショナリズムを生んだ。これが、「トライバリズム」と称されてきた現象である。

キプシギス人の場合、独立後ケニアを牛耳ることが確実視されていたギクユ人等の農耕民族の勢力と対抗するべく、近縁の少数民族群と共に「超部族」カレンジンの形成を目指すエスノ＝ナショナリズム運動を展開した点に、そのトライバリズムの特質がある。ところが、二〇一〇年新憲法制定下の新たな経験（特に、地方分権制とカレンジン人である副大統領によるキプシギス人のマウ森からの追い立て）がそのあり方を抜本的に変えた。彼らは、カレンジンが「想像の共同体」だったのだと痛感させられ、忠誠心を親族関係という遥かに具体的で直接実感できる関係による信頼に一層強く依存する自部族、つまりキプシギス自体へと、その重心を大きく移動させたのである。

同じ「想像の共同体」でも、ネーションは殊に抽象的で、結局想像においてのみ実在する点を特徴とする。ただし、今やキプシギス人は（少数の「大地域《リージョン》」で構成する）カレンジン人の古いマジンボ主義から離陸し、四二の自治県による、いわば新しい部族的なマジンボ主義に活路を見出そうとしている。すると、カレンジン人のエスノ＝ナショナリズムよりもさらに抽象的な（ステート＝）ナショナリズム概念に敢えてその共通の基盤を求め、他県独自の個別のトライバリズムもその原理の具体的な発現形態として等しく承認できる運動原理としてそれをすすんで採用することの方が、むしろ有利である。この方向へと志向する俄な覚醒にこそ、彼らの「ステート＝ナショナリズムの発見」を理解する決定的な鍵がある。

【付記】二〇一七年八月、全国で知事選挙が一斉に行われた。ポメット県では、アイザック・ルートが、対抗馬のエガートン大学の言語学の女性講師で、前国会副議長のジョイス・ラボソに完敗した。彼女は、（伝統的に男子割礼の慣行を持たなかったがゆえにキプシギス人が軽侮してきた）ルオ人と結婚したが、夫ではなく父親の名であるラボソを名乗っている。これは、姉で国会議員や副大臣を務め、二〇〇八年にヘリコプターの墜落事故で亡くなったローナと全く同じ生き方である。キプシギス人男性は高学歴の女性を恐れ、結婚を避ける。大学院を修了したジョイスもローナも、それゆえにルオ人を伴侶とすることになったのだと自ら語っている。結果的に、二人は、女性という、より普遍的で国民的な政治基盤に立つ政治姿勢を身に付け、さらには部族を跨ぐ夫婦別姓までも実現した。彼女たちの公正さは女性に限らず、地域を横断する幅広い支持を集めてきた。アイザック・ルートは、皮肉にも、自らの敗北によって自らの政治理念をより理想的な形で実現することになったと言えよう。なおジョイスは、他の二人と共に、ケニア最初の女性県知事となった。

参考文献

Annan, Kofi with Moudsvizadeh, Nader（2012）*Interventions: A Life in War and Peace*, New York: The Penguin Press.

Burbidge, Dominic（2015）*The Shadow of Kenyan Democracy: Widespread Expectations of Widespread Corruption*,

Surrey: Ashgate.
Kipkorir, B. E.（1973）*The Marakuet of Kenya: A Preliminary Study*, Nairobi: East African Literature Bureau.
Komma, Toru（1998）"Peacemakers, Prophets, Chiefs Warriors: Age-set Antagonism as a Factor". In Kurimoto E. S. & Simones（eds.）, *Conflict, Age & Power*, Oxford: James Currey.
Korir, K. M. arap（1974）"An Outline Biography of Simeon Kiplang'at arap Baliach: A 'Colonial African Chief' from Kipsigis," *Kenya Historical Reviews*, vol. 2, no. 2.
Manners, R. A.（1962）"The New Tribalism in Kenya," *Africa Today*, vol. 9, no. 8.
Njogu, Kimani（ed.）（2011）*Defining Moments: Reflections on Citizenship, Violence and the 2007 General Elections in Kenya*, Nairobi: Tweza Communications.
Okumu, J. J.（1975）"The Problem of Tribalism in Kenya". In Pierre L. Vanden Berghe（ed.）, *Race and Ethnicity in Africa*, Nairobi: East African Publishing House.
Orchardson, I. Q.（1961）*The Kipsigis*（abridged, edited and partly rewritten by A. E. Matson from the original manuscripts, 1923-37, Kericho, Kenya）, Nairobi: East African Publishing House.
Toweett, Taaitta（1979）*Oral Traditional History of the Kipsigis*, Nairobi: Kenya Literature Bureau.
小馬徹（一九八三）「牛牧民カレンジン――部族再編と国民国家」『季刊民俗学』（民俗学振興会）第二五号。
小馬徹（一九八四）「超人的力としての言語と、境界人としての指導者の権威」『アフリカ研究』（日本アフリカ学会）第二四号。
小馬徹（一九九五）「西南ケニアのキプシギス人とティリキ人の入社的秘密結社と年齢組体系」、神奈川大学人文学研究所

（編）『秘密社会と国家』勁草書房。

小馬徹（一九九七）「異人と国家――キプシギスの近代化」、青木保他（編）『運動と紛争』岩波書店。

小馬徹（二〇〇二）「名前の民族性と国民性」（アフリカの人々と名前75）『月刊アフリカ』（日本アフリア協会）第四一巻第三号。

小馬徹（二〇〇八a）「ケニア「二〇〇七年一二月総選挙後危機」におけるエスノ・ナショナリズムと自由化の波及」、中林伸浩（編）『東部および南部アフリカにおける自由化とエスノナショナリズムの波及』（科研費成果報告書、神奈川大学）。

小馬徹（二〇〇八b）「『盗まれた若者革命』とエスノ・ナショナリズム――ケニア『二〇〇七年総選挙後危機』の深層」、『神奈川大学評論』第六一号。

津田みわ（二〇一七）「土地関連法制度改革を通じた紛争抑止の試みとその限界――ケニアの事例から」、武内進一（編）『現代アフリカの土地と権力』アジア経済研究所。

第9章　ボリビア「複数ネーション国家」の展望
――アフロ系ボリビア人の事例から

梅崎かほり

はじめに

南米の中央に位置するボリビアの正式名称が「ボリビア多民族国[1]」であることをご存じだろうか。複数の民族が混在する国は珍しくないが、あえてこのように名乗る国は世界広しといえど他に類を見ない。

スペインによる植民地化を経て「共和国」として独立したボリビアは、今日も数多くの先住民集団を擁する。西部の山岳地帯には多数派を占めるケチュアやアイマラの人々が、東部に広がる熱帯には複数の小規模な先住民集団が暮らし、それぞれに異なる言語・慣習・社会組織をもっている。二〇〇九年、新憲法の施行とともに、これらの人々を可視化する意図で国名が変更され、ボリビアは「複数ネーション国家（Estado Plurinacional/ Plurinational State）」の名を冠する国となった。

この変更は、アイマラ出身のエボ・モラレス・アイマ大統領が推し進める改革をシンボリックに表している。二〇〇六年に過半数の支持を得て成立したモラレス政権は、「脱植民地化」をスローガンに、これまで不利な立場に置かれ続けた先住民集団の政治的主体性を保障する政策を打ち出してきた。また一方では、社会主義路線を宣言して大規模な資源の国有化を断行し、米国を敵に回しながらキューバやベネズエラに接近したことでも世界の注目を集めた。

モラレス政権による一連の改革は、ボリビアで二〇世紀に展開された同化主義的ナショナリズムと、一九八〇年代より導入された新自由主義を背景とするものである。植民地時代が終わり独立国家となっても白人寡頭層による支配が続き、民主化とナショナリズムが進んでもなお、抑圧され従属を強いられる先住民や農民の立場に変わりはなかった。このような状況下で導入された新自由主義は両者間の格差を一層広げ、経済的不均衡が進む中で政治の腐敗も進行した。先住民運動を率いる一人であったモラレスを大統領に押し上げたのは、国民の間に蓄積された疑問と不満、既存の政治への不信感にほかならない。こうして誕生したモラレス政権は、新自由主義との決別を表明するとともに、従来のナショナリズムを覆すような「複数ネーション国家」構想を掲げ、先住民主体ともいえる数々の政策を打ち出してきた。

このような方針はしばしば、白人寡頭支配層に対する先住民の逆襲といった形で表現される。大規模な先住民社会を土台に植民地社会が築かれたアンデス地域は、歴史的にも「白人社会」対「先住民社会」という構図で描かれてきたためである。そして、そのようなアンデス・イメージの陰で、「白人」でも先住民でもない人々が暮らしていることについては見落とされがちであったと言わざるをえない。しかし、あえてそのような人々に注目することは、今日のボリビアの政治的変革を理解する上で実に示唆的な視点を与えてくれる。それは、二〇世紀にボリビアが経験した近代化とナショナリズムを問い直すものである。

筆者は一九九八年よりボリビアに通いはじめ、いわゆる「先住民」には属さないマイノリティであるアフロ系の人々について調査してきた。具体的には、サンチェス政権が多文化主義を掲げた一九九〇年代より急展開した彼らの文化運動と、モラレス政権成立後に見られる「ネーション」化ともいえる動きを追ってきた。以下の本論ではまず、彼らの復権運動と同時代に起きた国政の変化を、二〇〇九年の新憲法の成立過程およびその条文をもとに整理する。次に、転換期とも呼べるこの時代状況のなか、アフロ系の人々が自らを位置づけなおし、ボリビアにおける政治的主体性の獲得へ向けて動いたいくつかの事例を分析することで、今日のボリビア社会を別の側面から描き出す一つの試みとしたい。

一　モラレス政権誕生の背景

一九九〇年代は世界的に先住民の人権問題に関心が集まった時代であり、それにともないボリビア国内でも先住民運動が再燃した時代であった。この動きへの対処を迫られた結果、一九九三年に成立したサンチェス政権は翌一九九四年に憲法を改正し、第一条でボリビアは「多民族・多文化（multiétnica y pluricultural）」の国であると宣言して多文化主義(2)へと舵を切った。

この政策の一環として、国内の文化的多様性を認め、先住民言語を学校教育に取り入れたこと、大衆参加法（Ley de Participación Popular: Nº 1551）および地方分権法（Ley de Descentralización Administrativa: Nº 1654）により農村部に自治体を増設して予算を配分し、地方の権限を拡充したことは、同化主義的で中央集権的であった従来の政治からの大きな転換といえる。また、同時に行われた選挙制度の見直しで、国会の下院議員の選挙制度に比例代表制と小選挙区制の並立が導入されたことが、当時政治意識を高めつつあった地方の先住民や農民組織から国政に代表者を送るきっかけを作ったのは確かである（Klein 2011: 257-259; 宮地　二〇一四、九五～一〇〇頁）。しかしながら、政府は必ずしも先住民村落の地方自治における権限を全面的に尊重したわけではなかった。これらの成果を享受したのは先住民組織が力をもつ地域に限られ、先住民人口が大半を占めても組織化されていない地域では、困窮する農村部は放置されたのが実情であった（Albó 2002: 88）。

また一方で、サンチェス政権は一九八五年より導入された新自由主義政策を推進し、現政権から批判されるところの「過剰な民営化」を断行した。一九九〇年代末より経済危機を迎えるなか、この方針は続くバンセル政権にも引き継がれ、二〇〇〇年にはコチャバンバで、ライフラインである水道事業の民営化に反対した市民による大規模な暴動が起こった（水戦争）。二〇〇二年より始まる第二期サンチェス政権下では、翌二〇〇三年二月、中間層に打撃を与える増税法案に対して警官が起こした暴動が、政府の経済政策に反対する市民を巻き込んだ大規模な抗議行動に発展し、大統領府を取り囲んでの銃撃戦で死傷者を出す騒ぎとなった（黒い二月）。さらに同年一〇月には、天然ガスを外国資本によりチリ経由で米国に輸出するという政府の一方的な決定が再び大規模な暴動を招き（ガス戦争）、サンチェス大統領は辞任に追い込まれることとなる。

農民や労働者の抗議行動は、大規模化してニュースになったこの三件だけではない。一九九八年からコチャバンバに通い始め、二〇〇一年から二〇〇三年をラパスで暮らした筆者は、先住民・農民・労働者の抗議行動を幾度となく目にした。この頃のボリビアでは、街中で行われるデモ行進や交通機関のストライキ、ブロケオ（bloqueo）と呼ばれる幹線道路を封鎖しての抗議行動が日常化しており、渡航のたびにその頻度が増すのを肌で感じていた。シュプレヒコールと爆竹の音、警官や軍隊の放つ催涙弾の臭いが見慣れた光景となるほど、社会の不満が鬱積する様子が文字通り目に見える時代であった。

二〇〇三年の政変を招いた度重なる危機を経て、官製の多文化主義の綻びは明らかとなった。従来の主要政党による政治と彼らが掲げてきた新自由主義への信頼が失墜するなか、国家のマジョリティである先住民が排除されない政治のあり方、国の資源を公共の利益とする新しい国づくりが希求された。農民を代表する社会組織は、従来の代表制民主主義の見直しと直接的な政治参加の実現を訴え、国家の大原則である憲法に彼ら自身の意思を反映させるための憲法制定議会開設を強く要求した（CSUTCB 2006: 13）。サンチェス政権崩壊後に政権を継いだカルロス・メサ大統領もこれを実現し得ず、二〇〇五年の選挙で新憲法の制定と天然資源の国有化を公約したモラレスに望みが託されるのである。モラレスが大統領選において民政移管以降初となる過半数の得票率（五三・七パーセント）を記録したことは、社会の期待を物語るものでもあった。

二　新しい憲法・新しい国家

独立以降、ボリビアにおける憲法の制定は、常に政治的エリートによる一方的かつ保守的なプロセスで行われた（Lazarte 2006: 26）。一九九四年の憲法改正にあたっても、憲法制定議会が招集されることはなかった。民政移管後の一九八〇年代の末より憲法改正が検討され、議会開催の発案はあったものの、憲法改正は現行憲法の枠内で行うとの合意（一九九二）のもと、結局は与党の代表からなる委員会によって実施されたのである。しかしモラレス政権はこの「伝統」を覆す。二〇〇六年一月二二日に第一期モラレス政権が発足すると、三月六日には早々に「憲法制定議会招集特別法（Ley especial de convocatoria a la Asamblea Constituyente: N° 3464）」が公布された。七月二日の議員選挙を経て、独立記念日である八月六日に、公約どおり憲法制定議会が招集されることとなった。

特別法によって、議員は七〇に分けた選挙区から三名ずつ二一〇名および各県から五名ずつ四五名の計二五五名で構成されることとなり、議員の選出要件には「いずれかの政党・市民団体ならびに／もしくは先住民集団（Pueblo Indígena）に属していること」と定められた。また、先住民および農民組織の要求どおり、新憲法にはより直接的に国民の意思が反映されるよう、各組織や政党からは憲法条文に関する「提案書（propuesta）」が寄せられた。特に、ボリビア最大規模の社会組織であり、現与党ＭＡＳの支持母体であったボリビア農業労働者単一組合連合（ＣＳＵＴＣＢ）を筆頭に、コリャスユ・アイリュ・マルカ全国審議会（ＣＯＮＡＭＡＱ）、国内移住者組合連合（ＣＳＣＢ）、ボリビア東部先住民連合（ＣＩＤＯＢ）などが名を連ねる社会組織連合「統一協定（ＰＵ）[3]」の提案書（PU 2006）が新憲法草案の土台となっている。[4]

先住民や農民の台頭により既得権益を失うことを恐れた従来の支配者層は、このような憲法の制定を強く警戒し反発した。特に「半月地帯（media luna）」と呼ばれたパンド、ベニ、サンタクルス、タリハの四県では反モラレス勢力が強く、議決方法と草案の承認をめぐって対立が続いた。二〇〇八年八月には国会の不信任案に基づき国民投票が行われ、大統領・副大統領は信任されたが、これに反発して自治権を主張したこれらの四県では物理的衝突も度々起こり、パンドでは一五人もの死者を出す事件へと発展した。両者が拮抗した状況下で、与党による半ば強引な採決を繰り返したのちに草案が成立し、最終的には二〇〇九年一月に実施された国民投票で過半数（六一・四パーセント）の賛成票を獲得して、二月七日に新憲法が発布された。

二〇一〇年一月二二日、副大統領であるアルバロ・ガルシア・リネラは、モラレス大統領とともに迎えた第二期目の就任演説の際、ボリビアの思想家レネ・サバレタの言葉を借り、独立から二〇〇五年まで続いた共和国時代のボリビアを「うわべだけの国家（Estado aparente）」と言い表した。その理由として、一部の特権階級の利益のみを代表し、国のマジョリティである先住民を排除してきたこと、つまり、文化的アイデンティティによる社会的・政治的不平等をもたらす「植民地主義的で人種差別的な国家」であったこと、また、自由主義国家の名の下で地方をないがしろにし、広い国土において国家が主権を行使せず、富と権力の一極集中を許したことを指摘した（Vicepresidencia 2010: 27-28）。これと一線を画す国家形成を掲げた二〇〇九年憲法の第一条には、多元性を重視する姿勢がよく表れている。続く第二条には多元性に基礎をおく国家としての方針が、第三条にはその多様な成員が明記されている。社会組織の提案に基づいて起草された新憲法の条文は、政府与党の制定による従来の憲法とは明らかに趣の異なるものである。

> 第一条　ボリビアは、自由で、独立し、主権をもち、民主主義的かつ文化相互的（intercultural）で、分権的（descentralizado）かつ自治制の、複数ネーションの（Plurinacional）共同体的権利にもとづく社会的単一国家である。ボリビアは国の統合過程において、複数性と政治的・社会的・法的・文化的・言語的複数主義に基礎をおく。
>
> 第二条　先住・原住・農耕の諸民族および諸集団（las naciones y pueblos indígena originario campesinos）の前植民地的存在および彼らの領域における彼らの祖先の統治権をふまえ、国家の統一の範囲内で彼らの自由な決定権を保障する。それは、本憲法と法律にもとづく、自治・自治政府・彼らの文化・彼らの社会制度の承認・領域的団結の強化の権利である。
>
> 第三条　ボリビア国民（La nación boliviana）は、ボリビア人女性および男性、先住・原住・農民の諸民族《ネーション》および諸集団《プエブロ》、文化相互的共同体およびアフロボリビア共同体の総体によって形作られ、その集合がボリビアの民（el

pueblo boliviano）を構成する。

一九九四年憲法と比較してみても、その違いは歴然としている。一九九四年憲法は多文化主義を掲げているにもかかわらず、先住民について触れた条項は唯一、その諸権利が「承認され、尊重され、保護される」とともに、国家はその法人格を「承認する」と記した以下（第一七一条）を有するのみであった。[5]

第一七一条

一．法律の規範に則り、国土に居住する先住民族の社会的・経済的・文化的権利は承認され、尊重され、保護される。とくに、原住共同体の土地における天然資源の持続可能な利用、アイデンティティ、価値観、言語および慣習と組織について適応される。

二．国家は先住民および農民の共同体、農民の組織および組合の法人格を承認する。

三．先住民および農民の共同体の権威は、行政および紛争の解決などにおける独自の規範の適用にかかる職務を、本憲法に矛盾しない限りにおいて、共同体の慣習と手順に基づき遂行することができる。法律はこれらの職務と国家権力の下の職権とを適合させるものとする。

一方、二〇〇九年の新憲法では、前文を含めいたるところで多元性に言及される。特に旧一七一条に該当する諸民族集団の権利についての基本条項が第四章（第三〇〜三二条）にまとめられ、これに該当する人々の定義および諸権利が明記されている点が特筆に値する。また、以下に引用する第三〇条では、この諸権利について、一九九四年憲法で用いられた「承認され、尊重され、保護される」という表現が、「保障し、尊重し、保護する」と変更されている点を指摘しておく。官製多文化主義を象徴する「承認する（reconocer）」という表現は用いられなくなり、前提として「享有する（gozar）」権利を国家が「保障する（garantizar）」という意味合いに置き換えられているものと読み取ることができる。

第三〇条

一．先住・原住・農耕の諸民族《ネーション》および諸集団《プエブロ》は、文化的アイデンティティ・言語・歴史的伝統・社会制度・領域・宇宙観を共有する全ての人間集団であり、彼らの存在はスペインの植民地化という侵略以前に遡る。

二．国家の統一の範囲内かつ本憲法に基づき、先住・原住・農民の諸民族《ネーション》および諸集団《プエブロ》は次の権利を享有する：

1．自由に存在すること。

2．文化的アイデンティティ・信仰・精神性・慣行と慣習・固有の宇宙観。

3．身分証・パスポート・その他の法的効力を有する身分証明書に、希望があれば、ボリビアの国籍と併せて成員の各人の文化的アイデンティティを記載すること。

4．自決権および領域権。

5．彼らの社会制度が国家の全体構造の一部であること。

6．土地と領域の集団的所有。

7．彼らの聖地の保護。

8．固有のコミュニケーションの方法・手段・ネットワークの創設と運営。

9. 彼らの伝統的知恵と知識・伝統医療・言語・儀式・シンボル・服装が評価され、尊重され、促進されること。
10. 生態系に適した利用と開発により、健全な環境に暮らすこと。
11. 彼らの知恵・技術・知識の集団的知的所有と、その評価・使用・促進・発展。
12. 全ての教育制度における文化内的（intracultural）・文化相互的（intercultural）・複数言語的教育。
13. 彼らの宇宙観と伝統的慣行を尊重する全般的かつ無償の医療制度。
14. 彼らの宇宙観に調和した政治・司法・経済制度の行使。
15. 彼らに影響を及ぼす可能性のある法的または行政的措置が予想される場合には、とくに彼らの社会制度を通して、適切な手続きにより相談されること。その範囲内で、彼らの居住する領域における再生不可能な天然資源の開発について、国家により実行される善意と調和を前提とした義務的な事前相談の権利は尊重され保障される。
16. 彼らの領域内における天然資源開発の利益をともに享受すること。
17. 第三者が得た合法的権利を侵害することのない、先住民の自治領域における再生可能な天然資源の排他的管理および使用・開発。
18. 国家機関および体制への参加。

三. 国家は、本憲法と法律により確立された先住・原住・農民の諸民族および諸集団の権利を保障し、尊重し、保護する。

さらにこれらの条文では、一九九四年憲法の条文に用いられた「複数文化的（pluricultural）」という用語の代わりに、「文化相互的（intercultural）」という用語が用いられており、これは現政権のスローガンの一つともなっている。なお、「文化相互的（intercultural）」とは、全ての集団が固有の文化実践や言語を復興・発展させて継承しつつ、そのそれぞれが共生し、相互に作用しながら互いの平等を確立させるような社会であると、同憲法の第六章（教育・文化相互性・文化的権利）に解釈されている[6]。

多元性と文化相互性に基づく新しい国家像を掲げたこの憲法の成立の後、同年三月には、独立より一八〇年あまり続いた「ボリビア共和国」という国名が、「ボリビア多民族国」に改められた。一九九四年憲法第一条の「マルチ・エスニックな（multiétnica）」という文言を、二〇〇九年憲法で「複数ネーションの（plurinacional）」と言い換えたこと、さらにはこれを用いて「ボリビア複数ネーション国家（Estado Plurinacional de Bolivia）」と国名を変更したことは、上述した政策の転換と意識の変革を端的に表している。

遅野井（二〇〇八）は、二〇〇〇年頃から先住民運動において用いられ始める〝plurinacional（複数ネーション）〟について、「支配的な白人・メスティソ、スペイン語との関係において、少数民族・言語を想起させるエスニシティにもとづくpluriétnicaではなく、ボリビアの三六の先住民集団を独自の言語と文化をもつ同等のナシオン（nación, 民族）として、支配的な民族・文化と対等に位置づけようとする」象徴的な表現と評価している（遅野井 二〇〇八、七七頁）。当事者たちが自らの手で練り上げた新憲法は、先住民が承認・保護されるべき存在として位置づけられてきた従来のあり方を否定し、等しく全ての権利を享有する国民として自らを位置づけ直すものなのである。

三　ボリビアが目指す「複数ネーション国家」とは

そもそも「複数ネーション国家（Estado Plurinacional）」という語は、ネーションと国家を一対一の対応関係とする近代国民国家（ネーション・ステイト）の原理と根本から対立する概念である。そのため、先に引用した第三条の条文は、「ボリビア国民《ネーション》（La nación boliviana）」と「ボリビアの民《プエブロ》（el pueblo boliviano）」が、同語の複数形の“naciones y pueblos”によって構成されるといった奇妙な文面にも見える。しかし、他の条項に掲げられた国家原理や、この後に検討するいくつかの政策からも、これこそが新憲法の意図するところであり、「ボリビア複数ネーション国家」という新たな国名の意味するところであることがわかる。

ベガ（2007）は、「複数ネーション国家（Estado Plurinacional）」という定義を、ボリビア新憲法が掲げる民主化政策の中心的な柱であり、地方分権化（descentralización）と権力分散（desconcentración）、および脱植民地化（descolonización）への着手を憲法によって保障するものであると位置づける。さらに、「国家（Estado）」と「国民／民族（Nación）」が一対一の対応関係であるとする従来の考え方には逆説的な、この「複数ネーション国家」という考え方こそが、多様なアイデンティティをもつ主体によって構成されるボリビアの現実に当てはまるのだと主張している（Vega 2007: 13）。

新しい国名に含まれるこの「複数ネーション（pluri-nación）」とは、新憲法第三条に明記された「先住・原住・農民の諸民族、文化相互的共同体およびアフロボリビア共同体（las naciones y pueblos indígena originario campesinos, y las comunidades interculturales y afrobolivianas）」の言い換えに他ならない[7]。「複数ネーション国家」において、その成員たる国内全ての「ネーション」は、それぞれに異なる文化的アイデンティティ・言語・歴史的伝統・組織・領域権・宇宙観をもつと定義され（第三〇条第一項）、互いに対等であると位置づけられる。上からの承認に終始した過去の多文化主義とは一線を画す多元的社会の形成、各「ネーション」間の対等な関係こそが、モラレス政権の掲げる脱植民地化の要であり、複数ネーション体制の明文化はその第一歩であるといえる。

この憲法に基づく分権化と脱植民地化の具体的な政策として、同年一二月の大統領および議員選挙では、「先住民特別選挙区（circunscripciones especiales indígena originario campesinas）」が設けられた。これは、全国に居住する小規模な先住民集団を県ごとに分け、これを有する七県では、彼らの中から一名の代表者を選出できるよう計らったものである。下院議員の投票欄を小選挙区制の候補者または「先住民特別選挙区」の候補者から選べるよう、二種類の投票用紙が用意された。こうして、人口の少ない民族集団であっても国会に議席を確保する機会が設けられ、政治参加の機会均等が図られている。

さらに、社会文化的・言語的多様性を尊重するための新しい教育改革が画期的である。ボリビア革命後のナショナリズムの過程では、先住民言語の使用が実質的に禁止され、スペイン語化が図られた。この同化政策に対する先住民からの批判に応え、一九九四年に始まる多文化主義政策では、教育改革法（Ley de Reforma Educativa: Nº 1565）のもと、先住民言語とスペイン語の二言語教育を義務づけた「異文化間二言語教育（Educación Intercultural Bilingüe: EIB）」政策が進められた。しかし、過去を省みる抜本的改革に見えたこの政策もまた、実際には先住民の言語・文化実践を尊重するものではなく、「先住民言語を母語とする者はスペイン語の習得が推進され、スペイン語が母語の者は依然モノリンガルのまま、もしくは英語などの外国語の初歩が取り入れられる」（Albó 2011: 221）にすぎなかった。

この背景には、制度上の問題のみでなく、社会の変化もあったに違いない。スペイン語化が始まった一九五二年からおよそ四〇年、農地改革・民政移管・自由化と社会が変わりゆくなか、先住民の暮らしも大きく変化していた。都市化が進み、スペイン語は普及し、経済活動にも社会生活にもスペイン語が必要不可欠となった二〇世紀末、都市や村落で日常を生きる人々にとっては、先住民言語の復興よりも、実用的かつ高度なスペイン語の習得、さらには国際言語である英語の習得の方が、自分たちの生活向上と社会的上昇に直結する関心事となっていたのである。

エリクセン（二〇〇六）は、固有言語を維持しながら社会的平等を実現することの難しさについて指摘しているが（エリクセン　二〇〇六、二七〇～二七一頁）、ボリビアの二〇〇九年憲法は、このジレンマを解消すべく、「固有である権利」と「平等に扱われる権利」の両立を模索したものといえる。具体的には、国内の各「ネーション」が有する計三六の言語すべてが公用語と定められ、第五条に明記された。また、言語によって不利益を被ることがないよう、中央・地方の公務員には、スペイン語に加えもう一言語の使用が義務づけられた。話者が数百人という言語も含むこれらすべての公用語化が現実的・妥当であるかという議論はさておき、これを形骸化させないための法令が具現化していることこそ注目に値する。(8)

第五条

一．スペイン語および以下のすべての先住・原住・農民の諸民族および諸集団の言語は、国家の公用語である。アイマラ、アラオナ、バウレ、ベシロ、カニチャナ、カビネニョ、カユババ、チャコボ、チマン、エセエハ、グァラニ、グァラスウェ、グァラヨ、イトナマ、レコ、マチャフヤイ・カリャワヤ、マチネリ、マロパ、モヘニョ・トリニタリオ、モヘニョ・イグナシアノ、モレ、モセテン、モビマ、パカワラ、プキナ、ケチュア、シリオノ、タカナ、タピエテ、トロモナ、ウル・チパヤ、ウェニャイエ、ヤミナワ、ユキ、ユラカネ、サムコ。

二．多民族国政府および県政府は、少なくとも二つの公用語を使用しなければならない。うち一つはスペイン語とし、もう一つは使用・便宜・状況と、住民全体または当該領域の住民の必要性と選択によって決定される。その他の自治政府は、彼らの領域における固有の言語を使用するものとし、もう一つはスペイン語とする。

さらに、二〇一〇年一二月に制定された「アベリノ・シニャニ－エリサルド・ペレス教育法（Ley de la Educación "Avelino Siñani- Elizardo Pérez"：N° 070)」によって、各「ネーション」は固有文化の継承のため、「地域別教育要綱（currículos regionalizados)」を作成し提出することが義務づけられた（第六九条三項）。「地域別」という名称になっているが、実質的には「ネーション別」を意味している。それぞれの「ネーション」において、この「地域別教育要綱」に基づく固有の文化・言語教育と、国家全体を理解するための共通要綱（currículo base）に基づく国民教育が平行して施されるという仕組みである。これは、一九九四年の教育改革では考慮されなかった「文化内性（intraculturalidad)」、つまり各「ネーション」の固有の文化実践や言語を復興・発展させ継承することと、そのそれぞれが共生し、相互に作用しながら互いの平等を確立させる「文化相互性（interculturalidad)」の両立（第六条）のための方策である。

こうしてモラレス政権下のボリビアでは、従来のように一部の支配的集団が政権を独占する時代に終止符を打つための社会変革が目指されてきた。それはつまり、国を構成する全ての「ネーション」が固有の文化的要素を尊重し合いながら平等を実現する体制の構築であり、それこそが「複数ネーション国家」の意味するところである。そこでは、個々の「ネーション」は「主権を持つ政治体」（キムリッカ 二〇一二、一七九頁）として位置づけられ、その全てが直接的かつ民主的に政治・行政に参入できる国家の仕組み・あり方が模索されている。

四　「ネーション」化するアフロ

ボリビアにおけるこのような政情の変化に社会的上昇のチャンスを見出したのは、いわゆる先住民だけではなかった。アフロ系の人々、二〇〇九年憲法に「アフロボリビア共同体（comunidad afroboliviana）」または「アフロボリビア人（pueblo afroboliviano）」[9]と記される集団もまた、この間にめざましく存在感を増した人々である。二〇一二年に行われた最新の国勢調査では、一五歳以上の人口が一万六三二九人、一五歳未満の人口を算入すると二万二七七人が計上され、ボリビアで集団的アイデンティティを表明する「ネーション」の中で六番目に人口の多い集団と位置づけられた。そんな彼らも、およそ三〇年前にはボリビア国内でその存在すら認知されていない人々であった。

今日ボリビアに暮らすアフロ系の人々は、植民地時代後期にアフリカ大陸から奴隷として連れてこられた人々の子孫である。彼らはラパス県北東部に位置する農業地帯ユンガスのアシエンダ（大規模農園）へ送られ、奴隷解放令（一八五一年）の後も小作農としてアシエンダに縛られていた。「ネグロ（黒人）」と呼ばれ[10]、白人の地主やアイマラの小作農とともにユンガスに根を下ろした彼らは、一九五三年の農地改革により、アイマラやケチュアと区別なく「農民（campesino）」として社会に組み込まれることとなった（Zambrana 2014: 104）。またこの頃より、新しい土地や職を求め多くの若者がラパスやサンタクルスなどの大都市へ移住を始めると、そこで彼らは身体的特徴や農村出身であることから差別され、「植民地的な偏見」（Zambrana 2014: 127）に直面する。そのため、ユンガスという土地との結びつきを捨て、装いや話し方を周囲に溶け込ませ、非アフロ系との婚姻によって混血することで「ネグロ」である自己を否定しようとする者も多かった。このような社会的背景のもと、ボリビアにおけるアフロ系住民の存在は次第に不可視化されていったのである。

一九八八年、このような状況を自覚した若手のアフロ系住民により、ラパス市で「アフロボリビアのサヤ文化運動（MOCUSABOL）」というグループが結成された。ユンガスのアフロ系コミュニティで受け継がれる太鼓歌サヤのインパクトと、歌に乗せた彼らの異議申し立てはマスコミの注目を集め、早くも二一世紀に入る頃には、サヤもその担い手であるアフロ系住民もまた、ボリビアのもつ個性の一つとして広く社会の認知を獲得するに至る（梅崎　二〇〇八）。

この経験に支えられた彼らの復権運動は、一九九〇年代の多文化主義から二〇〇三年の政変へ、そしてモラレス政権下の今日へとボリビア社会が移りゆくなか、実に目まぐるしい展開を見せていく。「アフロボリビア」の名が二〇〇九年憲法に刻まれたことも、二〇一二年の国勢調査に集団として計上されたことも、いずれもこの間の運動によって達成された成果である。本節では、一連の復権運動におけるいくつかの局面を具体的にみていくことで、アフロ系住民がボリビア社会の変化をどのように捉え、向き合ってきたかを考察する。

1　「われわれ」の再編

はじめに、アフロ系ボリビア人の文化運動の先駆者であり、今日もその牽引役として活動を続けるMOCUSABOLに注目し、彼らが発行した以下三つの文書に見られる言説の変遷から、復権運動の初期に見られる関心の推移とその背景を明らかにする。

①一九九〇年発行：ラパス県庁の文化部門と提携して行われた文化事業「首都における私たち（Mi pueblo en la capital)」のパンフレット

②二〇〇一年発行：MOCUSABOL内で若手メンバー育成のために開催されていたセミナーのテキスト『アフロ系コミュニティの現状（Situación actual de las comunidades afros）』

③二〇〇三年発行：機関誌『アフロボリビア会報（Boletín Afroboliviano）』第一号

まず、文化運動の初期に発行された①には次のように記されている。

アフロ－ボリビアのサヤ文化運動は、黒人文化（cultura negra）の真正なるデモンストレーションとして企画され、文化の復興にとどまらず、社会的・経済的復権と基本的人権の保護の実現にむけて、メンバーを統合し動員する目的をもつ。（MOCUSABOL 1990）

MOCUSABOLの初期の活動は、太鼓歌サヤの文化的固有性を主張することが主眼に置かれていた（梅崎　二〇〇八）。同時に、彼らが直面する人種差別の告発およびそれに対する抗議が意図されていたことがわかる。二〇〇一年に発行された②には、より具体的にこれが記され、参加者に共有されている。この頃のMOCUSABOLは常時二〇～三〇名の中心的メンバーと、多い時には百名を超える参加者を有していた。

アフロ・ボリビアのサヤ文化運動は、ラパス県の北ユンガスから移住してきた若者グループの主導によって一九八八年に設立された。ボリビアにおける黒人の存在（presencia negra）が、社会において認識されていないという衝撃が動機となった。そこでは私たちのことが過去の一部のごとく話されていた。私たちの音楽や踊りは町の者たちによって変形され歪められた形で演じられ、「黒人の音楽」とされていた。そこで私たちは、私たちが誰で、どのような文化・歴史をもつのかを、何より私たちの存在を、そして私たちの生きている状況や状態を、世に示すことにした。まずは最も代表的な黒人（pueblo negro）の踊りの一つであるサヤを、同時に、社会的・心理的圧力により時の流れとともに黒人コミュニティ（comunidad negra）内の慣習から失われつつあった文化を取り戻すことから始めた。〈以下略〉（MOCUSABOL 2001: 24）

さらに、二〇〇三年に発行された機関誌第一号では、「ＭＯＣＵＳＡＢＯＬの目的」が以下のようにまとめられ、新たな課題が意識されている。


アフロボリビアのアイデンティティ（identidad afroboliviana）を再確認し活性化すること、そのプロセスにおいては、私たちは私たちを取りまく現実を自覚するところから始め、自尊心を鍛え、ボリビアにおける私たちの存在を確立しなければならない。この段階における課題とは、人種主義・差別・不寛容・周縁化・排外主義などの根絶のために、平等な権利を有する主体としての意識をもつことである。

―都市と村落のアフロ系コミュニティにおいて自主管理の組織を強化し、私たちが直面する困難を克服するために総合的な開発プロジェクトを強化すること。

―固有の集団《プエブロ》として法的に承認される権利を獲得し、私たちの文化・人種の独自性をもって集団《プエブロ》として発展するために、民族基金（fondo étnico）の構成員となること。（MOCUSABOL 2003: 17）

①の発行から③の機関誌の刊行までに一三年が経過しているが、いずれの文書からも、この間を通じてアフロボリ

ビア文化の復興・振興と、アフロ系住民の存在および文化の固有性に対する認知の獲得が運動の主な目標であったことが読み取れる。実際に、結成当初よりMOCUSABOLが注力したのは、サヤの歌と踊りを実演することでボリビア社会に広め、「アフロボリビア固有の文化サヤ」として認知を獲得することであった。マスコミへの働きかけが功を奏してこの目標は早々に達成され、彼ら自身もまた「サヤの担い手」として好意的に受け入れられていく経験を重ねた。

一方、二〇〇三年発行の③で目を引くのは、アフロ系住民が自尊心を鍛え、ボリビアにおいて「固有の集団《プエブロ》」としてアイデンティティを確立することの重要性が訴えられていることである。さらに、他の集団《プエブロ》と対等な存在として「法的に承認される権利を獲得」する必要性が明確に強調され、その文言もまた、より政治的な色を帯びはじめる。

前述のとおり、都市に暮らすアフロ系住民には、「ネグロ」であることやユンガス出身であることによる不利益を避けるため、その属性を捨てようとした者も少なくなかった。しかしこの間、ボリビア社会は先住民運動の高まりを経験し、一九九四年の憲法改正をもって多文化主義が提唱される。組織化された先住民と、彼らとの共生を模索する政府とのあいだに身を置くなかで、アフロ系住民もまた、自分たちも固有の文化をもつ一つの集団《プエブロ》であるとの主張をはじめるのである。立ち戻ってみれば、そもそも奴隷制時代にアフリカの複数の地域から現在のボリビアへ集められた人々は、単一のエスニック・グループを形成する人々ではなかった。その後混血を繰り返した歴史を踏まえると、今日のアフロ系住民がそうでないことはなお明らかである。しかしながら、国内のエスニック・グループの諸権利が議論されるなか、彼らもまたそれに該当するような「われわれ」の再編を意識する。

これに加え、上記三つの文書において、「われわれ」の呼称が「ネグロ（negro）」から「アフロボリビア（afroboliviano）」に改められていく点を指摘しておきたい。ボリビアでアフロ系住民の集団的呼称として長らく用いられてきた「ネグロ」は、当人たちにも内面化され自称されてきたものであり、ユンガスでは今日もなお耳にする表現である。しかしながら、本質的に「黒色」を意味するこの呼称は彼らの身体的特徴から生まれたものであり、自らの意思とは無関係に付与されたものであった。植民地化の歴史を象徴する「ネグロ」からの脱却は、自尊心の回復をも意味する。そして「アフロボリビア」を名乗ることは、自らの文化的固有性と国民性を主張することでもある。これは、多文化主義へと舵を切ったボリビアで、集団としての「われわれ」の居場所を獲得するための第一歩であったといえる。

2　先住民との連帯

二〇〇三年の政変を経て、新しい時代の幕開けと新憲法制定への道が具体化するなか、アフロ系住民の運動もまた新しい局面を迎える。同年末には、アフロ系歴史学者のアンゴラが「アフロボリビア財団（FUNDAFRO）」を設立し、アフロボリビアの祖先が実践していた知識・知恵の収集と構築による集団的アイデンティティの強化に主眼を置いた。二〇〇六年には、サヤの実演を活動の中心とするMOCUSABOLから創立メンバーのメディーナが独立し、政治的・社会文化的な活動を主とする「総合的かつ共同体的発展のためのアフロボリビア・センター（CADIC）」を立ち上げた。いずれも、サヤを看板とする文化運動とは異なる側面に光を当てたものである。MOCUSABOLが活動を本格化した一九九〇年代には、高地先住民の間では既に、自らが政府に代表を送ること、さらには先住民を代表する政党を組織して政権を獲得することが最も有力な政治手段であるとの議論が生まれていた（宮地　二〇一四）。二〇〇〇年代に入り、文化運動の成功と限界を自覚したアフロ系住民もまた、政治的主体性の獲得へと関心を寄せはじめるのである。

そしてこの頃に発行された前掲の文書③には、「歴史的背景」の項目における黒人奴隷制についての記述の中に、次のような興味深い一節が現れる。

> 当時、ボリビアやメキシコといった高地（山岳部）には、黒人は鉱山開発のために少数だけ連れてこられた。ボリビアやメキシコには奴隷と同じ労働を課された先住民という兄弟がいたからである（扱いは少し異なったが）。そして黒人の多くはキューバ、ブラジル、コロンビア、ベネズエラ、プエルトリコなどの地域に運ばれた。
> （MOCUSABOL 2003: 4　※傍点は筆者による）

同様の表現は、同誌の「ユンガスの居住地」という項目中にも見られ、ユンガスではアフロ系とアイマラ系の労働者が共生していたこと、それにより衣服や女性の髪型、土着的信仰など、日常生活の様々な側面に興味深いシンクレティズムが生じたことが指摘される。また、「社会的にユンガスのアフロは、苦しみにおいて兄弟分であるアイマラに似て」おり、「革命の思想の影響により、階層の尺度が民族的な尺度より優先された時代には、さらにアフロ系の状況は先住民の状況と似ていた」として、両者の共通点が強調されている（MOCUSABOL 2003: 5）。被支配者としての歴史を共有するアフロと先住民とを結びつけ、両者を「兄弟」と位置づけるこのような表現は、これ以前の歴史叙述には見られなかった特徴である。そしてこのような連帯意識の表明は、歴史叙述上の言説にとどまらなかった。

憲法制定議会の招集と二〇〇九年の議員選挙を好機と捉えたアフロ系ボリビア人は、先住民組織との政治的連帯を図る。歴代の政府と折衝を繰り返し、常に国家の中心的なアジェンダであった先住民とは違い、にわかに社会的認知を獲得した彼らにとっては、憲法制定に参与することも議員候補を擁立することも、決して容易なことではなかった。

また、モラレス政権の下で大きな発言力をもったのは、やはりアイマラをはじめとする先住民であった。そこでMOCUSABOL－CADICを中心に組織されたアフロ系住民は、先住民の社会組織「コリャスユ・アイリュ・マルカ全国審議会（CONAMAQ）」との戦略的提携によりその足がかりを得ようとする。(11)

CONAMAQとともに「統一協定（PU）」に参加したこの時期に、アフロ社会は先住民組織との関係を深め、政治への直接参加へ向けて具体的な政策・戦略を膨らませたものと考えられる（Martínez 2014）。結果的に、憲法制定議会にアフロボリビアの代表を送ることは叶わなかったが、これに先立ってCADICとFUNDAFROが作成した「憲法制定議会におけるアフロボリビアの提案書」が、議会の各委員会に届けられることとなった（Zambrana 2014: 150）。二〇〇七年、MOCUSABOLの機関誌第三号としてこの「提案書」が刊行されたが、そこに記された提案や文言からも、先住民との連携が彼らの政治戦略に影響を与えたことは明白である。

これらが実を結び、一九九四年憲法ではその存在の片鱗すら考慮されていなかったアフロ系住民が、晴れて新憲法では「複数ネーション」の中の一つとして条文中に明記されることとなった。第三条でその存在が可視化され、第三〇条で定められた先住民の諸権利が彼らにも適用されることとなった。以下に引用する第三二条は、彼らがこの条文中の「スペイン人の侵略以前から存在する」という条件に該当しないことを受けて書き加えられたものである。

第三二条　「アフロボリビア人（pueblo afroboliviano）」は、相当する全てにおいて、この憲法によって先住・原住・農民の諸民族のために認められた経済的、社会的、政治的、文化的権利を享有する。

さらに二〇〇九年の下院議員選挙では、現与党MASとの関係を深めたCADIC代表のメディーナがラパス県の

写真１　第一回アフロボリビア全国会議の様子（2011 年９月２日　筆者撮影）

「先住民特別選挙区」から出馬し、アフロ系初の国会議員に選出された。この基盤を作ったのもまた先住民との連帯に他ならない。メディーナの政界進出を皮切りに、続くモラレス政権第三期では三名の国会議員を輩出したほか、復権運動を推し進めた若手が行政機関にも複数登用されている。

３　進む「ネーション」化

代表を国会に送り込んだアフロ系住民が次に取り組んだのは、先住民集団と並び立つ一つの「ネーション」を目指して組織化することであった。憲法によって諸権利が保障され、複数ネーション国家形成へのさらなる参画が現実味を増したことで、アフロ系ボリビア人は独自の社会組織の設立へ向けて奔走する。もはや第三者である他の民族・集団に頼ることなく、政策決定の場に「われわれ」の声を「われわれ」の代表が届けるべきだと考えたのである。こうして生まれたのが、「アフロボリビア全国審議会（CONAFRO）」である。この独自の社会組織を設立したことで、CONAMAQとの連携は解消されることとなった[12]。

二〇一一年九月二日、首都ラパス市の目抜き通りにある旧ホテル・スクレで、「第一回アフロボリビア全国会議」が開催された（写真1）。ＦＵＮＤＡＦＲＯ代表のアンゴラ、ラパス市を拠点とする活動家バリビアンおよびレイが企画・運営の中心となり、ラパス市、サンタクルス市、コチャバンバ市、スクレ市、パンド市で活動するアフロ系の団体、南北ユンガスに点在するアフロ系住民の集住村落の全てから、代表者および参加希望者が招待された。この会議の開催にあたっては、「ボリビア全土のアフロ系住民が一堂に会するのは五百年の歴史において初めてである」ことが強調された。

かねてより筆者は、アンゴラおよびバリビアン、ＭＯＣＵＳＡＢＯＬ現代表のフローレスほか文化運動を牽引してきた人物と、アフロ系の団体が分立する現状と統合の可能性について個人的に議論を交わしていた。そこで一貫して聞かれたのは、より大きな力を得るためには団結しなければならないが、誰が代表するか・誰の利益に繋がるか等が揉め事の種となり、実現には至らないのだという見解であった。いずれの人物からも、全てのアフロ系住民をひとつにまとめるどころか、同じ都市で活動する複数の団体を統合することすら現実的ではないとの考えがうかがわれた。

しかしながら、新憲法起草のプロセス、さらには新憲法の発布によって打ち出された新しい体制のもとでは、これらの懸念を克服して全国のアフロボリビア人を組織する必要性の方が重視されたことがわかる。ＣＯＮＡＦＲＯ設立の構想は二〇〇九年から具体化したというが、これは新憲法の成立のみならず、メディーナという国会議員を輩出したことによるものでもある。そこには、アフロボリビア人の集団的利益の為の発言権を得たという理由もさることながら、地位を得た個人が、複数の都市・村落に点在するアフロ社会全体の利益を十分に考慮することなく「われわれ」を代弁することがないようにとの思惑も含まれていたようである。

また、組織化は彼らが実体を伴った「ネーション」として位置づけられるために不可欠なプロセスでもあった。二日間にわたったこの会議では、ＣＯＮＡＦＲＯの具体的な組織編成が主たる議題となり、「教育」「財務」「法律・人

写真２　『アフロボリビアの地域別教育要綱』

権」「土地・領域・住居・環境」「ジェンダーと世代」「文化と観光」「生産」「広報と国際関係」というセクション別の事務局が設置された。これらは政府の各省庁に関連づけられ、諸政策に綿密に対応することを想定したものである。

設立後ほどなくしてＣＯＮＡＦＲＯはアフロボリビア固有の言語の確立を図る動きをみせ、未刊行ではあるがアフロボリビア語の文法書を編纂している。一方、国会議員となったメディーナは、アフロボリビア人の領域権を主張し、アフロボリビア行政区の創設を提案したことが新聞に取り上げられた（Opinión 2012/12/02）。紙幅の都合上この詳細については別稿に譲るが、ボリビアの「先住性を模索するかのような一連の動向は、実に興味深い。これらは紛れもなく新憲法に則った権利主張である。前掲の新憲法第三二条を受け、同第三〇条で先住民に保障された権利を余すところなく享有するための試行錯誤のように見受けられる。

なお、ＣＯＮＡＦＲＯの教育部門は「アフロボリビア教育審議会（ＣＥＰＡ）」として組織され、教育省と連携してアフロボリビア人の教育課程を審議する機関として設置された。これは二〇一〇年に成立した「アベリノ・シニャニ」教育法により「地域別教育要綱」の導入が決まったことと関連する。独自の教育要綱が策定・導入されることはまさに、新憲法によって保障された「ネーション」としての権利であり、理念上ではあるが、集団としての文化的固有性が尊重・保護され、次世代への継承が保障されることを意味する。裏を返せば、この実現はアフロボリビアの「ネーション」性の強化につながるものである。「アフロボリビアの教育要綱」は二〇一四年までに草稿が完成し、二〇一六年には教育省によって発行される運びとなった（写真2）。二〇一七年現在、北ユンガスの一部ではすでにこの教育要綱に基づいた初等教育が導入・実践されている。

おわりに

以上、一九九〇年代から今日にいたるボリビア社会の変化と、同時期に展開されたアフロ系住民による一連の復権運動を概観した。明確な集団の輪郭がなかった人々がその必要性を自覚し、新しい「われわれ」の形を作り上げていくところからそれは始まる。二一世紀に訪れる新体制のもと、先住民と連帯することで彼らの政治手段に学び、新憲法によってその権利が明文化されたことをきっかけに、アフロボリビア人は新しい「ネーション」としての権利主張を始める。情勢の変化を敏感に察知しながら着実に主体性の獲得を実現していく彼らの機転は、マイノリティの知恵といえるかもしれない。

この一連の復権運動、とくに今日のＣＯＮＡＦＲＯの設立と運営は、都市に住む若手を中心に進められてきたものである。それゆえユンガスの農村に暮らす他世代とどれほど意識を共有できているかという点で課題が残ることは否めない。しかしながら、ボリビアにおいても情報化は加速し、インフラ投資に注力するモラレスの政策によって、日々都市と農村とのアクセスは改善されつつある。近年では、都市に出たアフロ系の若者たちが祭事などで帰省する際、村に街の流行を持ち込む機会も増えている。また、都市でサヤ・グループを結成した出身村の異なる若者たちが、互いの村々に遠征する姿も見られるようになった。このような接触をきっかけに、都市と農村、また遠く離れた村同士の価値観が出会い、時にぶつかり合いながら融合していく側面も確かに存在する。

他方、圧倒的な支持率のもと邁進してきたモラレス政権は第三期目に入り、ボリビア国内では批判的な意見も目立つようになった。昨年二月には、次期大統領選におけるモラレス再出馬の是非を問う国民投票が行われ、僅差で不支持率が支持率を上回ったことで、政権発足後初の敗北とも報じられた。このような現状を前に、本稿が提示する諸政策への見方はいささか楽観的にすぎると言われるかもしれない。しかし冒頭で述べたように、これは筆者がアフロ系ボリビア人の復権運動の展開をたどる中で見えてきた側面に基づくものである。そこでは、征服・植民地化以降五〇〇年の歴史においてモラレスの登場が激震であったことは疑いようがない。

「脱植民地化」を掲げるモラレスの政策と、それに後押しされた先住民やアフロ系の人々の政治が、真の意味で植民地性を克服するものであるのか、その答えが出るのはもう少し先のことになろう。二〇一九年に控えた次期大統領選の結果がどうなるのか、今後この変革の揺り戻しがくるのだろうかと議論する声を、ここ数年ボリビアで幾度となく耳にした。ただ一つ、モラレス支持派もそうでない人々も口を揃えるのは、どのような形であれ、一つ前の時代に戻ることはないということである。この一〇年で表舞台に立った人々が、再び抑圧の下に収まることなどありえない。望むと望まざるとにかかわらず、彼らを無視して白人主体のボリビアを再建するのは不可能だという認識は共有されている。アフロ系の人々についてもまた、再び不可視化されたり、自ら出自を隠したりする時代が戻るとは考えにくい。三〇年前には国内でその存在すら認識されていなかったアフロ系の人々の躍進は、この変革なくしてはあり得なかった展開なのである。これこそが五〇〇年の呪縛を脱する第一歩とは言えないだろうか。

注

（1）ボリビアの現在の国名“Estado Plurinacional de Bolivia”については、日本の外務省が定める日本語表記に従い、本稿でも基本的には「ボリビア多民族国」と表記している。ただし語の意味を議論するにあたり、原語の意図が分かりやすい訳語を用いることがある。

（2）ボリビアにおける多文化主義は、移民集団も考慮に入れた欧米の多文化主義とは趣旨を異にするものであることを注記しておく。

（3）二〇一一年、東部低地の先住民保護区でもある国立公園を横断するかたちで幹線道路を建設しようとした大統領に対し反対運動が起きた問題（ＴＩＰＮＩＳ問題）により、ＣＯＮＡＭＡＱとＣＩＤＯＢは一時ＰＵを脱退し分裂した経緯がある。ＰＵの提案書と合わせ、憲法制定議会への参加および提案書の背景と目的が詳細にされているＣＳＵＴＣＢの提案書（CSUTCB 2006）も参照されたい。

（4）同じく新自由主義との決別を掲げたエクアドルのコレア政権は二〇〇八年に新憲法を制定しており、その制定プロセスや内容においてボリビアの憲法制定にも少なからぬ影響を与えたものと考えられる。エクアドルは二〇世紀後半よりラテンアメリカでも最も先住民運動が盛り上がりを見せた国の一つであり、ボリビアでの動きと平行する形で複数民族国家の可能性を模索してきた国である。エクアドルの事例については、新木（二〇一四）に詳しい。

（5）二〇〇四年二月、カルロス・メサ暫定政権の際に行われた部分的修正により、第六一条（国会議員の要件）および第二二二条～二二四条（政党および立候補についての章）に、先住民グループ（pueblos indígenas）を政党・市民団体と同列に扱う旨の記述が追加された。この際、第一条に記されていた「代表制民主主義（la forma democrática representativa)」に「かつ参加制民主主義（y participativa)」と加筆され、第四条には「国民は（国民の代表に加え）憲法制定議会および国民投票によって審議・統治する」旨が追加された。憲法見直しの要求に対するメサ政権の対応はあくまで暫定的なものであったが、後のモラレス政権によって具体化されることとなる。

（6）本稿では、interculturalという用語を一部文脈に応じて訳し分けているが、二〇〇九年憲法に関連する訳語についてはいずれもここに記される解釈に基づくものとする。ただし、第三条に含まれる「文化相互的共同体（comunidades interculturales）」は、主に東部低地に移住した山岳部先住民（俗にコロニサドーレス／colonizadores／開拓民と呼ばれてきた人々）を指す用語として用いられていることを注記しておく。

（7）そもそも、ボリビア国民に言及する際の実に複雑で反復性のあるこの表記は、第三〇条の諸項により各ネーションの自決権と主体性が保障されたことと関連する。主に東部低地に点在する「先住民（indígena）」の諸集団、アイマラなど山岳部のマジョリティをなす「原住民（originario）」の人々、さらにボリビア革命以降自らを「農民（campesino）」と位置づけ直し社会形成してきた人々は、それぞれの社会組織において自らの集団を「ネーション」／「プエブロ」と様々に表現してきた。憲法にこれら全てが書き込まれることになったのも憲法制定議会での議論の結果であり、各集団の意思を反映させるための方策であった。この経緯についてはSchavelzon（2012）に詳しい。

（8）言語的権利と政策に関する一般法（Ley general de derechos y políticas lingüísticas: N°269）、および法令第二四七七号（Decreto supremo N°2477）がこれに該当する。

（9）二〇〇九年憲法では、「プエブロ」が条文によって異なる意味合いで用いられている。これもまた紛糾を極め長期に渡った起草のプロセスにおいて、その時々で争点が移りゆく中で各条文の文言が練られたことに起因する（同じ集団を表わす表記に揺れ――pueblo/ comunidad など――が見られるのも同じ理由からである）と考えられる。したがって本稿では、「プエブロ」にはその時々の文脈に応じた訳語を充てている。

（10）スペイン語の「ネグロ（negro）」は英語の「ブラック（black）」にあたる用語であり、明確な排他的差別意識が込められた「ニグロ（negro）」とはニュアンスを異にする。

（11）この頃は様々な社会組織が連携による組織・主張の強化を図っていた時代でもある。ＭＯＣＵＳＡＢＯＬ－ＣＡＤＩＣはＣＯＮＡＭＡＱの他にも、性同一性障害・レズビアン・ゲイ・バイセクシュアル協会（ＴＬＧＢ）といった、エスニックの範疇ではないマイノリティ社会組織との連携も受け入れている。なお、ＴＬＧＢはアフロ系や先住民集団を母体とする社会組織と異なり、集団としての権利要求ではなく同性婚の承認を求めるための参加であった（Schavelzon 2012: 128）。

（12）二〇一一年のＴＩＰＮＩＳ問題を契機にＣＯＮＡＭＡＱは与党支持派と反対派に分裂した。ＣＯＮＡＭＡＱからのＭＯＣＵＳＡＢＯＬ－ＣＡＤＩＣの脱退は、メディーナをはじめとするアフロ系の活動家たちが与党の一員となったこととも関連している。

参考文献

Albó, Xavier.（2002）"Bolivia: From indian and campesino leaders to councillors and parliamentary deputies," in Rachal Sieder(ed.), *Multiculturalism in Latin America: Indigenous Rights, Diversity and Democracy*, New York: Palgrave Macmillan.

Albó, Xavier.（2011）"Interculturalidad y la nueva Ley Educativa," in CEBIAE（ed）, *Visiones plurales sobre el nuevo paradigma educativo boliviano*, La Paz: CEBIAE.

CSUTCB.（2006）*Nueva constitución plurinacional: Propuesta política desde la visión de campesinos, indígenas y originarios*, La Paz: CSUTCB.

Klein, Herbert S. (2011) *A Concise History of Bolivia,* Second Edition, NY: Cambridge University Press.

Martínez Mita, María. (2012) *Conquista de derechos humanos por el pueblo afroboliviano: En la Asamblea Constituyente de 2006-2008*, Quito: Universidad Andina Simón Bolívar.

MOCUSABOL. (1990) *Mi pueblo en la capital: Expresión genuina de las comunidades de raza negra de Los Yungas de La Paz*, La Paz: Prefectura del departamento de La Paz- Bolivia.

MOCUSABOL. (2001) *I. Situación actual de las comunidades afros*, La Paz: MOCUSABOL.

MOCUSABOL. (2003) *Boletín Afroboliviano*. "No.1. Fortalecimiento del Movimiento Cultural Saya Afroboliviano en la sociedad civil," La Paz: MOCUSABOL.

MOCUSABOL. (2007) *Boletín Afroboliviano*. No.3. "Propuesta del pueblo afroboliviano en la Asamblea Constituyente," La Paz: MOCUSABOL.

Opinión. "Proponen crear el primer municipio afroboliviano," 2012/12/02.

PU. (2006) "Propuesta de las Organizaciones Indígenas, Originarias, Campesinas y de Colonizadores hacia la Asamblea Constituyente," Sucre. (http://bibliotecavirtual.clacso.org.ar/ar/libros/osal/osal22/AC22Documento.pdf)

Schavelzon, Salvador. (2012) *El nacimiento del Estado Plurinacional de Bolivia: Etnografía de una Asamblea Constituyente*, La Paz: Plural Editores.

Vega Camacho, Óscar. (2007) "Reflexiones sobre la transformación pluralista," in A. García Linera, L. Tapia Mealla and R. Prada Alcoreza (eds), *La transformación pluralista del Estado*, La Paz: Muela del Diablo Editores.

新木秀和（二〇一四）『先住民運動と多民族国家――エクアドルの事例研究を中心に』御茶の水書房。

梅崎かほり（二〇〇八）「多文化・多民族主義国家ボリビアの市民意識の動態――アフロ系住民の文化復権運動」『多文化交差世界の市民意識と政治・社会秩序形成』慶應義塾大学出版会。

エリクセン、T．H．（二〇〇六）鈴木清史訳『エスニシティとナショナリズム――人類学的視点から』明石書店。

遅野井茂雄（二〇〇八）「ボリビア・モラレス政権の『民主的革命』――先住民、社会運動、民族主義」『二一世紀ラテンアメリカの左派政権：虚像と実像』アジア経済研究所。

キムリッカ、W．（二〇一二）岡崎晴輝ほか監訳『土着語の政治：ナショナリズム・多文化主義・シティズンシップ』法政大学出版局。

宮地隆廣（二〇一四）『解釈する民族運動――構成主義によるボリビアとエクアドルの比較分析』東京大学出版会。

ボリビア共和国一九六七年憲法（一九九四、二〇〇二、二〇〇四、二〇〇五年改正）(http://pdba.georgetown.edu/Constitutions/Bolivia/consboliv2005.html)。

ボリビア多民族国憲法（二〇〇九年）(http://www.oas.org/dil/esp/Constitucion_Bolivia.pdf)。

ボリビア多民族国国立統計局（http://www.ine.gob.bo/)。

〈著者紹介〉

永野善子（ながの・よしこ）（「序にかえて」と第６章）

一橋大学大学院社会学研究科博士課程修了．社会学博士．

現職：神奈川大学人間科学部教授．

専攻：国際関係論・アジア社会論．

著書：*State and Finance in the Philippines, 1898-1941*（National University of Singapore Press, 2015）、『日本／フィリピン歴史対話の試み――グローバル化時代のなかで』（御茶の水書房、2016年）．

松本和也（まつもと・かつや）（第１章）

立教大学大学院文学研究科博士課程修了．博士（文学）．

現職：神奈川大学外国語学部教授．

専攻：日本近現代文学・演劇．

著書：『テクスト分析入門――小説を分析的に読むための実践ガイド』（編著、ひつじ書房、2016年）、『平田オリザ　〈静かな演劇〉という方法』（彩流社、2015年）．

泉水英計（せんすい・ひでかず）（第２章）

オックスフォード大学大学院社会文化人類学研究科修了．博士（D.Phil）．

現職：神奈川大学経営学部教授．

著書：『帝国を調べる――植民地フィールドワークの科学史』（共著、勁草書房、2016年）、*Rethinking Postwar Okinawa*（共著、Lexington Books, 2017）．

村井寛志（むらい・ひろし）（第３章）

東京大学人文社会系研究科博士課程単位取得満期退学．

現職：神奈川大学外国語学部教授．

専攻：中国・香港近現代史・マレーシア華人史．

著書：『破壊のあとの都市空間――ポスト・カタストロフィーの記憶』（共著、青弓社、2017年）．

論文：「香港の環境保護団体」『神奈川大学アジア・レビュー』、2016年．

山本博史（やまもと・ひろし）（第４章）

神奈川大学大学院経済学研究科博士課程修了．博士（経済）

現職：神奈川大学経済学部教授．

専攻：タイ地域研究・アジア経済．

著書：『新・アジア経済論』、（共編著、文眞堂、2016年）、『ASEAN経済新時代と日本』（共著、文眞堂、2016年）．

高城 玲（たかぎ・りょう）（第５章）

総合研究大学院大学文化科学研究科博士課程単位取得退学．博士（文学）．

現職：神奈川大学経営学部教授．

専攻：文化人類学・東南アジア（タイ）研究．

著書：『秩序のミクロロジー――タイ農村における相互行為の民族誌』（神奈川大学出版会、2014 年）、『大学生のための異文化・国際理解――差異と多様性への誘い』（編著、丸善出版、2017 年）．

鈴木伸隆（すずき・のぶたか）（第７章）

筑波大学大学院博士課程歴史・人類学研究科単位取得退学．博士（文学）．

現職：筑波大学人文社会系准教授．

専攻：文化人類学・フィリピン地域研究．

著書：『東南アジアのイスラーム』（共著、東京外国語大学アジア・アフリカ言語文化研究所、2012 年）、『フィリピンを知るための 64 章』（共編著、明石書店、2016 年）．

小馬 徹（こんま・とおる）（第８章）

一橋大学大学院社会学研究科博士課程修了．博士（社会人類学）．

現職：神奈川大学人間科学部教授．

専攻：文化人類学・社会人類学．

著書：『「統治者なき社会」と統治――キプシギス民族の近代と前近代を中心に』（神奈川大学出版会、2017 年）、『「女性婚」を生きる――キプシギスの「女の知恵」考』（同、2018 年）．

梅崎かほり（うめざき・かほり）（第９章）

慶應義塾大学大学院社会学研究科博士課程単位取得退学．博士（社会学）．

現職：神奈川大学外国語学部助教．

専攻：ラテンアメリカ社会史．

著書：*Civic Identities in Latin America?*（共著、慶應義塾大学出版会、2008 年）、『ラテンアメリカ出会いのかたち』（共著、慶應義塾大学出版会、2010 年）．

編　者　神奈川大学人文学研究所《かながわだいがくじんぶんがくけんきゅうじょ》

編著者　永野善子《ながのよしこ》

神奈川大学人文学研究叢書 40
帝国《ていこく》とナショナリズムの言説空間《げんせつくうかん》——国際比較《こくさいひかく》と相互連携《そうごれんけい》

2018 年 3 月 20 日　第 1 版第 1 刷発行
編　者——神奈川大学人文学研究所
編著者——永野善子
発行者——橋本盛作
発行所——株式会社 御茶の水書房
〒 113-0033　東京都文京区本郷 5-30-20
電話　03-5684-0751（代）
組版・印刷・製本所——東港出版印刷株式会社
Printed in Japan
ISBN978-4-275-02086-4　C3036